삼위일체적인 관점에서 본

갈라디아서의 구원론

김종이 지음

Soteriology of the Galatians
from a Trinitarian Perspective

추 천 사

장 동 수 박사
(침례신학대학교 신약학 교수)

제가 김종이 목사님과 목회와 신학에 대한 담론을 시작한 지는 벌써 십 년이 넘었습니다. 목회신학대학원에서 시작된 히브리시 수업과 박사과정 세미나에서 진행된 로마서 연구 시간들 사이사이에 이루어진 구원론, 교회론, 목회신학 등의 논의가 기억에 많이 남습니다. 특별히 김 목사님이 구원론 및 종말론과 연관하여 기술한 "갈라디아서의 성령론"을 위시한 저의 부족한 논문들을 읽고 목회현장에서 고민하던 문제들에서 자신의 생각을 정리해나가던 모습이 생생합니다. 특히 작년에 김 목사님이 박사과정 마지막 해를 남겨두고 한국 신약학회의 "신약과 하나님"이라는 저의 논문발표를 듣기 위하여 서울에서 열리는 학회에까지 참여하던 열정이 존경스러웠습니다.

본 박사학위논문: "삼위일체적인 관점에서 본 갈라디아서의 구원론 (Soteriology of the Galatians from a Trinitarian Perspective)"

은 김종이 박사님이 목회와 학문의 현장에서 수십 년 동안 궁구해온 숙제(구원론과 연관된 신자의 믿음과 삶의 상관성)를 풀어낸 역작이 분명합니다. 본 논문을 통하여 올해(2017년)로 종교개혁 500주년을 맞이하게 된 21세기 교회는 대표적인 종교개혁자인 Martin Luther의 갈라디아서 이해를 제대로 이어가고 있는지에 대한 평가 기준을 발견하게 될 것입니다. 또한 본 논문은 지난 세기 후반부터 작금에 이르기까지 치열하게 진행되고 있는 E. P. Sanders에 의하여 촉발된 새 관점 학파의 "언약적 신율주의"(covenantal nomism), 양 진영의 발언자로 John Piper와 Tom Wright로 대표되는 "칭의 논쟁"(debate on justification), 그리고 Richard Hays의 "그리스도의 믿음/충성(faith/faithfulness of Christ) 논쟁" 등에 대한 대안적 해답이 될 것이라고 확신합니다.

갈라디아서는 로마서와 함께 종교 개혁가들의 후예들이 기독론(Christology)에 밀착된 구원론과 연관하여 이신칭의(以信稱義) 혹은 이신득구(以信得求)의 관점에서 이해해온 신약의 중요한 책(冊)임을 부인할 수 없습니다. 그러나 지난 세기 후반부터 학계에서는 갈라디아서를 칭의론에서만이 아니라 성령론(Pneumatology)에 초점을 맞추어 이해하기 시작하였습니다. 이뿐 아니라 갈라디아서는 초반부터(1:4; 3:2) 하나님(God the Father: Theology)께서 친히 우리의 구원을 계획하셨고 또한 약속하셨다고 선언합니다. 이 아름다운 인류의 구원(Soteriology)은 삼위일체(Trinity) 하나님께서 모두 함께 역사하신 일임을 성경 여러 곳에서 선언하고 있습니다. 신약과 구약을 요약하는 핵심복음인 요한복음 3장 16절을 위시하여 이미 시(詩)가 되어버린 바울의 주요서신인 로마서 8장(26-30절), 옥중서신인 에베소서 1장(3-14절), 그리고 목회서신인 디도서(4-7절) 등을 대표적인 예로 들 수 있을 것입니다.

김종이 목사/박사님은 이제 명실공히 목사인 동시에 신학자(pastor-theologian)입니다. 그가 2,500명이 넘는 회중을 목양하는 목회현장에 뿌리를 두고 오랜 세월 학문적으로 궁구하여 얻어낸 해답인 "삼위일체적인 관점에서 본 갈라디아서의 구원론"은 이 사안에 대하여 고민하는 신중한 그리스도인들은 물론 동일한 물음(구원론과 연관된 믿음과 삶의 관계)을 가슴에 품은 채 사역에 바쁜 많은 목회자들에게 밝은 빛을 비춰줄 것이라고 확신합니다. 저는 모든 진지한 성도들과 목회자들께 본서의 일독을 지도교수의 입장에서 확신을 가지고 자신 있게 권합니다.

추 천 사

정 승 태 박사
(침례신학대학교 종교철학 교수)

    신앙생활의 아름다운 모습은 균형(均衡)을 유지할 때다. 어느 한쪽으로 기울거나 치우치지 아니하고 고른 상태를 조화롭게 유지하는 신앙생활은 아름다움 그 자체다. 아무리 열정이 있다 하더라도 편협한 신앙은 자연스럽지 못하다. 그것이 지나치면 신앙의 위험한 모습을 드러낸다. 문제는 한쪽으로 기울거나 치우친 신앙은 성경을 왜곡할 뿐만 아니라 다른 사람과의 소통을 방해하기도 한다는 것이다.

    김종이 박사님의 『삼위일체적인 관점에서 본 갈라디아서의 구원론』은 이런 점에서 신앙의 균형을 보여주는 매우 탁월한 저서로 보인다. 본 저서는 갈라디아서의 구원론에 관한 책이다. 저자는 이 저서를 통하여 구원론의 중요한 두 측면을 강조한다. 한편에서는 믿음을 강조하고, 다른 한편에서는 믿음의 실천을 강조한다. 믿음은 교리적으로 칭의론의 영역이고, 믿음의 실천은 성화론의 영역이다. 이 두 영역은 분리된 것이 아니라 조화를 이루는 신앙의 두 조건으로 이해될 수 있다. 따라서 이 두 영역은 어느 한편에 치우쳐서는 안 되는 매우 으뜸 되는 기독교 신앙의 전통이다. 그럼에도 전통적으로 구원론은 서로 대립적 영역으로 이해되어 왔다.

한편으로는 종교개혁 시대 이후로 구원론이 "이신칭의"(sola fidei), 즉 하나님이 그리스도의 구속적 죽음에 근거하여 마땅히 받을 자격이 없는 죄인들에게 의의 은총을 주셨고, 죄인을 의인으로 간주하시는 하나님의 법정행위를 보여주는 데에 주안점을 두었다. 하나님의 주권적인 은총으로 인해 이신칭의가 기독교 역사에서 매우 중요한 교리로 자리 잡게 되었고, 따라서 이 교리가 마치 교회의 존폐를 가늠하는 조항으로 이해되기까지 해왔다. 하지만 김종이 박사님은 오직 믿음을 강조하는 '솔라' 즉 절대적 선택을 요구하는 이 '오직'(only)이 늘 문제였음을 지적하면서 우리의 기독교 신앙이 통전적으로 보지 못하는 불균형의 신앙이었음을 비판하고 있다. 결과적으로 이러한 신앙의 불균형이 성도들에게 신앙의 실천, 즉 율법의 행위를 완전히 포기하게 했다는 것이다.

다른 한편으로는 종교개혁의 구원론과는 달리, 1977년 샌더스(E. P. Sanders)에 의해 제시된 '바울신학의 새 관점주의' 해석이 구원론의 또 다른 견해를 대변해 왔다. 새 관점주의는 1세기 유대교의 성격을 율법주의 종교가 아님을 주장한다. 당시 유대인들은 율법을 지킴으로 하나님의 백성이 되는 것이 아니라, 이미 하나님의 선택과 언약을 통해 하나님의 백성이 돼 있으므로 구원은 하나님의 은혜를 통한 것으로 여겼고 율법을 지키는 것이 오히려 은혜로 주어진 언약에 대한 감사의 표현이라고 주장한다. 결과적으로 이 새 관점주의의 견해도 종교개혁의 입장과는 반대 입장으로서 이른바 '언약적 신율주의'를 표방함으로써 율법에 순종하는 인간의 행위를 강조하게 되었다.

사정이 이렇다보니 종교개혁 전통의 해석과 새 관점주의의 해석이 서로 대립하는 것처럼 보인다. 이 두 관점을 해소하는 것이, 저자가 밝히고 있듯이, 삼위일체적 관점에서 갈라디아서를 응시하는 것이다. 구원론은 창조주 하나님과 보혜사 성령님 그리고 아들 예수 그리스도에 의해 이해되는 것이지 오직 그리스도에 의해서만 이해되는 것이 아니다. 이런 근거에서 목회자의 마음으로 갈라디아서를 연구한 김종이 박사님은 이 두 관점이 서로 대립적 관계가 아니라 상호 보완적 관계임을 밝히고, 이 두 관점이 적절히 조화를 가져올 때 통전적 신앙의 균형을 유지할 수 있다고 보았다. 그러므로 그는 구원론의 의미를 아름다운 문장으로 다음과 같이 갈무리하고 있다.

"……〔우리는〕 갈라디아서 교회와 동일한 위기와 혼란 속에 휩싸여 있는 한국교회를 향하여 전통주의의 편협하고 왜곡된 칭의 중심의 구원의 렌즈를 벗어 버리고 사도 바울이 갈라디아서에서 제시하고 있는 삼위일체이신 하나님의 입장에서 균형 잡힌 구원론을 종말론적인 존재인 교회와 함께 재구성해야 한다. 기독교 역사에서 논의된 '오직 믿음으로'라는 이 '솔라 피데'(*sola fide*)에서 '솔라'(sola)는 여전히 문제의 중심에 놓여 있다. …… 우리 모두 하나님의 은혜의 필요성을 강조하지만, 항상 문제가 된 부분은 '솔라'였다. …… 그러므로 필자는 한국교회가 '믿음'과 '순종'이 있는 정확한 성경적 구원론으로 재구성하면서 재교육의 필요성을 상기시키며 제안하고자 한다."

끝으로 김종이 박사님의 갈라디아서 연구는 한국교회의 현실을 갈라디아 교회의 현실을 통해 잘 보여준다. 이러한 시대적 상황에서 김종이 박사님의 진단은 매우 시의적절해 보인다. 삼위일체적 관점에서 바라보는 이 갈라디아서가 한국교회의 문제로서의 칭의론과 성화론을 신앙의 균형을 유지하는 조건으로서 제시한 김종이 박사님의 노고에 감사를 드린다. 바라기는 본 저서인『삼위일체적인 관점에서 본 갈라디아서의 구원론』이 교회생활에서 신앙의 균형을 잡으려는 성도들과 갈라디아서를 새로운 방향으로 연구하고자 하는 신학도들에게 많은 도움을 줄 것으로 기대하면서 일독을 강력히 권하는 바이다.

프롤로그

    이 책이 만들어지기까지, 한없는 은혜와 사랑으로 인도해 주신 하나님께 깊은 감사와 이 모든 영광을 돌려드립니다. 부족한 저를 신약신학의 세계로 이끌어 주시고 학문의 지평과 필요한 책들을 안내해 주시고 논문의 방향을 잘 잡아주신 장동수 교수님, 학문에 대한 열정으로 성경의 안목과 통찰력을 폭넓게 가질 수 있도록 지도해 주신 정승태 교수님께 감사를 드립니다. 그리고 섬세함으로 조언과 격려를 아끼지 않으시고 논문을 심사해 주신 이형원 교수님, 김용복 교수님, 남병두 교수님께 감사를 드립니다.

    또한 많은 눈물로서 이끌어 주신 어머니와 긴 세월 동안 목회할 수 있도록 내조해 주고 눈물과 간구로 항상 기도해 주고 헌신해준 아내 김숙명과 사랑하는 딸 혜인이에게 마음을 다하여 감사를 전합니다. 그리고 사랑하는 아들을 하나님께 드리고 일생을 하나님의 종으로서 바른 길을 갈 수 있도록 사랑과 기도해 주신 저희 어머니 홍점선 사모에게 감사를 드립니다.

    이 논문은 성림침례교회 안에서 담임목회자로서 오랫동안 성도들에게 하나님의 말씀을 증거하면서 고민하고 씨름했던 여러 부분들을 정리하여 완성시킬 수 있었습니다. 겨자씨 한 알만한 믿음이 열매로 결실되기까지 교회 안에서 증거되는 말씀 가운데 은혜 받고 그 말씀에 순종해 주신 안수집사님들과 모든 성도들에게 감사를 드립니다. 그리고 하나님의 집을 세우기 위하여 함께 해산의 수고로 동역하고 있는 부교역자들과 전도사님들, 그리고 묵묵히 보이지 않는 곳에서 교회를 위하여 수고하고 있는 교회 모든 직원들에게도 감사를 드립니다.

지금부터 더 아름답고 풍성한 하나님의 나라와 만물이 복종케 되는 영광스러운 교회를 세우기 위하여 힘 있는 발걸음을 옮기면서 이 모든 영광을 하나님께 드립니다.

감사합니다.

목 차

Ⅰ. 서 론 ·· 15
  1. 연구목적 ·· 17
  2. 연구 동기 ·· 23
  3. 이론적 배경 ·· 28
  4. 연구방법 및 범위 ·· 33

Ⅱ. 전통주의와 새 관점학파의 갈라디아서 구원론 ············ 37
  1. 루터의 갈라디아서 주석에 나타난 구원론 ············· 40
  2. 새 관점학파의 갈라디아서 구원론 ························ 72
  3. 새로운 대안 모색 ·· 100

Ⅲ. 갈라디아서에 나타난 신론적 측면의 구원 ················ 135
  1. 구원은 하나님의 역사(갈 1:1-4; 4:1-7) ·············· 138
  2. 하나님의 작정과 약속(갈 3-4장) ······················· 145
  3. 하나님 나라의 완성(갈 5-6장) ··························· 159

Ⅳ. 갈라디아서에 나타난 기독론적 측면의 구원 ………… 175
  1. 십자가와 부활 ……………………………………… 178
  2. 예수 그리스도 안에서 믿는 믿음 ………………… 211
  3. 갈라디아서의 교회 ………………………………… 231

Ⅴ. 갈라디아서에 나타난 성령론적 측면의 구원 ………… 249
  1. 칭의(Justification) 과정의 성령 ………………… 256
  2. 성화(sanctification) 과정의 성령 ………………… 272
  3. 영화(glorification) 과정의 성령 ………………… 284

Ⅵ. 결 론 ……………………………………………………… 291

I. 서 론

I
서 론

1. 연구목적

본 논문의 목적은 갈라디아서의 구원론을 연구하려는 데 있다. 전통적으로 갈라디아서는 로마서의 요약본으로 이해된다. 갈라디아서의 주된 근거는 갈라디아서 1-2장에서 강조한 '이신칭의'(justification by faith)의 교리 때문이다. 즉, 전통적 해석에 따르면, 갈라디아서의 핵심내용은 하나님이 그리스도의 구속적 죽음에 근거하여 마땅히 받을 자격이 없는 죄인들에게 의의 은혜를 주셨고, 죄인을 의인으로 간주하시는 하나님의 법정 행위를 보여주셨다는 이신칭의의 구원론에 있다.

이신칭의는 역사의 중요한 흐름에서 구원론을 이해하는 중요한 열쇠로 작용해 왔다. 이 이신칭의의 교리가 중요한 이유는 하나님의 주권적 은혜를 옹호하기 때문이다. 이런 이유에서 종교개혁의 주요 주제들 중 가장 중요하게 취급되었던 이신칭의는 그리스도를 통한 구속이 갖는 함의가 기독교의 주된 교리들인 칭의, 은혜, 예정을 이해하는 근간을 구성하고 있다. 따라서 하나님이 십자가에서 죽으신 그리스도를 통해 죄 있는 인간의 구속을 성취했다는 이신칭의가 종교개혁을 기점으로 기독교 신앙교리를 구성하는 초석이 되었다고 보인다. 이 주제를 논의하기 전에 다른 어떤 교리들을 이해하는 것은 무의미해졌다는 것이다. 이신칭의의 교리는 '솔라 피데'(sola fide), 즉 '오직 믿음'을 강조한다. 이 교리는 "교회의 존폐를 가늠하는 조항"으로 이해되었다.[1] 그만큼 이 교리가 기독교 신학에서 차지하는 비중이 매우 중요한 논제였다고 보인다.

또한 이 이신칭의의 교리는 기독교와 가톨릭을 구분하는 주요한 교리로 작동되었고, 지금도 이러한 이해는 여전히 유효하다. 그러나 필자는 갈라디아서를 연구하면서 갈라디아서에 대한 기존의 전통적 이해가 이러한 이신칭의에 근거한 방식 외에 또 다른 새로운 방식으로 읽혀질 수 있다는 사실을 제안하려고 한다.

무엇보다도 이신칭의를 강조하는 갈라디아서 1-2장과는 달리 갈라디아서 3-6장은 '성령'의 역할이 상대적으로 강조되고 있다. 뿐만 아니라 갈라디아서 1장 1절에서 바울은 자신의 사도됨이 하나님에 의하였다고 말함으로 신론적 고백을 하고 있다. 그리고 갈라디아서 3-6장에서 '성령을 따라 행하라'와 '성령을 위하여 심는 자' 그리고 '믿음을 따라 의의 소망을 기다림,' '진리에 순종,' '선을 행함' 등의 말씀들이 강조됨으로써 기독론적 관점과 더불어 성령의 관점에서도 갈라디아서가 읽혀질 수 있다. 이것은 사도 바울의 구원론이 갈라디아서 1-2장에 한정하여 이해될 수 없고, 갈라디아서 전체를 통전적으로 조망함으로써 이해될 수 있음을 암시한다. 말하자면, 갈라디아서 1장에서 6장을 아우르는 텍스트의 구성이 하나의 구원의 과정(process)이라는 것이다. 뿐만 아니라 갈라디아서 안에서 보여준 '하나님의 구원'은 협의적인 의미에서 '십자가 사건에서 강조되는 용서'에 대한 강조보다는 오히려 통전적인 의미에서 '그리스도의 부활로 인한 하나님의 약속의 성취와 성령의 임재로 인한 몸의 구속'을 강조한다고 보여진다. 곧 '십자가 사건으로 인한 새로운 세상의 시작'과 이로 말미암은 '하나님께서 그리스도의 형상을 옷 입은 교회와 함께 성령을 통하여 역사하시는 사역으로서 몸의 구속'을 말하고 있다.

역사적으로 구원론에 관한 논의에 있어서 '율법의 행위'를 필수 조건으로 내세운 1세기 유대주의와 '인간의 선행'을 구원의 조건에 첨가시키는 가톨릭에 대항하여 종교개혁자들의 '예수를 믿는 믿음'에 의한 '이신칭의'에 입각한 구원론이 대두되었다. 그러나 전통적인 종교개혁자들의 구원론은 개인주의적이고 속죄만을 근거한 '이신칭의'만을 구원의 전부로 생각하기에 500년이 지난 오늘날 개신교회의 많은 문제점들이 그 결과물로 드러났다.

성경에서 빗나가 타락한 중세의 가톨릭으로부터 개혁된 개신교가 현대에 이르러서 로마 가톨릭보다도 더 세속적이고 생명력을 상실한 모습을 보이고 있다. 현대 개신교의 위기는 한국교회만의 문제가 아니라 서구의 개신교도 이미 오래전부터 이러한 문제들 두고 고민해 왔으며 그들은 이제 개신교 신학의 가장 근본적인 문제인 '이신칭의' 교리까지 재검토하고 있다.[2] 개혁자들의 칭의 교리의 핵심은 "믿음으로 그리스도의 의가 우리에게 전가되어 우리의 죄가 용서되고 법적으로 의롭다고 선언되었다"라는 것이다. 그러므로 이미 구원을 받았고 한번 구원은 영원한 구원이라는 개혁주의 구원론이 세워졌다. 그러나 현대의 개신교 신학자들 중에는 칭의를 존재론적 내면의 변화가 없이 법적인 선언으로만 이해하는 교리가 변화된 새로운 삶이 없는 현대 개신교의 위기의 원인이라 말하고 있다.[3] 심지어 개혁주의의 칭의 교리는 성경적 가르침에서 정당하게 발전된 것이 아니라는 주장도 있다.[4] 그러므로 필자는 전통적인 관점으로는 바울이 서신서에서 말하고 있는 구원론을 모두 담을 수 없고 설명될 수도 없다고 생각한다. 오히려 구원론의 와전이 성도로 하여금 삶의 현장에서 겪는 갈등을 해결하지 못하고 외식하는 자가 되게 하고 있다. 성도는 피폐하여 가는 자신의 내면을 숨긴 채 주위를 속이게 되며, 죄와 사망의 늪으로 다시 빠지게 되는 것이다.

이에 1970년 후반부터 태동된 새 관점주의자들은 1세기 유대주의에 근거하여 바울서신을 재평가하면서 특별히 종교개혁자들이 칭의 교리를 잘못 해석하여 그 잘못된 가르침이 오늘날까지 내려왔다고 주장한다. 이는 기본적으로 전통적인 구원관에 대한 또 다른 차원의 논의이다. 이러한 새 관점에 의하면 바울신학의 전통적인 관점이 바뀌고 루터가 세웠던 이신칭의의 개념이 파괴된다. 그러므로 이에 대하여 한국 보수 복음주의자들은 기독교 2,000년의 구원론에 대한 근간을 무너뜨리는 일이라고 반박을 하지만, 다른 한편에서는 새 관점주의자들의 구원에 관한 새로운 해석으로 강한 도전을 받게 되었다.

개혁주의자들의 이신칭의로만 구원을 설명하려는 관점은 성경이 증거하고 있는 구원론을 모두 담아내지 못하는 한계를 가지고 있다. 또한 사회학적, 언약적, 교회론적, 종말론적인 입장에서 접근하는 새 관점주의자들의 견해는 바울의 신학을 이해하는 데 많은 장점을 가지고 있지만 1세기 유대주의를 잘못 이해함으로 인한 문제점들도 있다. 그에 대한 대안으로 전통주의와 새 관점주의자들을 절충하려는 학자들이 나오고 있고, 한 발 더 나아가 바울의 계시적 통찰과 연계된 관점에서 1세기 유대주의를 이해하려는 노력이 시도되고 있다. 필자는 옛 관점과 새 관점의 장단점과 문제점들을 평가해보고 절충점과 새로운 대안을 모색해 보기로 하겠다.

본 논문에서는 이신칭의의 관점으로만 갈라디아서의 구원을 설명하는 전통주의의 문제점과 1세기 유대주의를 새롭게 해석함으로 시작된 새 관점주의 자들의 장단점을 살펴보고, 새로운 대안으로서 구원은 삼위일체이신 하나님의 역사라는 관점에서 성부 하나님의 뜻(작정)과 하나님의 나라에 대하여 종말론적인 틀에서 살펴보고, 성자 하나님이신 예수의 십자가의 죽음과 부활하심이라는 관점에서 약속의 성취와 교회, 그리고 성령 하나님의 관점에서 거듭남과 성화와 영화의 과정 가운데 역사하시는 성령의 구원 사역을 논함으로 갈라디아서가 말하고 있는 구원론을 제시하고자 한다.

특히 갈라디아서의 구원론을 삼위일체이신 하나님의 역사로 보기 위하여 첫째로, 신론적 측면에서는 창세전의 하나님의 작정과 경륜, 아브라함과의 약속, 종말론적인 하나님의 나라의 완성, 구원의 세 가지 시제를 살펴보고, 둘째로, 기독론적 측면에서는 예수 그리스도의 십자가의 죽음과 부활로 인한 언약의 성취, 예수 그리스도 안에서 믿는 믿음(또는 예수 그리스도의 믿음 안에서 예수 그리스도를 믿는 믿음), 그리스도의 몸된 교회를 살펴보고, 셋째로, 성령론적 측면에서 칭의, 성화, 영화과정에서의 성령의 역사라는 관점에서 갈라디아서의 구원론을 살펴보겠다.

하나님께서 창세전에 세우신 영원한 작정과 그리스도 안에 세우신 경륜을 따라 아브라함에게 약속하신 아브라함의 복(아들들, 상속자, 영광에 참여)이 예수 그리스도 안에서 믿는 믿음 안에서 유대인이나 이방인에게 차별됨이 없이 성령의 역사하심으로 성취되는 약속을 받게 된다. 성령의 약속을 받은 자들은 성령을 따라 진리에 순종하는 삶을 살게 됨으로 하나님께서 보증으로 성령을 세우신 목적인 '그리스도의 형상'이 신자 안에 이루어지고 영생을 거두게 된다. 필자는 이러한 전체의 내용이 갈라디아서에서 바울이 말하고자 하는 구원론으로 본다.

지금까지 전통적인 구원론은 기독론에 한정하여 강조되어왔기 때문에 신론, 성령론이 상대적으로 등한시 되었다. 그리고 기독론 중에서 예수의 죽음에 관한 논의가 집중되었다. 그로 인해 기독론의 논의에서 예수의 부활에 대한 논의도 상대적으로 등한시 되었다. 그러나 예수의 죽음과 부활은 동일하게 중요한 주제임을 보여준다. 예수의 죽음과 부활은 성경대로 죽으시고 성경대로 살아나셨다는 말씀처럼(고전 15:34) 죽음뿐만 아니라 예수의 부활도 무시될 수 없는 주제이다. 이런 점에서 예수 그리스도의 부활은 더욱 강조되어야 할 주제라고 보인다.

복음서의 기록에 따르면, 성령의 활동은 그리스도의 부활 이전에는 예수 그리스도에게만 한정되어 있었다. 다시 말해, 성령의 활동은 그리스도의 부활로 인하여 시작되었다고 보인다. 위르겐 몰트만이 지적하듯이, "성령이 보편적으로 부어지기 이전에 십자가에 달린 그분의 부활이 선행된다."5) 그러므로 성령을 통하여 예수는 부활되었을 뿐만 아니라, 부활한 예수는 "마지막 아담으로서 살리는 영(고전 15:45)이 되었다.6)

이런 관점에서 성령의 활동은 부활하신 예수 그리스도의 구원에 관여하신다. 그러면 성경이 말하는 구원이란 무엇일까? 그것은 하나님의 구원이다. 보다 정확히 말해, 구원이란 하나님이 함께 활동하고 이루시는 삼위일체의 하나님의 구원을 말한다. 하나님께서 그리스도 안에서 약속하시고, 이를 예수께서 죽음과 부활로써 성취하시고, 성령께서 지금 우리 안에서 역사하고 계시는 것이 구원이다. 구원은 일회적인 완성이 아니고 하나님의 작정과 경륜이 약속의 성취라는 여정을 따라 거듭나고 성결에서 종말론적으로 몸의 부활까지 진행되고, 이 진행 과정에서 삼위일체 하나님이 함께 역사하면서 이루어가는 구속적 역사이다. 그래서 필자는 갈라디아서의 구원론을 삼위일체라는 관점에서 연구하려는 것이다.

구원은 예수 그리스도의 부활하심으로 말미암는 약속의 성취와 성령의 임재로 인한 아버지와 아들의 관계 안에서 시작하고 진행하며 그리고 완성한다. 이러한 구원의 핵심은 사도 바울이 갈라디아서에 잘 설명을 하고 있다. 그래서 이 연구는 갈라디아서를 중심으로 아브라함의 '약속'과 그리고 "예수 그리스도에 대한/의 믿음"으로 인한 '의롭게 됨'과 '성령의 임재'로 인한 '성령의 구원사역'을 중심으로 진행될 것이다. 갈라디아서의 구원론을 좁고 획일주의 관점에서 설명하기보다는 종합적이고 통전적인 관점에서 설명하는 것이 성경이 말하고자 하는 구원론을 잘 전달할 수 있다고 생각한다. 갈라디아서에서 사도 바울이 말하고 있는 구원론을 어떻게 하면 성도들에게 잘 설명해 주고, 그들의 삶 속에서 구원의 즐거움을 누리도록 하려는 목적에서 이 논문을 쓰게 되었다.

2. 연구 동기

갈라디아서의 구원론에 관한 관심은 필자의 개인적인 경험에서 비롯되었다. 본 연구는 오랜 기간 동안 목회를 하면서 성도들에게 삼위일체 하나님께로부터 시작된 올바른 구원관의 중요성을 심각하게 생각하게 되었다. 하나님을 위하여, 하나님에 의한, 하나님으로 말미암은, 하나님 안에 나타난 '진리의 사랑'을 설교하면 피조물 중심의 방종주의에 빠질 수 있고, '진리에 대한 순종'을 설교하면 인간 중심의 율법주의에서 헤어 나오지 못하는 경우가 많았다. 이러한 정황에서 필자는 다시 성경이 본래 말하고 있는 구원관에 대하여 관심을 갖기 시작했다. 또한 필자가 목양적 경험에서 발견한 사실은 믿음을 강조하면 행함을 무시하고 행함을 강조하면 믿음을 깨뜨린다는 이분법적인 사고가 교인들 안에 너무 깊게 자리를 잡고 있다는 사실이었다. 따라서 이러한 피조물 중심의 사고가 삼위일체의 하나님 중심의 구원사역을 심각하게 곡해한다는 사실을 발견하였다.

먼저 필자는 전통적인 구원론을 연구할수록 오늘날 한국교회의 비참한 현실이 이 구원론으로부터 발생했다는 확신을 갖게 되었다. 전통적인 관점은 믿음과 행위를 반의적으로 보고 '이신칭의'의 관점으로만 구원을 설명하고 있다. 믿음을 지적인 동의의 수준으로 생각하여 한번 믿기만 하면 모든 것이 해결된다는 식의 가르침으로 인해 성도들은 믿을 때 이미 구원을 얻었고, 더 이상 얻을 것도 없다고 생각하기에 방종주의로 빠지고 있는 것이 현실이다. 단지 속죄론적인 구원론으로 구원의 전부를 설명하는 이러한 값싼 은혜와 가벼운 구원파적인 구원론으로 인하여 교회가 세속화되고 하나님의 말씀에서 벗어나 불법이 만연하고 있다. 그러나 하나님의 작정과 경륜 그리고 그 안에 있는 약속과 예수 그리스도의 죽음과 부활하심으로 인한 약속의 성취와 성령의 임재를 통하여 통전적으로 이루어지는 구원을 설명할 때, 교회 안에 구원의 기쁨과 생명력이 충만함을 볼 수 있었다. 이러한 삼위의 하나님의 사역의 반석에 교회가 서게 될 때 교회는 하나님이 원하시는 열매를 맺을 수 있음을 보게 되었다.

벌써 20년 전인 1997년 한국 갤럽은 개신교회를 다니다가 다니지 않게 된 사람이 무려 1,000만 명에 달한다는 충격적인 결과를 발표했다. 이는 국민 5명 중 1명은 교회에 다녔다는 말을 하고 기독교의 구원관에 대해 무엇인지 최소한 들어서 알고 있다는 것이다.[7] 그리고 최근 2014년도 조사에 의하면 비종교인의 호감 종교로 불교 25%,

천주교 18%, 개신교는 10%에 그치고 있다.8) 2005년 통계청의 인구주택 총 조사 자료에 의하면 기독교인의 숫자는 1,200만 명이 아닌 861만 명인 것이 확인되었다.9) 그 후 매년 교단 총회에 보고되는 교인들의 숫자는 해마다 수십만 명씩 줄어드는 것으로 보고되고 있다. 실제로 한국사회를 돌아보면 기독교가 쇠퇴할 때 불교와 천주교는 오히려 성장했다. 뿐만 아니라 오늘날 개신교에서 구원을 받았다는 사람들이 신천지와 같은 이단에 미혹되어 간다는 소식을 듣게 된다. 또한 국내외 유명한 목사님들 중에 불교나 다른 종교에도 마치 구원이 있다는 뉘앙스로 이야기를 하고 있는 것은 그들의 구원론에 큰 오류가 있음을 보게 된다. 오늘날 기독교인들이 교회 안에서 제일 좋아하는 말은 '오직 은혜,' '오직 믿음'이라는 말이다. 그런데 이 말이 와전되어 '무조건 은혜,' '무조건 믿음'이 되어 버렸다. 그래서 죄사함만 받으면 이후로 어떻게 살든지 상관없이 이미 구원이 완성되었다고 생각한다. 성경에서 믿음과 행함은 반대 개념이 아니다. 오늘날까지도 이러한 이분법에 매몰되어 "믿음으로 구원받느냐?" 아니면 "행함으로 구원받느냐?"라는 논쟁이 지속적으로 교회안팎에서 문제를 야기하고 있다. 다시 말해 믿음은 있지만, 행함이 없고, 행함은 있지만 믿음이 없는 신앙 형태는 여전히 문제를 제기하고 있다. 이는 '믿음'의 개념을 삼위일체 하나님 안에서 완성되는 구원의 역사로 이해하지 못하고 피조물의 내적 심리 상태로만 보는 잘못에서 나타나는 부작용이다. 믿음이 있으면 성령으로 말미암아 주어지는 삶은 따라오게 된다. 삶이 없으면 야고보 사도의 말씀처럼 죽은 믿음인 것이다. 목회현장에서 믿음에 대한 성도들의 이해가 자신들의 입장에서만 생각하고 있는 것을 보면서 사도 바울이 갈라디아서에 '잔해하던 그 믿음,' 곧 미워하였던 예수에게서 발견되었기에 '예수 그리스도 안에 있는 그 믿음,' '사랑으로 역사하

I. 서론 **25**

는 믿음'에 관심을 갖고 연구하게 되었다. 이 믿음은 하나님의 약속과 관련되어 있고 성령과도 불가분의 관계가 있음을 알 수 있다. 또한 삼위일체이신 하나님께서 임재하셔서 역사하시는 '보배로운 믿음'이라는 것이 분명하다.

전통적인 입장에서의 구원론과 새 관점주의자들의 입장에서의 갈라디아서의 구원론을 비교 연구하면서 성경이 말하는 구원론은 어느 교파의 교리나 어느 신학자의 한 가지 관점으로는 제대로 설명될 수 없다는 것을 알게 되었다. 오히려 종합적이고 통전적인 입장에서 고찰할 때 갈라디아서가 말하고 있는 구원관을 잘 설명할 수 있다는 생각을 갖게 되었다. 그래서 갈라디아서의 구원론을 신론, 기독론, 성령론의 관점에서 통합적으로 보고 또 언약적, 교회론적, 종말론적 입장의 종합적인 관점에서 갈라디아서를 연구하게 되었다. 이러한 관점은 목회를 하면서 터득된 방식이다. 성도들이 이러한 구원론을 갖게 될 때 성령이 역사하시는 믿음과 분명한 교회관을 갖고, 충성하는 삶과 세상에서 사망을 이기고 만물을 복종시키는 생명력 넘치는 삶으로 변화되는 것을 볼 수 있었다.

한국 침례교회는 교리나 신학이 없다는 말이 이러한 관점에서 볼 때 틀린 말은 아닐 것이다. 구원론에 대하여 연구할수록 성경이 말하고 있는 구원론을 어느 교단의 교리나 신학자의 관점에 다 담을 수는 없다는 결론을 갖게 된다. 만약에 하나의 관점만 가지고 그것이 성경이 말하는 구원론의 전부라고 한다면 엄청난 오해와 실수를 범할 수 있다는 것이 기독교의 역사를 통해 증명되었다. 오히려 종합적인 관점에서 성경이 말하고 있는 구원론을 있는 그대로 전해주고 삶으로 살게 하면 되는 것이다. 이것이 곧, 침례교 정신에 맞는 것이라 생각한다.

갈라디아서의 구원론에 관한 또 하나의 연구 동기는 침례신학대학교 장동수 교수의 "갈라디아서의 성령론"을 읽으면서 갈라디아서의 새로운 연구방식에 대한 관점과 그 가능성을 알게 되면서 비롯되었다.10) 최근에 들어와서 갈라디아서의 '이신칭의'(갈라디아서 전반부)에서보다는 '성령의 사역'(갈라디아서 후반부)에 초점을 맞추는 학자들이 늘어나고 있는 추세다. 고든 D. 피(Gorden D. Fee),11) 데이비드 J. 럴(David J. Lull),12) 찰스 H. 코스그레이브(Charles H. Cosgrave),13) 왈터 보 러셀(Walter Bo Russell),14) 토마스 A. 렌드(Thomas A. Rand)15) 등의 학자들은 갈라디아서의 연구에 새로운 지평을 열어주고 있다. 특히 피(Fee)는 이신칭의의 전통적 해석과는 달리 갈라디아서에서 성령의 주된 역할을 강조한다. 그에 의하면 바울은 자신이 체험하고 이해하는 영 안에서의 삶이 어떤 모습인지 그 실상을 더 완전한 형태로 묘사한다. 즉, 그리스도인의 삶은 능력을 부어주시는 하나님의 임재이신 성령을 통해 시작하고, 계속 이어지며, 마지막 날 그 결말에 이르게 된다는 것이다.16) 이런 면에서 '이신칭의'는 갈라디아서의 구원의 전체가 아니라 시작에 불과하다. 오히려 구원의 중심적인 부분은 성령의 사역으로 인한 '그리스도의 몸'(교회)으로 세워져서 완성되는 부분에 있다. 간단히 말하자면, 갈라디아서는 전반부보다는 후반부를, 그리고 '이신칭의'보다는 구원의 전과정(칭의, 성화, 영화)에 역사하시는 성령하나님을 더 강조하고 있는 것으로 보인다. 실제로 그래서 갈라디아서의 주제는 2장의 이신칭의보다도 3장부터 6장에 이르는 성령으로 진리에 순종하여 의의 소망을 이루는 삶에 강조점을 두고 있다. 따라서 본 연구는 갈라디아서에서 '성령의 사역'이 구원론과 더 연결되어야 예수 그리스도의 구원의 통전적 의미를 긍정할 것이다.

3. 이론적 배경

　역사적으로 갈라디아서는 다양한 형태의 기독교 교리, 선포 그리고 실행의 기초였다. 오늘날에도 여전히 갈라디아서의 문제와 가르침을 이해하는 것은 '어떤 신학이 지지되며, 어떤 메시지가 선포되고 어떤 삶의 유형이 실행되는지'를 크게 결정한다.17) 갈라디아서는 종교개혁 기간 동안에 중요성이 높아져서 개혁주의 구원론에 기본 토대가 되어 왔다. 루터는 갈라디아서를 사랑했으며 그 안에서 개혁활동의 무기 병기고를 발견했다. 그리고 1538년판 갈라디아서 주석에서 '이신칭의' 교리를 강조하였다. 존 칼빈은 갈라디아서의 주석을 1548년에 출판했다. 그는 중요한 문제들에서 루터와 마찬가지로 철저히 종교개혁주의 전통을 따랐다. 그러므로 로마 가톨릭의 비성경적인 신앙에 대항하여 '이신칭의'를 강조하여 기독교 구원론의 정립에 많은 역할을 하였다. 그러나 그들의 견해는 종교개혁주의의 좁은 '이신칭의'의 관점에서만 갈라디아서를 해석하게 됨으로 바울 사도가 갈라디아서에서 말하려고 하는 구원론에서 많이 빗나가게 되었다. 칼빈과 그 외의 많은 종교개혁가들도 갈라디아서를 중요시 하였는데 그들의 시각 또한 루터의 그 것과 크게 다르지 않았다. 근대의 학자들에게도 마찬가지로 '이신칭의'를 갈라디아서의 중심주제로 보고 거기서 벗어나 다른 주제를 생각할 수가 없었다. 이것은 '이신칭의'라는 단어에 로마서는 물론 갈라디아서에 대한 구원론 이해도 완전히 매몰된 결과를 가져왔다. 이러한 '이신칭의'에 대한 매몰된 종교개혁자들의 구원론의 문제점에 대해 새 관점주의자들이 강한 도전을 해왔다. 따라서 이 연구는 종교개혁의 배경이 된 로마 가톨릭의 구원론과 종교개혁자들 중에서『갈라디아서 주석』을 쓴 루터에 대하여 알아보고 그가 쓴 갈라디아서 주석을 평가하게 될 것이고, 그리고 새 관점학파의 갈라디아서의 구원론 주장과 관련하여 갈라디아서를 중심으로 『예수 그리스도의 믿음』을 쓴 리처드 헤이스(Richard B. Hays) 입장을 살펴보고 평가하게 될 것이다.[18]

1세기 유대주의에 근거하여 바울 서신을 새롭게 이해함으로 루터에 의해 주장된 이신칭의론을 비판하는 새 관점학파인 샌더스(E. P. Sanders), 제임스 던(James D. G. Dunn), 라이트(N. T. Wright)의 주장과 거기에 대한 개혁주의 신학자들의 반론을 알아보고, 새 관점에 대한 평가와 새로운 대안을 모색해 보겠다. 샌더스는 1세기 유대주의를 '언약적 신율주의'(Covenantal Nomism)라고 명명함으로 '새 관점'의 문을 열었다.[19] 그리고 던은 '사회학적인 관점'에서의 '율법의 행위'를 해석하여 바울의 신학을 새롭게 보려고 시도했고,[20] 라이트는 '칭의의 두 단계로서의 최종적 칭의론'을 주장했는데 특히 종교개혁자들의 바울에 대한 잘못된 이해가 500년 가까이 계속되어 와서 현대 교회가 복음을 오해하고 있다고 주장하였다.[21] 개신교적인 입장에서 새 관점주의자들에 대한 워터스(Guy Prentiss Waters)의 견해를 살펴볼 것이다. 그런 다음에 한국 복음주의 신학자들의 새 관점에 대한 시각들을 살펴보려고 한다. 이 두 시각이 중요한 것은 옛 관점과 새 관점에 대한 주장과 그 비판을 바로 알 때 그에 대한 평가와 논쟁의 대안을 찾을 수 있다고 생각하기 때문이다.

갈라디아서의 구원론에 대한 전통주의와 새 관점학파의 주장에는 서로 장단점이 있다. 그것을 평가하면서 삼위일체이신 하나님의 역사라는 관점에서 갈라디아서의 구원론을 연구할 것인데 먼저 하나님 중심의 신론적인 구원론 관점에서 살펴보면 전통적인 관점은 '기독론' 중심으로만 '구원론'을 이해하여 '신론'의 관점에서 구원론은 등한시되어 왔다. '기독론'은 중요하지만 너무 강조하다보니 중세 가톨릭에서는 마리아를 '하나님의 어머니'라는 위치까지 높이는 잘못을 범하게 되었고 하나님의 나라보다는 교회를 강조하게 되었다. 최근에는 '신론' 중심(하나님 중심)의 관점에서 구원론을 보완하려는 노력들이 이루어지고 있다. 특히 장동수는 신약학회에서 발표한 최근 논문인 "신약성서와 하나님"에서 신약성경에서 주로 기독론의 관점에서만 보았던 것을 지적하고 하나님의 관점으로 읽을 수 있는 가능성을 강조했다.22) 장동수의 논의에 따르면, 이 관점을 주장하는 닐스 알스트롭 달(Nils Alstrup Dahl)은 '신학에서 정작 하나님은 무시되었다'고 지적한다.23) 그리고 도널드 거쓰리(Donald Guthrie) 역시 '신약신학'에서 '하나님의 죽음에서 하나님의 살아계심을 되찾아야 한다'고 주장한다.24) 케어드(G. B. Caird)는 '신약은 처음부터 끝까지 하나님에 관한 책이다'라고 한다.25) 그 외에도 아버지로서 하나님에 대한 현대적 토론을 하면서 '하나님 아버지의 약속'을 강조하는 톰슨(M. M. Thompson),26) 신약의 성서신학의 핵심주제는 하나님이라고 역설하는 던,27) 구약과 신약을 동일한 구도 속에서 이해하는 토마스 슈라이너(Thomas R. Schreiner)는 그리스도 안에서 하나님의 중심되심이 신약성경이 보여주는 네러티브의 기본적인 주제라 생각하고 신약신학의 중심이 하나님이시라고 밝힌다.28) 그리고 신구약을 통합하여 이해하는 구약학자 차일스(B. S. Childs) 등의 견해를 알아보고 신약연구에서 하나님이 무시되었던 원인을 살펴보고 하나님 강조를 위한 방편으로 하나님의 언약과 하나님의 나라를 중심으로 삼위하나님의 역사라는 입장에서 갈라디아서의 구원론을 정리해 보려고 한다.29)

또한 독일의 신학자 위르겐 몰트만(Jürgen Moltmann)의 삼위일체적 구원론을 살펴보고 그 문제점을 알아보고, 이 논문에서 말하는 삼위일체적인 구원론과의 차이점을 논하겠다. 몰트만의 구원론도 삼위일체적 구조를 견지하면서 구원의 모든 영역에서 삼위 하나님의 공동사역으로 이루어진다고 본다. 몰트만이 신구약성경에 기초하여 삼위일체의 관점에서 예수 그리스도의 복음과 종말론적 하나님의 나라의 관점에서 통전적 구원론을 전개한 것은 전통적인 구원관의 시야를 넓혔다고 생각한다. 그러나 성령론을 강조하여 기독론을 초월한 자유주의적인 구원관을 형성시키는 문제점을 발생시켰다. 몰트만이 늘 성경, 삼위일체 하나님, 십자가, 부활, 종말 등을 강조하기에 복음주의 신학자로 오해하나 그는 자유주의 신학자이다.30) 그는 보편적 구원론을 주장하고 최후의 심판도 없고 지옥은 영원하지 않다고 한다. 그의 주장은 인본주의적이고 비성경적인 해석이다. 이 논문에서 연구하고자 하는 삼위일체이신 하나님의 역사의 관점에서 보는 구원론은 몰트만이 생각하는 보편적 구원론과 전혀 다르다. 하나님의 영원한 작정과 경륜에 근거한 삼위일체이신 하나님의 역사하심 안에서 일어나는 하나님의 구원이다.

갈라디아서의 기독론적 구원론에서 중요한 핵심인 예수 그리스도에 대한/의 믿음에 대하여 살펴보겠다. 믿음(πίστις: 피스티스)은 여러 가지 의미로 사용되었다. 그 중에서 믿음(faith)과 신실(충성, faithfulness)이라는 두 개념은 아주 밀접한 상호관계가 있다. 동사 "믿는다(πιστεω: 피스테오)는 사람이나 일을 신뢰(신용)한다는 사실을 나타낼 때 사용된다.31) 갈라디아서 2장 16절과 3장 22절을 해석함에 있어서 "πίστις Χριστοῦ(피스티스 크리스투: 그리스도를 믿는 믿음/그리스도의 믿음)"의 믿음을 주어적 속격으로 하여 "그리스도의 믿음"으로 할 것인지 아니면 전통적인 방법대로 목적격 속격으로 하여 "그리스도에 대한 믿음" 또는 "그리스도를 믿음"으로 할 것인지가 국내외 신약학 연구의 뜨거운 감자이다. 이 부분에 있어서 현재 듀크 대학의 헤이스는 "예수 그리스도의 믿음"(The Faith of Jesus Christ)이란 책에서 전통적인 다수설과 달리 목적어적설을 강력히 주장함으로 논쟁의 방향을 바꾸어 버렸다. 헤이스는 갈라디아서 2장 16절을 제외한 모든 경우에 있어서 "예수 그리스도의 믿음"이라는 해석이 "예수 그리스도를 믿는 믿음"으로 해석하는 것보다 더 낫고 만족스러운 의미를 제시한다고 한다.32) 그리고 예수 그리스도의 신실하심을 통한 칭의를 주장함으로써 칭의론을 새로운 각도로 제시한다. 그러므로 신자의 칭의의 근거를 예수 그리스도의 대속에 의한 신자의 '믿는 행위'가 아닌 예수 그리스도의 신실함에 기초한 대속사건 자체에 둠으로 그리스도를 따르고 충성하는 신앙을 갖게 한다.

　이러한 견해는 기독론만을 너무 강조하여 신론적이고 성령론적인 구원론을 무시하고 있다. 신론적인 입장에서 전통적으로 해석해 온 예수를 믿는 믿음도 중요하다. 예수를 믿을 때 예수의 믿음(예수 그리스도의 신실성)이 주어진다. 성령은 우리로 믿음의 대상이신 예수 그리스도를 신뢰할 수 있도록 인도하실 뿐만 아니라 예수 그리스도의 신실성으로 살게 하시는 영이시다. 기독교 신학은 하나님에 대하여 하나의 신비로 여겨왔을지라도 성경적 토대 위에서 구원에 대한 하나님의 구체적인 행위를 이해해야 한다. 이 구체적인 하나님의 행위가 삼위일체의 구조에서만 구원론의 의미를 완전히 이해될 수 있다고 보인다. 바로 이런 점에서 이 연구는 삼위일체이신 하나님의 입장에서 예수를 믿는 믿음과 예수의 믿음을 모두 인정해야 한다는 사실을 긍정한다. 그럴 때에 한국교회의 믿음과 행위의 불일치를 해소하며 갈라디아서의 구원론에 더 적합하다고 생각한다. "πίστις"는 신뢰와 신실함, 충성, 헌신, 순종이란 뜻을 모두 가지고 있다. 이 논의를 위해서 필자는 여러 학자들의 주장 근거를 알아보고 장단점을 비교하여 보고 삼위일체이신 하나님의 역사라는 관점에서 "믿음"을 설명할 것이다.

4. 연구방법 및 범위

　본 연구는 최근까지의 갈라디아서의 연구들에 관한 문헌들을 비교 조사하고 분석할 것이다. 그리고 갈라디아서의 구원론을 삼위일체 하나님의 관점에서 보아야 하는 타당한 근거들에 대하여 살펴보고자 한다.
　Ⅱ장에서는 갈라디아서의 구원론을 문헌 연구를 통해 구원론의 핵심이라 할 수 있는 "칭의"에 대하여 가톨릭에서부터 전통주의인 루터의 관점까지를 살펴볼 것이다. 루터는 갈라디아서를 중심으로 그의 구원론을 전개했다. 그래서 이 장에서는 루터의 갈라디아서 구원론을 분석하고 평가할 것이다. 그런 다음에 오늘날 하나의 관점으로 부각되고 있는 새 관점학파들의 구원론을 살펴볼 것이다. 무엇보다도 새 관점학파들이 이해하는 갈라디아서 구원론의 장단점을 살펴볼 것인데, 특히 새 관점학파의 주요 학자로 두각을 나타내는 헤이스의 견해를 평가해 볼 것이다. 그리고 이 장에서 하나의 대안으로서 삼위일체적인 시각에서 갈라디아서의 구원론을 살펴볼 것이다. 사실 종교개혁자들과 새 관점학파의 구원론은 너무 방대하여 제한된 이 논문에서 다 언급할 수 없기 때문에 갈라디아서에 대한 연구에 한정하여 전개할 것이다. 그럼에도 이 장에서 중점적으로 다루고자 하는 연구는 루터와 헤이스의 갈라디아서 연구이며 이를 통하여 갈라디아서의 구원론을 삼위일체적인 관점에서 이해하는 대안을 제시하겠다.
　Ⅲ장에서는 갈라디아서의 구원론을 삼위일체의 관점에서 전개할 것이다. 삼위일체의 관점은 종교개혁주의의 '이신칭의' 관점이나 새 관점의 측면과는 다른 시각을 제공한다. 간단히 말해, 삼위일체는 하나님의 관점을 말한다. 구체적으로 말하자면, 이 장에서는 삼위일체이신 하나님의 입장에서 조명하여 신론적인 관점에서는 '하나님의 뜻'(하나

님의 작정과 경륜), '아브라함의 약속,' '종말론적인 하나님의 나라의 완성'이라는 측면에서 연구될 것이다. '구원은 하나님의 역사'란 부분에서는 오늘날 구원론에서 하나님의 역사가 감추어져 있는지를 알아보고, 갈라디아서에 나타난 하나님의 구원 역사를 찾아 정리하겠다. 신론적인 입장에서 갈라디아서의 본문을 주석하여 사도 바울의 관점에서 하나님의 뜻과 약속과 율법의 이해를 살펴볼 것이다.

Ⅳ장에서는 기독론적인 구원론에서는 복음의 핵심인 예수 그리스도의 죽음과 부활을 갈라디아서를 중심으로 알아보고, 그리스도의 십자가에 관한 종말론적인 해석과 부활로 인한 구원의 시작(새 창조의 시작) 그리고 구원에 있어 중요한 "믿음"을 갈라디아서의 πίστις Χριστοῦ의 구문을 살펴볼 것이다. 특히 구원의 초석이 되는 믿음은 이 πίστις Χριστοῦ 구문을 중심으로 해서 이해된다. 이 구문은 주어적 속격으로 볼 것인지 아니면 목적어적 속격으로 볼 것인지에 따라 상당한 의미의 차이를 보인다.

또한 이 장은 그리스도의 몸된 교회를 갈라디아 공동체를 중심으로 살펴볼 것이다. 예수의 죽음으로 옛 시대(옛 창조)가 마감되고 부활로 시작되는 새로운 시대(새 창조)의 관점에서 '성도들이 그리스도의 몸으로 세워지고 영광스러운 교회가 되어 만물을 충만케 하고 만물을 복종시키는 역사'를 이해할 것이다.

Ⅴ장은 성령론적인 구원론을 갈라디아서의 본문을 중심으로 연구할 것이다. 칭의, 성화, 영화과정에서 '성령의 구원사역'을 갈라디아서 3장부터 6장까지 본문을 석의하여 갈라디아서에서 말하고자 하는 바울의 구원론을 전개할 것이다. 이 장에서 전통적인 관점은 갈라디아서의 구원론을 "칭의"의 관점에서만 다뤄왔음을 밝힐 것이다. 갈라디아서의 전반부에서는 '이신칭의'에 대한 언급이 많지만 3장으로 넘어가면서

관점이 변한다. 약속과 율법이 나오고 종말론적인 시각과 새로운 시대의 도래로 인한 성도들의 자유를 다룬다. 그 자유는 방종이 아니라 성령으로 인한 진리에 순종으로 이어진다. 그리고 "서로 함께 짐을 져서 그리스도의 법을 성취하라"는 교회론까지 연결된다. 갈라디아서의 구원론은 1회적 사건인 '칭의'의 단계만 아니라 종말론적으로 완성을 향해 가는 과정(process)으로 전제되어 있다. 그러므로 구원의 과정에서 성령의 역사는 절대적이다.

Ⅵ장은 결론적으로 전체를 조망할 것이다. 갈라디아서에는 신론, 기독론, 성령론적인 구원론이 잘 나타나 있다. 삼위일체이신 하나님의 관점에서 갈라디아서의 구원론을 볼 수 있는 근거가 갈라디아서 본문에 잘 나타나 있기에 본문 주석을 통하여 연구하여 그 결과로서 오늘날 한국교회에 "왜 삼위일체적인 관점에서 구원론이 필요한가?"를 주장할 것이다. 갈라디아서의 구원론은 하나님의 약속과 예수 그리스도의 성취, 그리고 성령으로 말미암아 하나님의 나라와 교회의 완성으로 이해될 것이다.

II. 전통주의와 새 관점학파의 갈라디아서 구원론

II

전통주의와 새 관점학파의 갈라디아서 구원론

갈라디아서의 구원론을 연구하는 데 있어 두 가지의 관점이 있다. 하나는 전통적인 견해이다.[1] 이 견해는 신인협력설에 근거한 인간의 선행으로 구원받는다는 가톨릭 구원관에 반발하여 모든 행위를 배제시키고 오직 예수를 믿는 믿음으로만 구원을 받는다는 마르틴 루터의 주장에서 비롯되었다. '신인협력설'은 둘 이상의 행위를 수반하는 작용을 의미한다. 이 견해는 하나님과 인간의 공동작용으로서 반펠라기우스주의의 구원론과 연관을 갖는다. 따라서 '신인협력설'은 대체로 하나님의 도우시는 은혜가 필수요소이지만, 그 효력은 인간의 협력에 의존한다고 보는 것이다. 이런 맥락에서 '신인협력설'은 중생이 하나님의 사역이지만, 먼저 그분께 대한 믿음을 나타내는 사람들에게만 적용된다고 가르쳤다.

두 번째는 새 관점주의 견해이다. 이 견해는 전통주의의 구원론에 문제가 있음을 지적한다. 이 견해를 지지하는 새 관점주의자들은 이신칭의의 개념으로만 구원론을 해석하는 데서 벗어나서 1세기 유대주의에 근거하여 바울 서신을 재평가하면서 사회학적인 관점과 종말론적인 관점에서 갈라디아서의 구원론을 해석한다. 이 논문은 이러한 두 가지 관점을 비교 분석하면서 그 장단점을 평가하고 문제점을 지적할 것이다. 이러한 두 관점에 대한 비평적 평가를 통하여 본 연구는 새로운 대안으로 삼위일체적인 관점에서 갈라디아서의 구원론을 제시할 것이다.

전통주의의 관점에 대해서는 다양한 견해가 있지만 '갈라디아서의 주석'을 쓰고 갈라디아서의 이신칭의를 기초로 하여 종교개혁의 도화선이 되었던 루터에 대하여 논하고자 한다. 루터의 구원론이 태동되던 배경에는 가톨릭의 구원론이 있다. 먼저 가톨릭의 구원론에서부터 시작하여 루터의 구원론을 알아보고 특히 루터의 구원론의 핵심이라고 할 수 있는 루터의 갈라디아서 주석을 살펴보겠다.

새 관점학파들의 태동과 그들의 구원론을 요약하여 알아보고 그들에 대한 개혁주의의 반격과 서로의 주장을 알아보고 평가를 하겠다. 특히 새 관점주의자들 중에 갈라디아서를 중심으로 πίστις Χριστοῦ를 연구한 헤이스의 견해를 살펴보고 평가하도록 하겠다. 그리고 대안으로서 삼위일체적인 관점에서 갈라디아서의 구원론을 보아야 하는지를 논하고자 한다.

1. 루터의 갈라디아서 주석에 나타난 구원론

먼저 루터의 '이신칭의'의 구원관이 발생할 수밖에 없었던 가톨릭의 교리를 살펴보고, 가톨릭의 교리인 반펠라기우스주의 시작된 신인협력설에 대하여 비판하고 하나님의 은혜를 주장한 루터에 대하여 살펴볼 것이다.

1) 가톨릭과 루터의 구원론

가톨릭의 구원론은 하나님의 은혜를 강조하여 은혜박사(doctor

grace)라고 불린 어거스틴(Augustin, 354-430)으로부터 시작해서 스콜라주의의 토마스 아퀴나스(Thomas Aquinas, 1224-1274)에 의해 집대성되었다. 자신이 한 동안 속했던 마니교와 플라톤주의를 비판하면서 원죄와 하나님의 은혜를 강조했던 어거스틴은 인간의 자유의지를 강조하기 위해 하나님의 은혜를 상대적으로 경시했던 펠라기우스(Pelagius, 354경-418 이후)와 펠라기우스주의(Pelagianism), 그리고 반펠라기우스주의(Semi-Pelagianism)와 논쟁을 벌이면서 인간의 본성이 부패되어 절대적으로 하나님의 은혜가 필요함을 역설했다. 어거스틴은 인간이 완전히 타락하여 하나님의 은혜와 어떠한 협력도 할 수 없으며 신앙의 촉발도 인간의 의지에 달린 것이 아니라 하나님의 전적인 은혜에 의존한다고 주장하였다. 그래서 하나님의 은혜가 인간의 자유의지보다도 선행한다고 주장하고 이를 입증하기 위해 은혜론을 부각시키며 그 전제로서 예정론을 주장하게 되었다. 어거스틴은 "원죄(peccatum originale)"라는 용어를 처음 사용하여 원죄를 기독교 신앙의 핵심적인 내용으로 이해하면서 그 원죄의 해결은 오직 하나님의 은혜로 보았고 인간은 타락함으로 자유의지를 상실하여 노예상태에 빠진 것으로 믿었다.2)

어거스틴의 '칭의' 교리의 핵심은 '하나님의 의,' 즉 유스티티아 데이(*iustitia Dei*)에 관한 이해이다. 그는 하나님의 의를 하나님의 정의로서 자신이 의로우시다는 뜻의 '의'가 아니라 죄인을 의롭게 하신다는 '의'로 본다. '하나님의 의'는 하나님께서 사람을 의롭게 만든다는 것이다. 곧 '칭의'를 의롭게 만들어져가는 과정으로 이해한 것인데 16세기 용어로 하자면 전가(imputed)되었다기보다는 내재적(inherent)인 것으로 본 것이다.3)

그런데 A.D. 400년경에 영국의 가장 초기의 신학자요 평신도로 간주되었던 펠라기우스가 로마를 방문하여 로마의 타락함을 목격하고, 그 곳에서 그는 로마의 타락 원인을 어거스틴에 의한 "운명론적 결정론"에 있다고 비판하였다. 펠라기우스에 의하면, 모든 것은 하나님의 은총이고 하나님의 의지가 아니면 인간은 아무것도 행할 수 없다는 이 운명론적 결정론이 기독교인들을 무책임하고 나약한 존재로 만들어 버렸다고 주장하였다. 정승태가 지적하듯이, "인간의 의지는 하나님의 선물"로 받아들였던 펠라기우스는 인간의 본성은 선하기에 선과 악을 선택할 충분한 자유의지와 능력을 가지고 있다고 하였고 이를 근거로 어거스틴의 은혜론을 전면 부정하였다.[4] 그러면서 펠라기우스는 하나님께서 명령하신다는 사실은 인간이 그것에 순종할 수 있는 의지를 가지고 있다는 것을 의미하기 때문에 인간의 자유의지론은 당연하다고 보았다. 이런 면에서 인간의 모든 행동은 인간 자신의 자유로운 의지 결정이기에 인간 자신이 책임질 수 있다는 것이다. 이러한 그의 논리적 합리성이 어거스틴의 원죄를 부인하는 결정적인 원인이 되었고, 인간의 자유의지를 통한 스스로의 노력을 통해 죄의 문제를 해결할 수 있다는 것이다. 결국 펠라기우스는 인간의 공로를 어느 정도 인정하고 있고, 인간의 의지의 무용성을 주장하지 않고, 그 의지에 의해 구원에 이를 수 있다는 주장을 하였다. 이러한 펠라기우스주의는 A.D. 418년 카르타고 공의회에서 정죄를 받았고 그는 이단의 대명사로 낙인찍혔다. 이로써 펠라기우스주의는 곧 이단으로 통용되었고 기독교 역사에서 그 오명을 결코 씻지 못했다.[5] 이와 같이 펠라기우스와 어거스틴의 논쟁은 431년 에베소 공의회에서 펠라기우스는 이단으로 정죄되고 어거스틴은 정통으로 인정됨으로써 종결되었다.

한편 A.D. 429년부터 남부 갈라디아 지역의 일부 수도사들에 의한 새로운 도전이 일어났다. 펠라기우스주의와 어거스틴주의를 절충하여 인간의 구원에는 하나님의 은혜가 절대적으로 필요하나 그것을 수용할지는 인간의 자유의지에 달렸다고 주장하였다. 이들은 상호 대척점에 있는 주장들을 절반씩 취했다는 이유로 '반(semi) 펠라기우스주의'라 불렸다. 그들은 어거스틴의 예정설에 반박하고 펠라기우스의 원죄부정과 자력구원설은 폐기되어야 한다고 주장하며 그리스도인의 삶과 행동에는 하나님의 은혜가 우선적으로 필요하다는 어거스틴의 견해를 따랐다. 결국 이들이 정리한 결론은 하나님이 인간의 구원을 위해 은혜를 베푸실 때 인간도 그 은혜를 수용함으로써 구원이 이루어진다는 "신인협력설"을 탄생시켰다. 이러한 반펠라기우스 주의는 활발하게 일어나다가 A.D. 529년 제2차 오렌지 공의회에서 이단으로 정죄를 받았다. 그러나 A.D. 1500년까지 중세 교회는 오렌지 공의회의 구원론을 어느 정도 반펠라기우스주의 방향으로 밀고 나갔다.

어거스틴과는 달리, 토마스 아퀴나스(Thomas Aquinas, 1225-1274)는 타락한 인간은 원죄에 매인 것이 사실이지만 완전히 타락한 것은 아니고 자연 이성의 빛으로 하나님을 이해하고 선을 행할 수 있다고 보았으며 하나님의 은혜는 의로운 자질을 선물로 인간 영혼에 주입(inject)시킨다고 주장하였다. 인간의 의지를 강조하는 주의주의(voluntarism)였던 아퀴나스는 그의 『신학대전』에서 '칭의'에 대하여 설명한다. 그에 의하면, 인간은 스스로의 자연 능력이 있기 때문에 은혜의 도움이 없어도 '칭의'를 향하도록 자신을 준비시킬 수 있다고 하였다. 이 경향성을 공로적 적합성(*de congrou*)이라 한다.[6] 즉 하나님의 은혜가 인간 안에서 공로를 쌓을 수 있는 토대를 마련하고 공로를 쌓음으로 구원이 가능하게 된다고 하였다. 이는 하나님의 은혜와 인간의 공로가 상호협력함으로써 구원에 이르게 된다는 신인협력설(*Synergismus*)의 구조를 이루게 된다. 신인협력설은 하나님의 은혜와 인간의 자유의지에서 나오는 공로(Meritum de Congruo, "합일치 공로")로 이루어진다는 것이다. 이것은 인간이 하나님의 은혜를 받기 위해 일정한 수준의 공덕을 쌓아야 함을 말한다. 이것은 "하나님은 최선을 다하는 사람에게 은총을 거부하지 않는다"(facienti quod in se est, Deus non denegat gratiam)는 중세에 나타난 가톨릭교회의 구원의 원리를 말한다. 이 내용은 칭의를 위한 은총의 선물을 인간이 특별하게 응답할 때 조건적으로 주신다는 것을 의미한다.[7] 그러므로 가톨릭에서 구원이란 그리스도를 믿음으로 얻게 되는 기정사실이 아니라 가톨릭교회에 복종하여 선행을 계속하고 의식을 계속 지킴으로 얻어지는 과정으로 본다. 심지어는 구원은 연옥에까지 가서도 계속해야만 하는 과정이라는 것이다.

이러한 로마 가톨릭의 구원론은 성경이 가르치고 있는 구원론은 결코 아니다. 가톨릭인들은 그리스도께 직접 다가가지 못하고, 구원을 주는 가톨릭교회를 통해서만이 그리스도께 나아갈 수 있고 성자들의 공력과, 고해성사와 선행과 나를 위한 다른 사람들의 고행과 교황에 대한 순종과 교회의 명령들에 대한 복종 등이 필요하다고 가르치고 있다.[8] 이러한 가톨릭의 구원관은 반펠라기우스주의에서 시작된 신인협력설의 구조에서 선행구원론, 성인숭배사상, 연옥사상이 파생되어 형성되었다. 중세의 가톨릭의 구원관은 인간의 선행과 공덕으로 구원에 이를 수 있다고 보기 때문에 연약한 성도들을 위하여 죽은 성인들이 공덕을 밀어줄 수 있다고 생각되어서 성인을 의존하고 마리아에게 기도하는 일이 보편적으로 행해질 수 있었다. 더 나아가 마르틴 루터의 종교개혁의 도화선이 된 면죄부의 판매도 여기서 기인된 것이다.

갈라디아서 2장에서 언급된 칭의는 율법의 행위가 아닌 예수 그리스도 안에서 믿는 믿음으로 말미암는 것이기에 전적인 하나님의 은혜가 필요하다는 관점에서는 어거스틴의 은혜론은 중요하다. 그러나 갈라디아서 3장부터 6장까지는 "성령으로 말미암아 행하라"는 성화의 부분이 언급된다. 이런 관점에서는 인간의 자유의지로 순종하는 부분이 필요하다고 본다.

어거스틴은 성령의 역사가 일어나는 인간의 내면 안에서 하나님의 은혜를 체험하는 내적인 경건을 추구했기에 인간의 도덕적인 삶을 축소시키는 것 같은 인상을 주었고 반면에 펠라기우스와 펠라기우스주의는 인간의 도덕성 회복을 위해 자유의지와 율법준수를 강조했지만, 정작 그리스도인들이 하나님의 말씀에 순종하기 위해서는 성령의 능력을 힘입어야 한다고 가르치는 데는 소홀히 했다.9)

오늘날 펠라기우스는 이전에 받았던 오명에 대하여 재평가가 되어 그의 긍정적인 면을 부각시키면서 어거스틴이 펠라기우스를 오해했다는 견해들도 주장되고 펠라기우스가 의도했던 바를 높이 평가하기도 한다.10) 펠라기우스는 어거스틴의 은혜론이 인간을 하나님의 은혜에 의하여 모든 것이 결정되는 꼭두각시로 만든다고 보았다. 또 인간을 하나님에 의해 조정되는 무능력자로 만들어 인간의 도덕적인 활동의 근거를 파괴하려는 의도가 있다고 비판한다. 그러므로 펠라기우스는 '인간에게 노예의지만 있고 독자적인 자유의지가 없다면 죄에 대한 책임소재는 어떻게 될 것인가?'라는 질문을 던지면서 인간의 자유의지와 책임감을 강조했는데 이는 오늘날 말씀에 순종하는 삶이 없고 하나님의 은혜를 '값싼 은혜'로 만드는 한국교회에 시사하는 면도 있다고 생각한다. 펠라기우스주의는 역사에서 여러 가지 형태로 계속 출현되었고 지금까지도 '믿음이냐 행위냐'라는 논쟁의 대상이 되고 있다. 결국 펠라기우스주의는 행위 구원론을 주장하여 가톨릭의 선행구원사상에 영향을 준 것은 비판받아야 마땅하다. 그러나 하나님의 은혜로 거듭난 자들이 성령으로 말미암아 행하는 삶과 펠라기우스주의는 구별되어야 된다고 본다. 믿음과 행위를 이분법적으로 보고 행위를 말하면 무조건 펠라기우스주의라고 매도하는 일은 재고되어야 한다. 믿음에는 행위를 배제하는 것이 아니라 행위가 필수적으로 수반된다는 것이 갈라디아서에서 말하고 있는 구원론과 합치된다. 특히 갈라디아서는 칭의를 종말론적 개념으로 이야기하고 있다. 즉 바울은 "성령으로 말미암아 의의 소망을 기다린다"[11]라고 고백한다. 갈라디아서의 칭의 교리는 행위와 분리된 칭의 혹은 구원을 가르치지 않는다.[12] 이러한 면에서 갈라디아서의 구원론에서 성령의 역사하심이 중요하고 성령으로 말미암는 순종의 삶이 필요한 것이다. 어거스틴은 하나님의 은혜만을 강조하다보니 은혜로 말미암아 진리에 순종하는 삶에 관한 부분은 중요시 하지 않게 됨으로 중세 가톨릭의 구원관이 자유방임으로 가거나 인간의 선행으로 구원받는다는 율법주의로 가게 되었다. 인간의 책임은 배제시키고 하나님의 은혜만 전부라고 한다면 성경이 말하고 있는 행위심판을 설명할 길이 없게 된다. 인간이 의롭게 되고 거듭나는 것은 오직 예수 그리스도의 은혜로 되지만 그 다음에 은혜 안에서의 삶은 성령으로 말미암아 인간의 순종과 행함이 필요한 것이다. 갈라디아서에서 사도 바울이 성령을 강조한 것은 은혜로 인한 순종의 삶에 있다고 본다.

결국 어거스틴과 펠라기우스 논쟁의 핵심은 '인간은 타고난 능력(자유의지)으로 구원에 이를 수 있는가?' 아니면 '하나님의 전적인 은혜에 의해서만 구원에 이를 수 있는가?'이다. 펠라기우스는 하나님의 은혜의 본질을 인간의 본성과 자유의지로 보기 때문에 하나님의 은혜를 절대적인 것으로 보지는 않는다. 구원론에 있어 펠라기우스는 하나님의 은혜가 선행되지 않아도 인간의 자유의지로 구원에 이를 수 있다고 봄으로써 구원의 주도권이 인간에게 있게 된다. 그러나 어거스틴은 구원은 오직 하나님의 은혜에 의해서만 이루어지므로 구원의 주도권이 하나님께 있게 된다. 구원은 하나님의 주도에 의하여 이루어짐으로 우리는 성령으로 거듭나서 성령으로 행하는 삶을 살게 된다. 하나님의 은혜에 의해 구원이 시작되고 하나님의 은혜에 의해 구원이 진행된다. 그리고 반드시 성령으로 진리에 순종하는 삶이 따르게 된다.

마르시온(Marcion)은 갈라디아서가 유대교의 모든 것에 반대하는 것으로 이해하여 구약을 무용지물로 생각하였으나 어거스틴은 갈라디아서에서 구약을 적극적으로 사용한 바울의 입장에서 구원의 서정을 설명했다. 어거스틴은 하나님의 은혜를 율법과 복음의 관계성 속에서 설명함으로 갈라디아서 2장의 의롭게 되는 것은 율법의 행위로 말미암지 않고 믿음으로 말미암는다고 한 바울의 가르침과 일치시킨다. 그러므로 하나님의 은혜의 무공로성 곧 구원에 있어 하나님의 주도성이 그의 사상의 근간을 이룬다.13) 그리고 성령으로 말미암아 하나님의 은혜를 내적으로 체험한다고 함으로 갈라디아서에서 살라니아 공동체를 하나님의 은혜 안으로 부르셨고 또 성령으로 시작했다는 바울의 관점과 일치하게 된다. 이는 어거스틴의 은혜론이 펠라기우스주의자들과 논쟁하면서 분명하게 나타나지만, 사실 그 이전에 이미 바울서신을 연구하면서 형성되었기 때문이다.14) 어거스틴이 하나님의 은혜론을 강조한 면은 갈라디아서의 구원론을 이해하는 데 장점이 있으나 성령으로 행하는 삶에 대한 무관심과 유아세례를 주장하고 성례전을 구원을 위한 필수적인 은혜라 주장한 것은 성경을 왜곡한 주장이다.

중세의 스콜라 신학의 실재론은 보편개념의 강조를 가져오고 개체의 종속성은 교황중심체제의 타당성을 뒷받침하는 데 이용당했다. 플라톤적인 신학체계에서는 보이는 세계보다 보이지 않는 영적 세계가 더 우월하기에 제후나 황제보다도 주교나 교황이 더 높은 위치에 있다고 주장할 수 있었다. 또한 스콜라 신학은 하나님을 이성적으로 설명하려는 특징이 있기에 하나님의 존재와 말씀을 의심하는 부작용을 가져오는 결과를 낳게 되었다. 뿐만 아니라 인간의 자유의지로 행동을 선택할 수 있고 선행을 하여 공덕을 쌓아서 구원에 이를 수 있다고 함으로 오히려 인간을 율법 아래 매이게 하고 인간의 공덕을 통한 구원의식을 가지도록 조장하였다. 이들은 자연의 상태에서 행한 선한 행위에 대해서 하나님은 정당한 보상을 해주신다고 보았다.15) 결국 이러한 중세의 가톨릭의 구원론은 하나님의 은혜와 성령의 역사를 배제시킨 비성경적인 인본주의 구원론으로 마침내 예수 그리스도의 자리에 교황을 앉히고 성령님을 마리아로 대체시킨 사탄적인 바벨론 종교집단으로 전락하게 됨으로 종교개혁의 시발점이 되게 했다.

가톨릭의 구원관은 하나님의 은혜와 인간의 자유의지에서 나오는 공로(*Meritum de congruo*, 즉 "합일치공로"로 이루어진다는 "신인협력설"을 채택하였다. 로마 가톨릭 교회가 1545년 트리엔트 공의회에서 최종적으로 개신교의 오직 이신칭의(以信稱義, *Sola Fide*) 교리와 오직 성서만으로(*Sola Scriptur*)의 신앙을 이단으로 정죄하고 '칭의'를 받으려면 믿음과 함께 선행이 필수적이며 이 믿음과 선행이 구원의 본질이라고 선언했을 때 이미 가톨릭은 개신교와 화합할 수 없는 길을 걷게 되었다.16)

루터는 이러한 가톨릭의 인간의 행위로 인한 이행득의(以行得義)와 인간의 협력을 거부하면서 '오직 하나님의 은혜로 말미암아 믿음으로 의롭게 된다'는 이신칭의(以信稱義)를 주장하였다. 이와 같은 루터의 '칭의론'은 어거스틴으로부터 시작해서 스콜라주의에서 완성된 가톨릭 신학적 세계관에 강력하게 대립함으로 제기되었다. 중세 스콜라신학의 시작을 알렸던 어거스틴은 구원론에서 하나님의 은혜와 인간의 참여를 함께 강조하는 양면성을 가지고 있다. 이러한 주장은 이후 스콜라신학자들이 공로의 가르침을 쌓아가는 기초를 놓게 되었다. 최고의 스콜라 신학자 토마스 아퀴나스는 인간 공로의 필요성을 증대시켰다. 구원의 과정은 은혜의 주입을 통해 신앙을 갖게 됨으로써 시작되지만 그 후에는 인간의 공로가 필요하다고 하였다. 중세 후기 유명론 신학자 가브리엘 비엘(1420-1495)은 "그리스도의 공로는 구원의 유일한 공로가 아닌 주된 공로이며, 우리의 공로가 그리스도의 공로를 보충하지 않으면, 그리스도의 공로는 구원에 무가치하다"라고 주장하였다.17) 그러나 루터는 어거스틴 신학의 양면성에 대해 "하나님의 은혜"는 수용하되, 인간의 책임을 강조하는 부분은 거부하였다. 또한 믿음만이 구원의 조건임을 강조하여 아퀴나스의 인간 공로의 필요성을 부인하였다.

이와 같이 루터는 가톨릭의 구원론에 반대하여 하나님의 은혜와 오직 믿음을 강조하면서 인간의 무능력과 전적타락, 인산의 '죄의 노예성'을 강조했다. 이는 가톨릭의 공로 사상을 무너뜨리기 위해 자유의지를 부인하고 인간의 무능과 노예의지를 주장하였다.18)

아리스토텔레스의 철학적 방법론을 사용하여 가톨릭 구원론을 체계화한 토마스 아퀴나스의 실재론적 사고에 대하여 철퇴를 가하며 나타난 것이 오컴을 필두로 한 유명론적 사고이다. 유명론은 인간 이성의 한계와 '믿음을 통한 조명'의 필요성을 강조한 것에서 출발했다고 볼 때 루터가 유명론적 입장에서 그의 종교개혁사상의 기초를 닦았다는 사실과 정확하게 합치된다. 루터의 구원에 대한 발상의 전환은 이러한 유명론적 사고에서 출발했음이 분명하다고 그가 구원에 있어서 행위보다 믿음에 기반을 두는 것은 정확하게 유명론의 전통에서 비롯되었다고 본다.19) 토마스 아퀴나스의 추상적 실재론이 인간의 공덕으로 인한 선행구원론을 만들어냈다면 중세후기 오컴의 유명론은 이성보다는 믿음을 강조함으로써 16세기 종교개혁의 뿌리가 되었다고 볼 수 있다. 토마스 아퀴나스는 '옛 방식'인 '전통의 길'(via antiqua)을 추구하여 가톨릭의 구원론을 정립했다면, 오컴은 '새 방식'인 '근대의 길'(via moderna)을 추구하여 종교개혁의 사상적 기초가 된 것이다. 마침내 루터는 이러한 기초 위에 선행구원론에 의해 타락한 가톨릭의 상황 속에서 '오직 믿음'과 '오직 은혜'만을 외치며 올바른 성경적 가르침을 회복하려고 시도함으로 종교개혁이라는 큰 움직임으로 이어지게 했다.20)

루터의 종교개혁의 출발은 '인간이 어떻게 의롭게 되고 구원을 받는가?'에 대한 인간 이해로부터 출발하였다. 이러한 루터의 '이신칭의' 교리는 로마 가톨릭과 개신교를 분리하는 근본 원인이 되었다. 종교개혁 이후, '이신칭의'의 교리가 기독교사상의 핵심교리로 받아들여져 왔을 뿐만 아니라, 또한 갈라디아서 연구에 있어서 중요한 주제로 다루어지기도 했다. 특히 개혁주의 신학자들은 "율법의 행위가 아니라 오직 예수 그리스도를 믿는 믿음으로 의롭게 된다"(롬 3:21-22, 24, 26, 28; 4:3, 5; 5:1, 9; 갈 2:16; 3:11; 엡 2:8; 딛 3:7)는 바울의 '이신칭의'(justification by faith) 가르침을 바울 복음의 핵심은 물론, 기독교 구원교리의 근간(根幹)으로 간주하였다. 결국 루터의 '칭의'교리는 모든 종교개혁운동의 중심을 차지하였으며 가톨릭교회의 가르침인 신인협력설, 그리고 공로구원과 단절을 추구하면서 형성된 것이다.

루터는 그의 갈라디아서 주석 서론에서 "만일 (이신)칭의 교리가 상실되면, 모든 참된 기독교 교리가 상실된다"라고 주장함으로21) 갈라디아서의 구원론은 '이신칭의'의 관점에서 이해되었다. 이와 같이 칭의 항목(Articulus justification)을 다른 모든 것이 종속되는 복음의 그 말씀으로 본 것은 루터 자신이었다. 그가 주장한 '칭의' 교리는 그로 하여금 교황제도와 당시의 교회를 거부하게 만들었다. 이는 당시의 가톨릭교회가 믿던 칭의 교리란 다름 아닌 펠라기우스주의라는 루터의 확신에 의한 것이었다. 루터는 "만약 교황이 그리스도 안에서 죄인에 대한 대가 없는 '칭의'를 인정한다면, 교황의 권위에 순복하겠다"라는 취지로 말하였다. 루터의 신학적 돌파구 및 당대 가톨릭교회와의 연이은 논쟁의 초석은 결코 '칭의'의 과정을 인간이 시작할 수 없다는 통찰력과 당시 교회가 펠라기우스적 오류에 빠졌다는 그의 확신에서 비롯되었다.[22]

루터의 구원론에서 가장 중요한 용어는 '의인'이다. 루터는 "의롭게 하다"(*justificare*)와 "의인"(*justificatio*)이라는 용어를 한 가지 이상의 의미로 사용했다. "의인"은 하나님이 인간을 의롭다고 선포하시는 하나님의 판단과 더불어 다른 한편 인간이 근본적으로 의롭게 되는 모든 사건을 의미했다. 즉, 인간에 대한 의의 전가와 더불어 인간의 실제적인 의로워짐도 의미한다는 것이다. 이런 의미의 의인은 지상에서는 불완전하게 남아 있고, 마지막 날에 가서야 비로소 완성된다고 하였다. 이런 의미의 완전한 의는 종말론적 실재다.[23]

루터는 "신자는 의인이자 동시에 죄인이다"는 유명한 말을 남겼다. 루터에게 있어, 신자는 하나님 앞에서 의로운 반면 사람들 앞에서의 의인이 아니다. 의롭게 된 죄인은 언제나 죄인이면서 언제나 회개하는 자이자, 지금 인간으로 존재하기 때문에 죄인이라는 것이다.[24] 이러한 루터의 주장에 의하면 그리스도인은 그의 전 생애동안 죄인으로 남아 있으나, 의인된 죄인이기 때문에 율법의 저주에서 해방된 죄인이다.

루터는 갈라디아서 주석에서 '율법을 행함으로 얻는 의'로서는 아무도 하나님 앞에서 의롭다함을 받지 못한다고 강조하면서 오직 예수 그리스도를 믿음으로 말미암아 하나님의 선언적 행위로 인해 의롭게 된다는 '칭의론'을 주장했다.25) 루터는 그의『두 종류의 의』에서 율법에 의하여 죄인으로 드러난 인간은 복음에 의하여 계시된 '하나님의 의'에 의하여 오직 믿음으로 의로워지고, 이 구원론적인 의에 의하여 실제적으로 의로워진다고 주장했다.26) 전자는 '밖으로부터 온 의'(alien righteousness)요, 후자는 믿는 자(칭의 받는 자) 자신의 실제적인 '의'이다. 루터에게 있어서는 로마 가톨릭 구원론과는 달리 믿음과 순종, 나아가서 성화의 과정이 구원이 아니라, 복음을 은혜와 믿음으로 받아들여 실제로 의롭지 않으나 '이신칭의'를 얻는 것이 구원이라 하였다.

이와 같이 루터는 그리스도인의 '의'를 밖에서부터 스며들어온 외래적인 '의' 곧 그리스도의 '의'와 그리스도에 의하여 가능하게 된 '의' 곧 믿은 신자들의 '의'로 구분하였다. 그리스도는 자신의 '의'를 통해 인간을 의롭게 하신다는 것이다. 즉 예수 그리스도에 대한 믿음을 통하여 그리스도의 '의'가 신자들의 '의'가 되며 그리스도가 가진 모든 것이 신자들의 것이 된다는 것이다. 그리스도를 믿는 자는 그리스도와 함께 있는 자이기에 그리스도가 가진 것과 똑같은 '의'를 가진 자라고 하였다. 이 '의'는 근본적인 '의'이며, 우리 자신의 실재적 '의'의 근거이며, 원인이며, 자원이라고 하였다.27) 결국 루터가 말하는 두 가지 '의'는 모두 동일한 그리스도의 '의'이며 그리스도로 말미암아 전가된 의라는 것이다.

루터는 1530년 아욱스부르크 신앙고백에서 다음과 같이 '이신칭의'를 정의한다. 이 신앙고백 제4항은 다음과 같이 기술되어 있다:

우리는 우리 자신의 공로들, 선행들, 만족케 하는 일들에 의해서 하나님 존전에서 죄의 용서와 '의'를 얻을 수 없고, 그리스도께서 우리를 위하여 십자가에 달려 죽으심으로 우리에게 죄사함과 의와 영생이 주어졌다는 사실을 믿음으로써 은혜로 하나님의 존전에서 사죄함을 받고 의롭다고 인정되는 것이다. 하나님께서 이 신앙을 의로 여기시는 것이다.28)

2) 루터의 갈라디아서 주석

기독교 역사학자들은 "종교개혁의 기초는 마르틴 루터의 『갈라디아서 강해』였다"고 말하였다. 종교개혁가 루터는 "갈라디아서는 나의 서신이다. 말하자면, 나는 갈라디아서와 결혼했다. 갈라디아서는 나의 캐서린(Katherine, 루터의 아내)이다"29)고 말했다. 다시 말해, 갈라디아서는 나의 캐서린처럼 나의 분신이며 소중한 가치를 지닌 서신이라는 것이다. 이 갈라디아서의 강해를 통하여 루터는 가톨릭의 행위에 의한 구원(salvation by works)에 절대적으로 반대한다. 이러한 반대에서 루터는 "믿음을 통한 은혜에 의한 구원"(salvation by grace working through faith)을 선포하였는데, 이것은 갈라디아서를 세심하게 연구한 결과였다.

루터는 갈라디아서의 첫 주석을 1516-17년 겨울에 95개조 반박문을 써 붙이기 전에 비텐베르크 대학교에서 갈라디아서를 강의한 것을 정리하여 1519년에 출판하였다.30) 루터는 1531년에 다시 한 번 강의하였고, 이 강의 내용을 1535년에 주석 책으로 출판하였다.31) 1519년에 강의한 '갈라디아서 주석'보다 1531년의 것이 바울사상에 대한 성숙한 루터 신학을 잘 드러내주고 있다. 1530년 아욱스부르그 제국의회에서 로마가톨릭 진영과 협상이 결렬된 후 개신교 제후들이 그들의 옛 동맹정책을 부활시키고 있었던 긴장된 상황에서 루터는 '오직 은혜와 믿음을 통한 칭의'라는 종교개혁의 핵심 진리를 변호해야 할 필요성을 절감하는 상황 속에서 루터가 강의한 내용을 뢰러(G. Rörer)가 개정하여 1535년에 출판하였는데 이를 "대(大) 갈라디아서 주석"이라 한다.32)

루터는 1519년 판에서 율법과 복음은 다르고 율법은 해야 할 일과 하지 말아야 할 일을 선포하고 율법은 죄의 지식이라 하였다. 그러나 복음은 죄사함을 받았다는 것, 그리고 모든 것은 이루어졌으며 완성되었다는 것을 선포한다고 하였다.33)

(1) 서론(서신의 중심사상)

루터는 '갈라디아서 주석' 맨 앞에 상당히 길게 서술한 "서신의 근본사상"에 대하여 기록하고 있다. 루터는 갈라디아서의 논점을 '그리스도의 의'와 '온갖 종류의 의'에 관해 완벽한 지식과 그 차이를 알 수 있도록 하기 위해 바울이 믿음, 은혜, 죄사함, 그리스도의 의에 관한 가르침을 확립하고자 한다고 본다. 여러 종류의 의에 대해 ① 정치적(시민적)인 의: 황제, 제후, 철학자들과 법률가들이 다루는 의, ② 의식과 관련된 의: 행동거지들의 교정에 꼭 필요한 예법들과 이 세상 삶에 관한 관찰들, ③ 율법(십계명)의 의: 모세가 가르치는 의, ④ 하나님의 의(믿음의 의, 그리스도의 의): 모든 것들보다 뛰어난 의가 있는데 ④번의 하나님의 의는 ①-③번의 다른 의들과 상반되기 때문에 부지런히 구분해야 된다고 한다. 하나님은 ④번의 의를 행위 없이 그리스도로 말미암아 인간에게 전가한다고 한다. 그래서 ④번의 의를 수동적인 의라고 하고 ①-③번의 의는 능동적인 의라고 한다.34)

하나님의 의는 세상이 알지 못하고 그리스도인들도 완전히 모르는 신비에 싸인 의라고 하면서 다음과 같이 말한다:

> 의에는 여러 종류가 있는데 먼저 정치적인 의가 있고 의식적인 의가 있다. 또 율법의 의가 있다. 그리고 이것들 위에 믿음의 의 혹은 기독교적 의가 있다. 이 의는 다른 모든 의로부터 철저히 그리고 주의 깊게 구별해야 하는 것이다. 왜냐하면 위에 말한 의들은 이 의에 반대되는 의이기 때문이다. 이런 공로에 의한 의도 하나님의 선물인 것이 맞지만 그러나 공로 없이 하나님이 그리스도를 통하여 우리에게 인정하시는 이 가장 놀라운 의, 곧 믿음의 의는 정치적인 의도 아니며 의식적인 의도 아니며 법률적인 의도 아니며 공로의 의도 아니며 그것들과는 반대되는 의이다. 위에 나열한 모든 의는 능동적 의인 반면에 이 의는 오직 수동적인 의이다. 왜냐하면 여기서는 우리가 그 대가로 행하는 일이 없기 때문이다. 하나님에게 해드리는 의가 없기 때문이다. 우리는 받기만 하고 우리 속에 누가 와서 행하도록 맡기는 일 뿐이다. 말하자면 하나님이 행하시도록 맡기는 일 뿐이다. 그러므로 믿음의 의, 기독교적 의를 "수동적"이라 부르는 것은 합당한 일이다. 이것은 신비 속에 감추어져 있는 의이다. 세상은 이해하지 못하는 의이다. 우리가 이 세상을 사는 한, 두 가지 의는 계속될 것이다. 육은 율법의 능동적인 의에 의하여 고발 받고, 괴롭힘 받고, 슬픔을 당하고, 무너뜨림을 당한다. 그러나 영은 수동적인 의에 의하여 다스림을 받고, 기뻐하고, 구원함을 받는다.[35]

루터는 1531년의 '갈라디아서 주석'에서 율법에 대하여 집중적으로 논의하고 있다. 루터는 "율법의 행위"를 "의식법 준수의 행위"로 제한시켜 보지 않고 율법 중 십계명을 비롯한 도덕 계명들을 포함한 모든 율법의 행위를 가리키는 것으로 이해한다. 이미 1519년의 "갈라디아서 주식"에서 율법과 믿음(은혜)을 대조시켜서 "율법"을 의식법만이 아니라 도덕법까지 포함하는 포괄적인 개념으로 사용하고 있다. 루터는 서론 부분에서 "율법"을 100회 가까이 언급하면서 하나님의 의(그리스도의 의)와 인간의 의(능동적인 의)를 구별할 뿐만 아니라 율법과 은혜를 정반대의 개념으로 대립시키고 있다. 그리고 예수 그리스도를 믿을 때 하나님의 의가 전가되어 인간이 의롭다고 선언받는다고 한다. 서론 부분에 루터의 이신칭의 사상이 잘 드러나 있다. 하나님의 의를 죄를 사해주는 의로 이해하고 있고 루터의 구원론에는 죄를 사함받는 문제가 가장 큰 문제로 부각되어 있다.

이와 같이 루터는 '갈라디아서 주석' 맨 앞에 상당히 길게 서술한 "서신의 근본사상"에서 '율법의 의'는 사람이 만들어내는, '능동적인 의'로써 '기독교의 의,' 곧 '믿음의 의'와는 전혀 다른 것이고 하나님께서 우리들의 행위와 상관없이 그리스도를 통하여 선물로써 받게 되는 '의'라고 하였다. 여기서 루터는 율법과 믿음/은혜를 대조시켜 말하면서 '율법'을 의식법만이 아니라 도덕법까지 포함하는 포괄하는 포괄적인 개념으로 정의하였다. 루터는 율법과 은혜, 율법의 의와 그리스도의 의, 인간적인 능동적 의와 신적인 수동적 의를 대조적인 것으로 이해하여 확실하게 구별을 할 줄 아는 법을 배우는 것이 갈라디아서를 연구하는 목적이라고 강하게 강조했다.[36]

(2) 갈라디아서 2장 16절, 19절

"우리도 그리스도 예수를 믿나니… 이는 우리가… 그리스도를 믿음으로써 의롭다 함을 얻으려 함이라"(16절).

루터는 16절을 주석하면서 그리스도인이 되는 참된 의미는 율법의 행위로서가 아니라 그리스도에 대한 믿음으로 말미암아 의롭게 된다는 것이라 한다. 그러므로 사랑과 선행이 함께 결합된 믿음이 우리를 의롭게 하는 것이 아니라 오직 그리스도에 대한 믿음을 통해서라고 바울은 분명히 말하고 있다고 한다. 루터는 다음과 같이 말한다:

> 율법의 행위가 아니라 그리스도 안에 있는 믿음으로 말미암아 우리가 의롭게 되는 이것이 참된 그리스도교의 의미이다. 여기서 궤변자들의 악한 허식에 여러분 자신은 동요되지 말라. 그들은 사랑과 선행이 첨가될 때에만 믿음이 의롭게 된다고 말한다. 믿음으로만, 사랑에 의하여 형식화되지 않는 믿음으로만, 우리는 의롭다 함을 얻는다. 우리는 그리스도 안에 있는 믿음만으로 의롭다는 선언을 받는다. 율법이나 사랑의 행위에 의하지 않는다. 우리는 행위를 거부하고 정죄한다. 이 주제는 어떤 선행에 관한 토론도 허용하고 있지 않기 때문이다.37)

루터는 16질의 주석을 통하여 "율법의 행위"와 "믿음에 의한 칭의"를 대조하며 설명하고 있다. 루터는 여기서 인간의 행위의 공로에 의한 칭의의 가능성을 철저하게 배제하고 "오직 믿음으로 의롭게 됨"에 대한 종교개혁의 근본원리를 강력하게 붙들고 있음을 표현하고 있다. 가톨릭의 사랑과 선행에 의한 구원론에 적극 반대하여 오직 믿음으로만 구원받는다는 칭의 교리를 강조하는 성경구절로 삼고 있기 때문이다. 루터는 중세 스콜라 신학을 대항하여 "사랑으로 형성되는 믿음"(*Fides caritate formata*)이 의인이 되게 하는 것이 아니라, 사랑과 관계없이 오직 그리스도에 대한 믿음이 칭의를 얻게 해주며 이 믿음으로 칭의를 얻는 자가 사랑과 선행을 실천하는 것이라는 사실을 구체적으로 지적해준다.38)

"내가 율법으로 말미암아 율법을 향하여 죽었나니 이는 하나님을 향하여 살려 함이니라"(19절).

루터는 19절을 주석하면서 거짓 사도들은 다음과 같은 교리를 가르쳤다고 한다. "그대가 율법에 대하여 살지 않는다면 그대는 하나님에 대하여 살지 못한다." 그러나 바울은 정반대로 말한다. "그대가 율법에 대하여 죽지 않는다면 그대는 하나님에 대하여 살 수 없다." 그러므로 루터는 "이제 우리가 율법에 대하여 죽어 있다면 율법이, 우리를 율법으로부터 구하여 하나님에 대하여 살게 한 그리스도에 대하여 힘을 발휘하지 못하듯이 우리에게 힘을 발휘하지 못한다"라고 하면서 이 모든 것들은 우리가 율법에 의해서가 아니라 오직 예수 그리스도에 대한 믿음에 의해서 의롭다 여김을 받는다는 것을 입증하고 있다고 한다.39) 여기서 "내가 율법에 대해 죽었다"는 말은 나는 율법과 아무 상관이 없다는 말이라고 한다. 즉, 율법에 대하여 죽는 것은 율법에 얽매이지 않는다는 것이 아니라 율법으로부터 자유롭게 되어 율법을 알지 않는 것이다. 그러므로 루터는 하나님에 대하여 살고자 하는 사람은 율법 없는 것으로 발견될 수 있도록 노력하라고 권면한다. 그리고 그리스도인은 율법 아래 있지 않고 율법과 죄와 죽음과 음부를 뛰어넘는 은혜와 죄사함의 자녀라고 정의한다.40)

루터는 '갈라디아서 강해'에서 2장 16절을 주석하면서 "율법의 행위"를 가장 넓은 의미로 파악하여 십계명을 포함한 "율법전체의 행위"로 보고 은혜와 대립적 관계로 정의하였다. 그리고 '율법의 행위에 의한 칭의'와 '믿음에 의한 칭의'를 반어법으로 대조하여 설명함으로 인간의 행위의 공로에 의한 '칭의'의 가능성을 철저하게 배제하고 "오직 믿음으로 의롭게 됨"에 대한 종교개혁의 근본원리를 강하게 주장하였다.41)

(3) 갈라디아서 3장 13절

"그리스도께서 우리를 위하여 저주를 받은바 되사 율법의 저주에서 우리를 속량하셨으니"

갈라디아서 3장 13절에서 루터는 바울의 말이 분명하게 보여주고 있는 것처럼 어떤 구별을 하여야 한다고 한다. 루터는 다음과 같이 적고 있다:

> 바울은 그리스도가 자기 자신의 일 때문에 저주가 되셨다고 말하지 않는다. "우리를 위하여" 저주가 되셨다고 말한다. 그러므로 전적인 강조는 "우리를 위하여"라는 어법에 있다. 그리스도는 자신의 인격에 관한 한 무죄하시기 때문이다. 그러므로 그는 나무에 달리지 말아야 했을 분이시다. 그러나 율법에 의하면 모든 강도는 십자가에 달아야 하였으므로 모세의 율법에 따라 그리스도 자신이 십자가에 달려야 하셨다. 그는 죄인과 강도를 짊어지고 계셨기 때문이다. 그리스도가 율법의 저주로부터 우리를 해방시키기 위하여 저주가 되셨다는 이 그리스도에 관한 지시는 가장 기쁜 위로이다. 그리스도는 못 박히셨을 뿐만 아니라 죽으셨다. 그러나 신적인 사랑으로 죄를 그에게 지웠다. 죄가 그에게 지워졌을 때 율법이 와서 말하였다. "모든 죄인은 죽게 하라! 그러니 그리스도여, 만일 당신이 죄가 있다고 답변하기를 원하면 그리고 당신이 형벌을 담당하겠다고 답하기를 원하면 죄를 담당하고 저주를 받아야 한다." 그러므로 바울은 모세로부터 온 이 일반 율법을 바로 그리스도에게 적용한다. "나무 위에 달린 모든 자는 저주를 받으라." 그리스도는 나무 위에 달리셨다. 그러므로 그리스도는 하나님의 저주가 되셨다.[42]

루터는 여기서 율법의 이중적 사용에 관하여 말한다. 첫째로는 시민적 사용이다. 이것은 하나님이 범죄들을 처벌하는 모든 법들을 예정하셨다는 의미로 사용한다. 그러므로 모든 법은 죄를 억제하기 위해 있다. 둘째로는 신학적이고 영적인 사용이다. 이 사용은 범죄를 더하는 것, 즉 하나님의 심판과 진노를 알려주는 의미이다. 이는 율법의 고유한 사용이자 주된 사용으로서 매우 유익하고 필요하기 때문이다. 간단히 말해, 루터는 율법의 적절한 사용을 첫 번째의 사용은 시민적인 범죄들을 재갈 물리는 것이고, 두 번째의 사용은 영적인 범죄들을 드러내고 더하는 것이다. 그러므로 율법은 하나님의 의와 은혜의 생명이 아니라 죄와 죽음과 하나님의 진노와 심판을 드러내는 것이라 한다.43)

이와 같이 루터는 갈라디아서 3장의 주석에서 율법이 한시적이며 과거시대에 속한 것이며 모든 율법은 다 폐했고 믿음과는 관계가 없는 정반대의 대상임을 강조했다.44) 또한 율법과 복음의 차이를 구원사적인 차원에서 적용하여 루터는 아브라함을 통해 주신 언약을 사백삼십 년 후에 생긴 모세의 율법이 무효로 할 수 없고 헛되게 할 수 없다는 주장을 하였다. "약속이 율법 앞에 있는 것처럼 약속은 율법 위에 있다"라고 하면서 루터는 이것을 특별히 신자의 양심에서 일어나는 율법과의 실존적인 싸움의 차원과 결합시켰다. 신자의 삶은 율법에 대한 부단한 싸움이기에 율법이 양심을 지배하지 못하도록 싸워야 한다고 주장하였다.45)

(4) 갈라디아서 4장 4-7절

"율법 아래에 있는 자들을 속량하시려고 우리로 아들의 명분을 얻게 하려 하심이라"(갈 4:5).

그리스도께서 "율법 아래 있는 자들을 속량하시려" 세상에 오셨다고 가르치고 있는 4장 4-7절에 대하여 루터는 하나님의 아들 그리스도께서 여자에게서 나셔서 인간이 되신 것은 율법 아래에 있는 불쌍한 죄인들을 속량하시기 위함이셨다고 한다. 율법의 때가 다 되었을 때 그리스도께서 오셔서 율법을 폐하셨다는 것이다. 이는 주님이 모세 이후에 새로운 율법을 가져다주고 심판주가 되셨다는 말이 아니라 그리스도께서 죽음에서 부활하심으로 말미암아 우리의 극악한 원수인 율법을 저주하고 정죄하고 죽이고 정복하셨다는 말이라 한다.

루터는 십자가에서 죽으신 그리스도를 통하여 오직 믿음으로 율법으로부터 자유하게 된다고 한다. 그러므로 율법은 그리스도를 믿는 자들, 그리스도를 믿음으로 붙잡는 자에게서 권리를 잃어버린다고 한다. 또한 하나님께서는 예수 그리스도를 통하여 나를 율법의 노예와 포로 상태에서 자유하게 하시고 양자로 받아주시고 영생을 누리게 하셨기에 이 모든 은혜는 율법이나 우리의 행위로 말미암아서가 아니라 오직 그리스도를 통하여 우리에게 주어진다고 하였다.46)

이와 같이 루터는 갈라디아서 4장 강해에서 율법 아래 있는 자들을 속량하시기 위해 오신 그리스도께서 율법을 저주하고 죽이셨고 그래서 '극악의 원수'인 율법에서 우리를 해방시켰음을 강조하였다. 루터에게 있어 율법의 정죄하는 기능을 폐함은 율법 전체를 폐하는 것으로 이해하였다. 가톨릭에서는 바울이 '믿음의 의'와 반대되는 '율법 행위의 의'를 말할 때, 십계명(도덕법)은 해당이 되지 않고 의식법만 해당된다고 주장했으나(제롬, 토마스 아퀴나스), 루터는 이에 반하여 십계명을 포함한 전체 율법을 폐했다고 했다.47) 루터는 가톨릭이 의식법만 그리스도 안에서 종결된 것으로 주장하는 이유는 자신의 율법주의를 고수하기 위함이라고 판단하였다.

(5) 갈라디아서 5장 17-18절

"육체의 소욕은 성령을 거스리고 성령의 소욕은 육체를 거스리나니"(18절)

루터는 18절의 강해를 다음과 같이 말하였다:

> 육체의 소욕은 성령을 거스르고 성령의 소욕은 육체를 거스린다고 바울이 말할 때 그는 우리에게 우리가 육체의 정욕, 즉 육적인 욕구만이 아니라 교만, 분노, 슬픔, 성급함, 불신 등등을 의식하라는 것이다. 그러나 그는 그것에 항복하거나 그것들의 욕망을 채우는 것이 아니다. 즉, 우리는 육신이 우리에게 강요하는 것을 말하지도 않으며 행하지도 않는다. 그러므로 성령으로 이것들을 저항하라. 그래서 죄를 범하지 않도록 하라. 그러나 네가 만일 성령의 지시를 저버리고 육을 따르면, 육의 욕망을 채우게 될 것이며, 너희는 죽을 것이다. 이래서 이 말은 성적 욕망에만 적용할 것이 아니라 죄의 전 영역에 적용될 것으로 이해하여야 한다.48)

루터는 "이 둘이 서로 대적함으로 너희의 원하는 것을 하지 못하게 하려 함이라"에서 이 두 주장(主將) 또는 인도자들, 육체와 성령은 너희 몸으로 서로 대적하여 너희가 원하는 것을 할 수 없게 한다. 그리고 이 구절은 바울이 이러한 것들을 성도들, 즉 그리스도를 믿고 세례를 받고 의롭게 되고 새로워져서 온전히 죄사함을 받은 교회에 쓰고 있음을 분명히 증가하고 있다.

루터는 "육체의 소욕은 성령을 거스리고…", "이 둘이 서로 대적함으로 너희의 원하는 것을 하지 못하게 하려 함이니라" 하였다. 이러한 말들을 통하여 바울은 유혹받는 자들을 위로한다고 하면서 다음과 같이 말하였다:

바울의 가르침에는 믿는 자들을 위한 위대한 위로가 있다. 왜냐면 그들은 부분적으로는 육체를 부분적으로는 성령을 가지고 있음을 알기 때문이다. 그러나 성령은 다스리고 육체는 종속하며, 의는 최고자요 죄는 종이라는 방식으로 알고 있다. 그것이 아니면, 이것을 의식하지 못하는 사람은 슬픔의 영에 완전히 압도 되어 절망할 것이다. 그러니 이 교리를 아는 사람은, 그리고 그것을 합당하게 사용하는 사람은 악까지도 선을 위하여 협력할 수밖에 없을 것이다. 육체가 사람에게 죄를 강요하면 그리스도를 통한 죄 사함을 찾고 믿음의 의를 끌어안기 위하여 깨우침을 받고 자극을 받게 되기 때문이다. 안 그러면, 믿음의 의를 그토록 강렬하게 중요시 하거나 갈망하지 않을 것이다. 그러므로 이따금 우리의 본성과 육체의 악을 의식하게 되면 매우 유익하다. 이렇게 해서 우리는 믿음을 가지고 그리스도에게 부르짖도록 일깨워지고 자극을 받게 되기 때문이다.49)

루터는 이러한 성령과 육체의 싸움을 모든 성인들을 했었고 느꼈으며, 우리도 그와 같은 것을 느끼고 확증한다고 한다. 자기 자신의 양심을 살피는 사람은 그가 위선자가 아니라면 바울이 여기서 말하고 있는 것, 즉 육체의 소욕은 성령을 거스른다는 것이 자신 속에서 사실임을 잘 깨달을 것이므로 모든 신실한 자들은 그들의 육체의 소욕은 성령을 거스르며 이 둘이 서로 거스려서 그들이 하고자 하는 것을 할 수 없게 된다는 것을 느끼고 고백한다고 하였다.

바울은 18절에서 "너희가 만일 성령의 인도하시는 바가 되면 율법 아래 있지 아니하니라"고 강조했다. 이 구절에서 루터는 성령으로 인도받는 그리스도인은 율법 아래 있지 않다고 교훈하고 있는 5장 18절에 대하여 성령의 인도를 받아 사는 신자는 육신을 대항하는 의지를 바로 지킬 수 있어서 육신의 소욕을 이루지 않는 삶을 살기 때문에 율

법에 의한 정죄를 당하지 않게 된다는 사실을 강조하고 있다. 루터는 여기서 다음과 같이 주석하고 있다:

> 바울은 그의 믿음에 관한 교리를 잊을 수 없다. 그가 선을 말할 때 까지도 계속 반복하고 강조한다. 여기서 어떤 사람은 다음과 같은 반대의견을 일으킬 것이다. "우리가 어떻게 율법아래 있지 않을 수 있는가? 결국, 바울아, 너 자신도 우리가 성령께 항거하는 욕망을 가진 육체, 즉 우리를 반대하고, 초조하게 하고, 노예를 삼는 육체를 가지고 있다고 가르친다. 그리고 우리는 우리의 죄를 실제로 의식하고 있다. 우리가 원하는 최대한을 뜻하는 자유를 우리에게 줄 수 없다. 이것이야말로 율법 아래 있다는 확실한 의미이다. 그러면 너 바울은 왜 우리가 율법 아래 있다고 하는가?" 바울은 말한다. "염려하지 말아라 이것에 집중하라. 그리고 너는 성령을 좇아 행하라. 즉 너는 육체에 반대하는 뜻에 순종하라. 그리고 육체의 소욕의 만족을 거부하라. 이것이 성령으로 인도 받는 일이요 이끌린다는 뜻이기 때문이다. 그렇게 되면 너는 율법 아래 있지 않을 것이다." 그러므로 바울은 로마서 7장 25절에서 자신에 관한 일을 말한다. "그런즉 내 자신이 마음으로는 하나님의 법을, 육신으로는 죄의 법을 섬기노라" 그러므로 경건한 자는 율법아래 있지 않다. 즉, 성령을 좇아 행한다. 왜냐하면, 비록 자신들의 죄를 의식하고 그들이 죄인임을 고백한다 해도, 율법은 그들을 송사할 수 없으며 그들을 향해 사망의 선고를 실천하지 못하기 때문이다.[50]

루터는 갈라디아서 5장 주석에서는 '율법에서의 자유'를 도덕법을 포함한 율법 전체의 요구로부터 자유를 의미한다고 이해하며, 할례를 받은 자는 율법 전체를 행할 의무를 지니게 되고, 결국 신명기 27장 26절에서 말하는 율법의 저주아래 떨어진다고 경고하였다. 그리고 사람이 율법을 통하여 의롭게 되려 한다면, 그것은 그리스도께서 아직 오시지 않으신 것처럼 행동하는 것이요 도덕법을 통하여 또는 전통이나 서원기도를 통하여 의롭다 함을 받으려 할 때도 은혜에서 떨어져 가장 깊은 지옥에 들어갈 것이라 하였다. 루터는 이웃사랑과 선행을 실천하는 일에 힘써야 함을 강조하면서 로마 가톨릭에서 말하는 인간의 사랑이 아니고 "가식적이지 않은 사랑"과 "진실한 선행"을 실천해야 한다고 주장했다. 또한 성령으로 인도받아 사는 신자는 육신을 대항하는 의지를 바로 지킬 수 있어서 육신의 소욕을 이루지 않는 삶을 살기 때문에 율법에 의한 정죄를 당하지 않게 된다고 하면서 '이신칭의'의 교리를 손상시킬 수 있는 비판이 제기될까 염려하여 성령의 인도를 받으면 율법의 정죄를 초월해서 살 수 있음을 강조했다.[51]

루터는 갈라디아서 주석에서 율법과 복음, 율법과 은혜, 율법과 믿음, 율법과 그리스도간의 구별을 반대의 개념으로 분명하게 이분법적으로 이해했다. 루터는 갈라디아서의 논점을 다루는 앞부분에서 두 가지 짝 개념들을 설명한다. 먼저 '정치적 의,' '시민적 의,' '모세가 가르치고 있는 율법의 의,' '십계명의 의' 그리고 '능동적인 의'에 대항하여 '이 모든 것들보다 뛰어난 믿음의 의,' '기독교적 의' 그리고 '수동적인 의'를 대조시켰다.[52]

루터의 이러한 신학은 믿음과 삶이 이분화되어 있고 사회, 윤리적 가르침을 등한히 하는 경향성을 띠고 공동체나 사회적 참여로부터 분리된 개인중심적인 경건을 조장한다는 비판을 받아왔다. 이러한 견해에 대하여 1535년 갈라디아서 강해를 중심으로 루터의 믿음과 사랑의 개념을 이해하려는 노력들이 시도 되고 있다. 루터의 신학이 사랑에 대한 가르침의 결핍으로 인해 그의 신학이 불가피하게 도덕성을 손상시키며, 도덕적 태만 혹은 사회, 윤리적 책임의 방기를 야기한다는 비판의 형태로까지 나타났다고 믿는데 이는 루터의 '이신칭의론'을 너무 일방적으로 강조하면서 그의 사랑에 대한 가르침을 간과하거나 주류적 연구 분야에서 제외시켰기 때문이라고 본다.53)

종교개혁시대에 다양한 진영에 대항하여 종교개혁의 핵심진리를 변호해야 하는 루터의 논쟁적 상황은 인간의 '하나님 사랑'이라는 신학적 주요 주제가 루터의 진술들 속에서 표면화되지 못하게 하는 결과를 가져왔다. 그러나 루터의 대(大) 갈라디아서 주석에 대한 내용은 하나님에 대한 인간의 사랑이 완전히 배제되거나 또는 부차적인 것으로 취급될 수 없음을 보여주고 있다.54) 루터는 바울이 갈라디아서에서 첫 부분에서는 믿음에 대해서 강조하다가 후반부에서는 사랑에 대해 말하고 있다는 것에 주목하여 자신이 강조하고 싶은 바울서신의 구조를 이용하여서, 16세기 종교개혁 당시의 상황 속에서 논쟁거리가 된 바로 자신의 믿음과 사랑에 대한 개념을 명료하기 위한 수단으로 삼았다.

루터는 갈라디아서가 4장 8절에서 9절을 중심으로 하여 구조적으로 두 개의 큰 부분으로 나뉘어져 있다고 보았다. 그리고 바울이 이 서신의 전반부에서는 믿음, 그리스도, 그리스도의 의, 그리고 칭의를 가르치고 있는 반면에, 후반부에서는 사랑, 율법의 행위, 그리고 성화를 가르치고 있다고 해석하였다. 갈라디아서 5장 12절에 가서 루터는 다시 한 번 바울의 논지의 전환을 주시하면서 믿음과 덕행이라는 두 개의 큰 주제에 의해 갈라디아서가 구성되어 있다고 말했다. 즉 루터는 갈라디아서 강해를 통하여 믿음과 사랑의 이해를 위한 해석의 틀 중, 첫 차원은 믿음과 사랑의 대립관계를 기술하고 있는 반면, 두 번째 차원에서는 믿음과 사랑의 상호 조화로운 관계를 구별되기는 하지만 뗄 수 없는 관계로 설명하였다.55)

루터는 '수동적의'와 거룩함의 차원에서는 믿음과 사랑이 상호 대립적 관계에 놓여 있고 여기서는 오직 예수 그리스도를 믿는 믿음만이 중요하다고 보았다. 반면에 '능동적 의'와 거룩함의 차원에서는 믿음과 사랑이 서로 조화되고 양립되는 것으로 보았다. 루터는 이와 같이 그의 가장 성숙한 신학의 표현이라고 볼 수 있는 1535년 갈라디아서 강해에서 믿음과 사랑을 지배적인 한 쌍의 주제로 사용했고, 스스로 그 해석의 틀을 제공했으며, 더 나아가 이 한 쌍의 주제가 그의 신학 전체에서 차지하는 핵심적 역할을 암시하고 있다고 본다.56)

루터는 갈라디아서 3장 10절에 대한 주석에서 '대 갈라디아서 주석'의 중심 질문인 '율법의 진정한 행함'의 문제를 깊이 있게 다루었다. 즉 행함은 단순히 예수 그리스도를 믿고, 그리스도에 대한 믿음을 통해 성령을 받은 후 율법 안에 기록된 것들을 행하는 것으로 정의되어야 한다고 했다. '하나님의 사랑'은 "이웃 사랑과 함께 성령의 힘을 통해 가능케 되는, 그리스도의 선한 행함의 내용을 총체화하는 개념으로 나타난다고 했다." '하나님의 사랑'의 생성은 성령과 직결되어 복음-믿음-성령-하나님의 사랑으로 이어지는 생성의 내석관계를 이룬다고 했다. 루터는 "믿음에게 곧 성령이 수여된다"라고 하면서 이것을 사랑의 행위를 위한 필요충분조건으로 제시하였다. 그리하여 믿음을 통해 율법을 준행할 수 있고, 그 전제로 성령을 받아야 한다고 하였다.57) 지금까지 루터는 가톨릭의 행위 구원론에 대항하여 행위가 분리된 오직 믿음으로만 구원받는다고 함으로 개인주의적인 구원론과 순종함이 필요 없는 구원관을 가지고 있다는 비판을 많이 받아 왔었다. 그러나 루터의 갈라디아서 주석은 전반부에서는 믿음을 강조했지만 후반부에서는 사랑의 실천으로 성령을 강조하고 있는 것을 보게 된다.

루터는 율법과 복음으로서의 하나님의 말씀과 성령의 역사에 의한 내적인식의 근본적인 변화를 강조했다. 성령은 믿음의 확신과 함께 인간의 내면 중심에 새로운 판단과 움직임을 창출하며, 이를 통해 인간의 참된 의지적 순종을 가능케 움직임을 창출하며, 이를 통해 인간의 참된 의지적 순종을 가능케 하신다고 했다. 이러한 루터의 견해는 칭의가 법적인 것만 아니라 성령으로 변화되는 것까지를 말하고 있다고 본다.58)

갈라디아서에서 우리의 구원은 성령으로 시작된다. 그래서 루터의 구원관은 너무 협소한 '칭의'의 관점으로만 구원을 설명하려고 한 단점이 있다. 루터가 언급하고 있는 사랑의 실천이란 부분까지 넓게 해석하여 성령으로 말미암아 몸의 구속까지 이르는 모든 과정을 구원으로 보아야 갈라디아서에서 바울이 말하는 구원론과 일치된다고 생각한다.

우리가 은혜로 말미암아 믿음으로 의롭게 되는 부분은 행위가 필요 없는 믿음으로만 되는 것이다. 그러나 의롭게 된 후의 삶은 반드시 성령을 따라 믿음으로 순종하는 삶이 따르게 된다. 루터는 미약하지만 갈라디아서를 믿음과 사랑이라는 구조로 이해하였다는 것이 사도 바울이 말하고 있는 갈라디아서 구원론에 눈을 조금 떴다고 볼 수 있겠다. 루터가 말하는 '사랑'이란 성령으로 말미암아 진리에 순종하는 삶을 말한다고 한다면 갈라디아서에서 말하는 구원론과도 일치가 된다. 루터가 인간의 선한 행위로 구원받는다는 가톨릭 구원론에 맞서서 오직 믿음으로만 구원에 이른다고 한 주장은 옳다고 본다. 그러나 그것만이 구원의 전부라고 말한다면 갈라디아서에서 말하는 구원론을 모두 설명할 수가 없다. 성령으로 믿음을 따라 의의 소망을 기다리는 것처럼 우리의 구원은 종말론적 구조 안에 있다. 성령으로 행하게 됨으로 구원의 완성을 향해 달려간다. 이런 의미에 있어 루터의 구원론은 재조명되어야 한다고 생각한다.

루터의 구원론의 관심은 "나는 어떻게 구원 받을 수 있는가?"라는 구원의 방법에서부터 출발하였다. 자신의 구원을 위하여 가톨릭교회의 가르침대로 고행의 길을 걸었지만 해답을 얻지 못하고 절망하다가 로마서 1장 17절에서 '형벌적인 의'(punitive)가 아닌 '대속적인 의'(redemptive justice)를 발견하고 하나님의 은혜에 의해 값없이 주시는 믿음으로 구원 얻는다는 것을 깨닫게 되었다. 루터는 자신의 죄의 문제와 그것을 해결하는 방법으로서의 구원론을 체계화시켜 칭의 교리를 만든 것이다. 갈라디아서에서 바울이 말하는 구원론은 인간의 관점에서 아니라 하나님의 관점에서 시작된다. 하나님의 뜻과 약속 안에서 예수 그리스도 안에서 믿음으로 의롭게 되고 성령으로 말미암아 영생을 거두게 된다는 삼위일체적인 관점에서 구원론을 제시하고 있다. 루터가 인간의 개인문제로부터 시작된 구원론의 관점보다 하나님의 관점에서 시작하고 완성하시는 구원론 곧 삼위일체이신 하나님의 관점에서 갈라디아서 구원론을 보아야 한다고 생각한다.

3) 평가

가톨릭은 갈라디아서를 '칭의/성화'라는 한 가지 개념으로 이해하여 하나님의 은혜와 인간의 자유의지를 인정하여 믿음과 행위를 모두 강조하였다. 그러나 펠라기우스적인 인간의 선행(공로) 사상이 들어와서 섞이면서 하나님의 은혜보다는 인간의 행위나 종교의식을 통해서 구원받는 관점에서 구원론이 체계화되었다. 이는 갈라디아서에서 말하고 있는 믿음으로 의롭게 되고 성령으로 거룩하고 영화롭게 되어 완성된다는 구원론에서 너무 멀리 벗어난 결과를 초래하였다. 마침내 하나님의 은혜를 배제시키고 예수 그리스도의 공로까지도 약화시켰고 성령의 역사를 마리아 사상으로 대체시키는 적그리스도적인 구원론으로 변질되었다. 그러나 어거스틴이 강조한 '하나님의 은혜론'이나 '인간의 책임성'을 강조하고 하나님의 말씀에 대한 순종을 강조한 펠라기우스의 목소리에도 귀를 기울여야 한다. 이는 우리가 하나님의 은혜에 의하여 믿음으로 의롭게 되고 거듭나는 것은 하나님의 주권적인 역사이지만, 거듭난 자가 자유의지를 사용하여 성령께 순종하는 부분은 신인협동적인 것이다. 성령 안에서 행하는 부분을 펠라기우스주의나 신인협동설이라 하여 비판해서는 안 된다.

이런 맥락에서 루터가 갈라디아서를 '칭의'라는 좁은 의미로 구원론을 체계화시켰다는 점이다. 이것은 루터의 칭의가 모든 행위 자체를 배제해 버린 결과를 초래하게 되었음을 보인다. 다시 말해 그의 구원론에서 하나님의 은혜에 의해 믿음으로 의롭게 됨은 강조되었으나 성령으로 말미암아 진리에 순종하는 삶이 사라져 버렸다는 것이다. 그럼에도 루터는 가톨릭의 구원론의 문제점과 위험성을 올바로 파악하여 행위가 아닌 믿음으로 말미암는 의에 대한 새로운 발견은 탁월한 업적이라고 본 것은 의문의 여지가 없고 기독교 신앙의 흐름에서 큰 공로를 세웠다. 따라서 그가 가톨릭의 '대가와 보상'이라는 구조를 제거하고 하나님의 은혜와 믿음을 강조한 것은 값진 노력이라고 볼 수 있겠다.

그러나 루터의 구원론 평가에서 가장 아쉬운 점은 이러한 가톨릭의 위험성에 대한 반발로 인한 또 다른 위험성이다. 말하자면 루터는 가톨릭의 대가와 보상이라는 구조를 문제 삼는 대신에 인간의 반응과 행위자체를 문제 삼았고, 그러한 점이 또 다른 위험성에 노출되었다는 것이다. 비록 루터가 모든 행위를 문제 삼았던 이유는 가톨릭의 의롭게 되기 위한 선 조건, 즉 대가나 보상으로 행위를 이해했기 때문이라고 해도, 문제는 행위 자체가 아니라 보상을 바라는 행위에 한정하여 논의하게 된 것은 또 다른 문제를 야기하게 된다.[59] 가톨릭의 보상으로서의 행위(공로)를 배제하기 위해서 성경에서 말하는 '믿음의 행위,' '성령으로 인한 행위,' '아버지의 뜻대로 행함' 등을 모두 문제 삼는 것은 온전한 구원론의 의미를 반쪽 진리로 이끌어가는 것이다. 결과적으로 루터의 구원론이 대가나 보상의 행위를 배제하는 갈라디아서 2장을 강조하기 위해 3장부터 6장까지는 배제시켜 버린 결과가 나온 것이다. 이러한 결과가 루터로 하여금 하나님의 진리의 말씀인 야고보서를 지푸라기 서신으로 이해하는 결과를 초래할 수밖에 없었다.

루터는 갈라디아서에서 모든 행위를 배제시키면서도 믿음과 사랑에 대한 해석의 틀을 가졌는데 이는 약간의 긍정적인 면이 있다고 생각하였기 때문이다. 그래서 그는 믿음을 통해 성령을 받은 이후 사랑의 실천을 강조했다. 이는 루터의 신학이 처음과 나중이 조금씩 변한 것임을 알 수 있다. 종교개혁 이전 초기에는 고해성사에서 통회와 보속에 대한 강조가 있었으나, 종교개혁 후에는 그리스도에 대한 믿음에 대한 강조로 바뀌다. 또 종교개혁 초기에는 성례를 표지나 상징(signs)으로 이해했으나 후기에는 은총의 수단으로 강조되었다. 초기에는 '침례는 구원과 칭의를 위한 필수 조건이 아니다'라고 하였다. 그러나 후기에는 침례가 구원을 가능케 한다고 하였다. 루터는 이러한 행위와 믿음을 구별함으로써 생겨나는 문제, 칭의의 구원에서 시작과 과정에 대한 주장의 불일치, 침례와 유아세례와 믿음과의 관계에서 보이는 모순된 주장들이 한계성을 드러내고 있다.[60]

갈라디아서의 구원론은 '하나님의 뜻'으로부터 시작하여 '하나님의 약속,' '예수 그리스도 안에서 믿음' 그리고 '성령의 약속'이라는 삼위일체 하나님의 역사라는 관점에서 설명되어지고 있다. 즉 구원론이 인간중심이 아니라 하나님 중심적이다. 그러나 종교개혁자들과 웨슬리의 구원의 관점은 인간 중심에서 시작된 것이었다. 칼빈은 16세기의 전제군주시대의 왕의 절대권을 인정하는 사상의 영향을 받아 '하나님의 절대주권'이라는 신관론을 체계화시켰다. 그러나 웨슬리는 18세기 계몽주의시대에 전제군주시대가 막을 내리고 민주주의가 발전한 민주혁명의 영향을 받아 '개인의 의지'를 중요시했다.

루터는 구원의 방법을 가지고 가톨릭과 투쟁을 하였고, 칼빈은 '구원자 하나님'에 집중하였고 웨슬리는 구원의 대상인 '인간'에 관심을 집중하였기에 서로 다른 주제를 동일선상에서 비교해서는 안 된다는 견해가 있다.61) 어떠한 신학과 교리도 성경을 초월하여 절대시 할 수는 없기에 이러한 견해에 관심을 가져야 된다고 생각한다. 삼위일체이신 하나님의 관점에서 성경에 있는 구원의 내용을 수용해야 된다고 볼 때 서로를 다르다고 비판하기보다는 장점을 수용하려는 자세를 가져야 하겠다.

2. 새 관점학파의 갈라디아서 구원론

종교개혁가들의 율법관에 대한 반발로 일어난 새 관점학파의 태동을 살펴보고, 갈라디아서의 해석과 구원관에 집중된 헤이스(Richard B. Hays)의 견해를 평가해 보기로 한다. 종교개혁가들과 새 관점학파의 충돌이 통전적이지 못하며 외골수적인 주장으로부터 오는 것이기에, 그 대안으로 삼위일체 하나님의 관점에서 보아야 한다는 살펴볼 것이다.

1) 새 관점학파

갈라디아서의 구원론을 법적 선언인 '이신칭의'로 해석하는 전통주의 견해에서는 '칭의'를 유대교(율법)와 예수 그리스도를 믿는 믿음 간의 대립 속에서 제시하였다. 즉 유대교는 율법을 행함으로 의롭게 되려고 했던 율법주의종교였으나 바울은 하나님의 은혜로 말미암는 믿음으로 의롭다하심을 얻는다고 보았다. 그러나 20세기에 들어와서 갈라디아서는 '이신칭의'보다는 바울과 유대교(또는 율법)의 관계에 주목하는 방향으로 새롭게 연구되었다. 그러므로 갈라디아서의 '칭의론'과 바울과 유대교의 관계가 뜨거운 논쟁의 중심 소재가 되었다.

전통주의 견해에서는 바울과 유대교라는 주제를 언급할 때 '과'(and)라는 접속사가 일반적으로 '반대'를 암시했다. 예컨대, '바울 또는 유대교,' '유대교에 대항하는 바울,' '유대교 밖의 바울' 또는 '유대교가 아닌 바울'이다.62) 그러므로 루터는 바울이 유대교(율법)를 대항했다고 간주했다.

1826년부터 1860년대까지 튀빙겐에서 가르친 바우어(F.C. Baur)는 전통적인 견해를 받아들여 바울의 사상이 유대기독교와 갈등에서 나왔다고 하였고 더 나아가 1880년대 초기 그리스도교를 종교사적 방법으로 해결하려는 종교사학파(Religionsgeschichtliche Schule)는 바울 사상의 출처가 결정적으로 유대교가 아니라 헬라였다고 주장했다. 20세기에 들어와서는 이러한 종교사학파의 길을 따른 루돌프 불트만(Rudolf Bultmann)은 루터교 용어를 사용하여 바울 사상을 나타내려고 했다. 그는 '개인'이 중심이었고 '칭의'(법정적 개념)는 바울신학의 중심으로 보았고 바울은 유대교와 정반대였다고 주장하였다. 이어서 불트만의 제자인 에른스트 케제만(Ernst Käsemann)도 '칭의'가 바울사상의 중심이라 강조하였다.

그러나 1930년대 알버트 슈바이처(A. Schweitzer)는 그러한 대립적인 질문이 잘못 진술되었다고 하면서 유대 원시기독교가 바울이 나온 배경이며, 바울사상의 중심을 묵시적인 유대교 내에 위치시켜 '그리스도에 참여'라고 주장하였다. 그리고 바울의 '그리스도 신비주의'에 초점을 모았고 바울 사상은 헬라적이지 않다고 하였다. 그는 바울의 구원론에 있어 종말적인 차원과 신비적인 차원은 동일한 것으로 핵심이지만 법률적인 차원 곧 믿음으로 말미암는 칭의에 대한 가르침은 주변 축에 불과하다고 하였다.63) 이러한 슈바이처의 견해를 찬성하며 더 나아가 바울을 메시야가 왔다는 것을 믿었던 한 랍비로 해석했던 윌리암 데이비드 데이비스(W. D. Davis)는 『바울과 랍비 유대교』(*Paul and Rabbinic Judaism*)에서 바울은 유대교와 전혀 대적하지 않았다고 보았다. 사실상 거기에는 상당한 연속성이 있고, 또한 율법은 유대교에 부과되어 긍정적으로 역할하고 있음을 알 수 있다고 하였다.64) 바울은 자신의 새로운 믿음을 유대교의 성취로 간주했다.65) 유대교를 '율법과 순종(행위)의 종교'라 하여 바울의 기독교('믿음과 성령의 종교')와 대조하는 것을 시대착오라 했다.66) 바울사상의 중심은 '이신칭의'가 아니라 기독론, 즉 그리스도께서 오심으로 미래의 오는 세대가 현재의 사실이 되었다고 인식하는 것이라 했다. 데이비스 이후로 바울의 유대 배경에 대한 관심은 그 분야에서 지배적이 되었고 헬라적인 영향에 대한 관심은 서서히 밀려나게 되었다. 또한 사해사본의 발견은 이러한 경향을 더욱 강화시켰다.67)

1961년 스웨덴 루터교 소속인 크리스터 스텐달(Krister Stendahl)은 "20세기에 이루어진 바울 해석이 루터의 해석학적 유산에 의해 부당하게 지배당하고 있다"라고 처음으로 지적하였다.68) 그는 루터와 어거스틴의 회심 경험으로 인하여 서구인의 바울 읽기에 색이 덧칠해졌다고 주장했다. 그래서 스텐달은 칭의를 죄책과 죄를 인식한 조건에 대한 대응이라고 이해하는 바울에 대한 전통적인 해석을 반대했다. 이러한 종교개혁의 모델은 루터의 독특한 종교심리학, 즉 루터의 어거스틴적 배경, 로마 가톨릭과의 싸움, 민감한 양심 등이 결합하여 맺은 열매라고 주장하였다. 루터는 1세기 맥락에서 바울을 읽기보다는 16세기에 개인의 죄와의 싸움의 관점에서 바울을 읽었기 때문에 갈라디아서를 시대착오적으로 공로에 대한 중세 질문의 관점으로 읽었다고 비판하였다.69) 결론적으로 스텐달은 불트만이나 케제만과 달리 구약과 1세기 유대교와 바울에게 근본적으로 연속성이 있음을 전제로 하여 바울의 이신칭의 교리는 논쟁의 교리이지 바울사상의 중심이 아니라고 하였다. 즉 바울의 칭의 교리는 본질상 구원론적이 아니라 교회론적이라고 한 것이다.70)

1977년 에드워드 샌더스(Edward P. Sanders)는 그의 저서 『바울과 팔레스타인 유대교』(Paul and Palestine Judaism)를 출판함으로써 바울 연구에서 코페르니쿠스적 혁명으로 불릴 수 있을 만한 전기를 마련하였다. 이 책에서 샌더스는 전통주의의 갈라디아서를 보는 견해에 대하여 결정적 타격을 가하였다. 샌더스는 제2성전시대 유대교 문헌들을 분석하여 유대교를 '율법주의' 혹은 '행위-의'의 종교라고 보는 전통적인 해석을 비판하면서 유대교를 은혜의 종교라 하고 이를 '언약적 율법주의'(Covenantal Nomism)로 규정하였다. 이것이 기존의 율법주의(Legalim)와 다른 점은 율법을 구원의 수단으로 보지 않고 단지 언약 백성의 신분을 유지하기 위한 수단으로 본다는 것이다. 그래서 샌더스는 새로운 유대교 이해에 따라 바울을 새롭게 해석할 것을 다음과 같이 주장하였다:

> 하나님은 이스라엘을 선택하셨고 이스라엘은 그 선택을 수용하였다. 하나님은 왕으로서의 역할에 있어서 그들이 할 수 있는 최

선으로서 순종해야 하는 율법을 주셨다. 하나님은 순종에 대해 보상하시고 불순종에 대하여 심판하신다. 율법은 언약 관계의 유지를 제공하는 것이지 언약 관계를 얻는 것은 아니다.71)

이와 같이 샌더스는 1세기 유대교를 율법을 지켜 구원을 얻으려는 율법적 종교가 아니며 오히려 기독교처럼 하나님의 사랑과 선택을 강조한 종교로 해석한다. 샌더스의 언약적 율법주의에 의하면 은혜는 이스라엘이 맺고 있는 하나님과의 언약관계 안으로 들어가는 것이며 율법의 대한 순종은 그 언약관계를 유지시키는 것으로 작용한다. 1세기 유대주의가 '행위종교'가 아니라 '은혜 종교'인 것은 한 사람이 언약 안에 들어가는 것이 율법에 대한 순종이 아니라 하나님의 선택 혹은 은혜에 의한 것이기 때문이다. 그러므로 샌더스는 예수와 바울 당대의 유대교가 의(義)와 구원을 얻기 위해 율법을 지켜서 의롭게 되려는 '공로주의적 종교'라는 전통적인 시각은 근거가 없고 잘못된 것이라는 것이다. 오히려 '은혜의 종교'였으며 율법에 대한 순종은 은혜 안에 머무르기 위함이라고 주장하였다. 따라서 유대인들의 율법의 기능은 언약 안으로 들어가는(getting in) 수단이 아니라 언약 안에 머무르는 (staying in) 조건이므로 율법을 구원의 조건으로 보지 않았다는 것이다.

샌더스는 더 나아가 갈라디아서의 중심 주제는 종교개혁자들이 주장한 것처럼 죄인인 인간이 어떻게 하나님 앞에서 의롭게 되고 구원을 받을 수 있는가 하는 구원론이 아니고 오히려 이방인들이 어떻게 언약관계 안에 들어갈 수 있는가 하는 사회적이고 공동체적 문제로 보았다. 루터는 '의로움'을 법적인 것으로 받아들여 무죄의 선언으로 이해했지만 샌더스는 갈라디아서 3장 28절을 예로 들어 그리스도 안에서 그리스도와 한 인격이 되었다고 본다.72) 즉 샌더스는 갈라디아서에서 제시된 바울의 칭의 교리는 이방인이 어떤 조건으로 언약백성에 참여하는가를 둘러싼 논쟁 가운데서 출연한 것으로 보아야 한다고 주장했다. 바울이 갈라디아서에서 율법에 대하여 부정적인 입장을 취한 것은 율법 자체에 문제가 있기 때문이 아니라 그리스도께서 무너뜨린 유대인과 이방인들 사이의 장벽을 다시 세우는 것 때문이라고 하였다.

샌더스는 바울의 진술에서 '의롭다함을 얻는 것'을 심판 날 구원이 아니라 하나님의 백성이 되는 것으로 해석한다. 죄인이 믿음으로 언약 공동체에 소속되고 율법에 따라 의롭게 삶으로 궁극적으로 종말 구원에 이르게 된다는 것이다. 샌더스는 '율법의 행위'란 할례, 음식법, 절기법을 준수하는 행위들을 지칭한 것으로 본다. 이것은 바울 당시에 유대교의 정체성이 되어 왔고 갈라디아교회의 유대주의자들에게는 하나님의 백성이 되기 위한 필수적인 요건이었다. 따라서 바울은 할례나 모세 율법의 준수가 하나님의 백성이 되기 위한 필수적인 요건이 될 수 없다고 주장하였다.73)

이러한 전통주의자들의 바울신학에 대한 이해가 잘못되었다는 샌더스의 주장에 대하여 1982년 제임스 던(James D. G. Dunn)이 '바울의 새 관점'(New Perspective on Paul)이라는 용어를 영국 맨체스터대의 맨션 기념 강좌(Manson Memorial Lecture)에서 처음 사용하였다. 그는 바울 복음의 핵심이 '이신칭의'라는 전통적인 해석을 뒤엎어 바울신학에 대한 새로운 해석을 공식화하였다. 이를 '새 관점'이라고 부르는 이유는 어거스틴과 루터로 시작된 옛 관점(Old Perspective)이 바울과 그의 역사적 배경을 잘못 이해하였다고 보고 그것을 대체하기 위한 목적으로 그렇게 부른다.

옛 관점에서는 '이신칭의'의 교리를 바울신학의 핵심교리로 받아들여 갈라디아서의 중요한 주제로 다루어 왔다. 그러나 새 관점에서는 '언약적 율법주의'의 틀 안에서 갈라디아서를 재조명하였다. 이러한 새 관점은 '이신칭의' 교리에 대한 기존의 개혁주의 입장과 정면으로 충돌된다. 즉 새 관점에서는 16세기 교회의 상황을 바울 당대의 상황으로 가져가서 개혁주의가 바울의 가르침을 왜곡한 것으로 단정하기 때문이다. 이러한 새 관점은 예수 그리스도의 의가 죄인인 인간에게 전가된 그 전가된 의로 말미암아 인간이 의롭게 된다는 종교개혁자들의 주장이 전혀 성경적이지 않다는 결론을 낳는다. 샌더스에 의해 시작된 바울의 새 관점은 그 후 제임스 던과 리처드 헤이스를 비롯한 여러 신학자들이 수용하였고, 마침내 톰 라이트에 의해 대중적으로 전파되면서 개신교의 가장 핵심교리인 '이신칭의' 교리의 근간을 흔들게 되었다.

샌더스가 제2 성전시대에 유대교 문헌들을 집중적으로 연구했던 것과는 달리 던과 라이트는 로마서와 갈라디아서를 집중 연구하여 바울에 관한 새로운 관점을 발표하였다. 던은 샌더스의 '언약적 율법주의'를 받아들이고 바울 당시의 유대 사회와 바울서신에 대한 긴밀한 읽기를 통하여 당시 유대 사회에는 유대인과 이방인을 나누는 정체성의 표지로서 세 가지 율법의 행함이 있었다고 주장한다. 할례, 음식법, 안식일 준수라는 아이덴티티 마커가 유대인과 이방인을 나누어 버림으로서 바울의 복음을 대적해 왔기에 바울은 격렬하게 반대한 것이었다. 이렇게 볼 때 바울이 비판하는 '율법의 행위'란 율법을 지켜서 구원을 얻겠다는 율법주의가 아니라 유대인과 이방인을 구별하던 신분 표지로서의 율법을 가리킨다. 그러므로 던은 갈라디아서 3장 10절-14절에서 바울이 표명하는 율법주의에 대한 경계, 즉 율법에 대한 부정적인 인식은 유대인들은 독특한 민족적, 종교적 표지로 작용해 십자가 사건을 통해 마련된 유대인들과 이방인들은 동등성을 가로막는 장애물로 작용하기 때문이다. 즉 구원관과 관련하여서 '율법주의'를 지적한 것이 아니라는 이야기이다.74) 그러므로 던이 보기에는 바울이 그토록 흥분하며 반대했던 것은 유대교 율법이 아니라 유대인들이 아이덴티티 마커로 생각하는 '율법의 행위'를 비판했다는 것이다. 던이 강조하고자 한 것은 유대교 율법주의가 아니라 유대 민족의 우월주의 또는 배타주의에 대한 바울의 적대감이 바울을 반 율법주의로 보이게 했다는 것이다.

바울은 갈라디아서 2장에서 '이신칭의' 즉 믿음으로 얻는 의에 대하여 말하면서 '율법의 행위'를 통렬히 비판했다. 던이 그의 바울신학의 닻을 힘차게 내린 지점이 바로 루터가 발견하여 종교개혁의 도화선이 되게 했던 갈라디아서의 말씀이었다. 그러나 던은 샌더스의 언약적 율법주의를 수용함으로 루터와는 전혀 다른 결론을 내리게 된 것이다.

던은 루터가 '하나님의 의'에 대하여 잘못 이해하였다고 비판하였다. 루터는 '하나님의 의'를 하나님의 진노와 심판으로 이해하여 양심에 평안함이 없었는데 이는 중세교회의 가르침을 따랐기 때문이라 하였다. 던은 하나님의 의에 대한 바울의 이해는 구약으로부터 직접 도출된 것으로 하나님의 은혜로운 자비하심을 행위로 이해하였다고 보면서 심판의 용어가 아니라 자신을 신뢰하는 자들을 구원하시기 위해 스스로 의무를 지시는 하나님으로 이해하여야 한다고 주장하였다.75) 그래서 하나님의 의는 자신의 백성이 실패하였음에도 불구하고 이스라엘을 건지시고, 구원하시며, 변호하셔서 자신의 언약을 반드시 이행하시고 성취하시는 것이라 하였다.76)

톰 라이트(N. T. Wright)도 던과 같이 샌더스의 언약적 율법주의를 수용하여 개신교의 전통적인 해석을 거부하면서 종교개혁자들의 이신칭의를 집중적으로 비판하였다. 루터와 칼빈 등 종교개혁자들은 '이신칭의'를 바울 복음의 중심으로 해석하였으나 라이트는 바울의 이신칭의 구원론의 중요한 요소인 전가(imputation)의 가르침은 성경적 근거가 없는 것으로 판단하여 이신칭의가 바울 복음의 본질적 요소임을 반대하였다.77) 그래서 1세기 유대주의 관점에서 바울을 해석하여야만 바울서신을 잘 이해할 수 있고 특히 '이신칭의'를 더 잘 이해할 수 있다고 주장한다. 그리하여 1세기 유대주의 관점에서 출발하여 '하나님의 의,' '율법의 행위' 그리고 '이신칭의' 대하여 새롭게 해석을 하였다. 라이트는 종교개혁자들의 '하나님의 의'에 대한 이해가 잘못 되었다고 비판한다. '하나님의 의'를 추상적이고 무역사적인 헬라적 배경에서 이해함으로써 하나님의 의를 잘못 해석하였다는 것이다. 곧 '하나님의 의'는 루터가 생각한 '전가된 의'가 아니라는 것이다. 오히려 '하나님의 의'는 언약에 대한 하나님의 자신의 신실성(faithfulness)이며 이스라엘을 구출하시는 하나님의 모습이라고 한다.78) 또한 재판관의 판결에 따라 의롭게 되는 것인지를 첨가하거나 배분하는 것이 아니라고 한다. 그리고 미래의 심판이 요청될 때 그들의 언약적 의무에 충실함을 반영하는 '행위 의'의 심판이 될 것이라고 한다.

라이트는 전통적인 견해의 '율법의 행위'에 대한 이해가 갈라디아서를 잘못 해석하게 한 것이라고 비판한다. 율법의 행위는 종교개혁자들의 생각한 것처럼 의를 얻으려는 일반적인 행위가 아니라 유대교의 일부에 행위로서 이방인들과 유대인들을 구별시켜주는 할례, 음식법 그리고 안식일 준수 등이라고 주장한다. 갈라디아서는 개인의 죄와 구원의 문제가 아니라 유대인과 이방인 사이에 문제를 다루고 있는데 누가 하나님의 백성에 속하는가가 가장 큰 관심사라는 것이다. 그러므로 라이트는 갈라디아서를 1세기 유대주의 배경에서 읽어야 한다고 강조한다.79)

라이트는 갈라디아서의 율법의 문제는 루터와 에라스무스(Erasmus)

가 논쟁한 행위나 은혜로 인한 구원의 문제가 아니라 단지 이방인들이 할례를 받는 문제로서, 루터가 생각한 것처럼 선행으로 구원을 받으려는 것은 더욱 아니라고 하였다. 이것은 1세기의 유대주의를 이해하지 못한 것에서 나온 것으로, 갈라디아서는 하나님의 백성을 어떻게 정의하느냐에 대한 문제를 다루고 있는 것이라 하였다.80) 즉 라이트는 바울이 말한 것은 구원의 체계에 대한 것이 아니라 언약회원권(covenant membership)에 대한 것이라고 주장한다.81) 라이트는 루터가 바울이 율법에 반대하는 것으로 생각하였고 따라서 루터 이후로 믿음과 행위가 서로 배타적인 관계가 되었다고 주장한다.82) 라이트는 루터파의 표준으로 바울을 읽으면 갈라디아서는 충분히 이해되지만 율법에 대하여 긍정적으로 말하고 있는 로마서는 날조할 수밖에 없다고 하였다. 이와 같이 라이트는 "종교개혁자들의 바울에 대한 이해가 잘못되었는데 그러한 잘못된 가르침이 500년 가까이 계속되어 왔으며, 따라서 현대교회는 복음을 오해하고 있다"고 주장하였다.83)

칭의는 전통적인 관점에서는 '하나님께 받아늘여신나'는 식의 구원론의 관점에서 이해되었는데 라이트는 '하나님의 백성에 누가 속했는가?'라는 교회론의 관점에서 해석한 것이다. 또한 '칭의'는 이스라엘의 소망과 관련된 단어로 마지막 심판 때, 하나님의 구원과 심판이 일어날 그때에 '누가 하나님의 백성으로 인정될 것인가?'와 관련된 문제로 본다. 그러므로 라이트는 칭의를 이중적으로 나누어 칭의의 현재적 측면과 최종적 혹은 미래적 칭의로 구분한다. 최종적인 칭의는 심판 날에 세상 앞에서 어떤 사람이 옳다는 사실에 대한 실질적인 선언이다. 하나님의 최종적인 심판은 삶의 전체 즉 행위와 일치하여 이루어질 것이라 주장한다.84)

라이트는 갈라디아서 2장에서 바울과 베드로는 그리스도인의 정체성과 관련하여 정면충돌했다고 본다. 그리스도에게 속하는 이들은 그리스도 안에 있고 거기에는 이방인과 유대인도 포함된다. 바울이 사용한 '의롭다'와 '의'로 번역된 단어는 그리스도에 속해 있는 그리스도인의 정체성을 가리킨 것이다. 갈라디아서에서 바울이 베드로에게 입증하려고 했던 것은 유대인 그리스도인들도 율법이 규정하던 자신들의 옛 정체성을 잃어버리고, 그리스도에 의해 규정된 새로운 정체성을 지니게 되었다는 것이다.[85] '율법의 행위' 곧 할례나 음식법, 안식일을 지킴으로 그리스도에 속한 자가 되는 것이 아니라 오직 예수 그리스도의 신실함으로 의롭게 되어지니 곧 믿음으로 그리스도께 속한 자가 된다는 것 때문에 바울이 베드로를 책망한 것이라고 한 것이다.

2) 리처드 B. 헤이스

현재 듀크 대학교 신학부 교수인 리처드 B. 헤이스(Richard B. Hays)는 신약학 분야의 새 관점의 주도적인 학자로서 바울 서신과 신약 윤리학에 관한 저술로 국제적으로 인정받고 있다.[86] 특히 성경에 대한 내러티브적 해석, "그리스도의 믿음"에 대한 주어적 속격 해석은 갈라디아서를 연구하는 논쟁의 방향을 바꾸어 놓았다. 그의 『예수 그리스도의 믿음』(Faith of Jesus Christ)은 바울 연구에 중대한 공헌을 한 책으로 전통주의의 흐름에 반대하여, 바울의 신학적 언어의 성격과 방법론을 설명하려는 학자들은 반드시 먼저 그의 사상 속의 내러티브 요소들을 고려해야 한다고 주장한다. 그는 갈라디아서 3장 1절에서 4장 11절을 면밀하게 조사함으로써, 바울 사상의 틀이 교리적 체계나 그의 개인적인 종교 체험이 아니라, 예수 그리스도의 "신성한 이야기"라는 사실을 보여준다. 그 무엇보다도 바울 사상의 동인은 복음 이야기에 함축된 의미, 특히 "예수 그리스도의 믿음" 속에 교회의 선교가 반영되어 있는 방식을 도출해내려는 바울의 관심이었다고 본다.

헤이스는 그의 책 『예수 그리스도의 믿음』에서 바울이 갈라디아 교회에 보낸 편지의 한 단락(갈 3:1-4:11)에 초점을 맞추어 기존의 바울 사상이 '이신칭의'(단일 신학원칙)나 종말론(특정 상징적 사고 틀)이었다는 주장을 거부하고 바울사상의 일관성은 메시야 예수에 관한 이야기(narrative)에 있다고 한다. 즉 갈라디아서의 바울의 주장은 예수 그리스도에 관한 이야기를 전제로 하고 있으며, 그의 신학적 성찰은 그 이야기의 의미를 분명하게 제시하려는 시도였다고 주장한다.87) 그 이야기가 바로 하나님의 말씀이며, 우리는 오직 "이 악한 세대에서 우리를 건지시려고"(갈 1:4) 예수 그리스도의 신실하심을 통하여 행동을 취하신 하나님을 통해서만 하나님을 알 수 있다는 것이다. 그리고 예수에 관한 그 이야기의 핵심에 자리 잡고 있는 내용이 메시아의 믿음이며 바울은 그 믿음을 통해서 만이 인간이 하나님과 올바른 관계를 맺게 된다고 믿었다는 것이다. 여기서 그 관계를 가능케 하는 믿음은 인간 자신의 믿음이 아니라 예수의 믿음이라는 것이다.

헤이스는 바울에게 "예수 그리스도의 신실"은 합일(incorporative)의 특징이 있다고 본다. 그래서 바울은 갈라디아서 2장 20절에서 예수 그리스도의 믿음이라고 고백했다. 예수는 단순히 훌륭한 윤리적 본보기 정도가 아니라 오히려 그 이야기는 세상을 변화시키고 흡수하여 옛 세계는 십자가에 못 박혔고, 새 창조가 예수의 죽음과 부활을 통해서 들어온다고 하였다(갈 6:14-15).88) 바울은 예수의 믿음을 모방하려고 애썼다는 것이 아니라 그 믿음 안에서 바울 자신의 새로운 삶이 예수 그리스도의 믿음을 통해서 초래된 변화에 의해서 경험의 장 속에 나타났다는 것이다.

헤이스는 "예수 그리스도의 신실하심"이 가장 우선적으로 가리키는 바는 그의 은혜로운, 자신을 희생하는 십자가의 죽음이며 십자가는 예수-이야기에서 극적인 절정에 해당되고, 바울은 예수-내러티브의 그 순간을 암시하고 환기하는 환유로서 πίστις Ἰησοῦς Χριστοῦ라는 표현을 쓴 것이라고 하였다. 그러므로 πίστις Ἰησοῦς Χριστου의 의미는 일관되게 그 이야기의 절정에 해당되는 사건인 예수의 십자가의 처형에 기초하여 "예수 그리스도의 믿음"이 예수의 죽음 이야기를 가리키는 특징이 있다고 한다.[89] 또 헤이스는 샌더스가 참여 구원론이 바울 사상의 핵심에 있다고 강조한 것처럼 갈라디아서의 구원론을 '참여 구원론'으로 이해한다. 바울이 갈라디아서 3장 23절에서 그리스도가 온 것을 πίστις가 온 것과 '동일시' 한 이유는 하나님께 대한 예수님의 충성은 그가 개시한 새로운 삶의 본보기이며 그와 연합하여 침례를 받은 사람들은 모두 그의 운명과 그의 특징을 공유하기 때문이라고 한다. 그러므로 예수 그리스도는 새로운 창조를 구현하며, 그의 삶 속에 우리를 포괄한다고 설명한다.

헤이스는 갈라디아서 3장 22절의 πίστις Ἰησοῦς Χριστοῦ를 "예수 그리스도를 믿는 믿음으로 해석하지 않고 "예수 그리스도의 믿음"으로 해석한다. 갈라디아서의 두 단락(4:3-6; 3:13-14)에 동일한 이야기가 존재하는데 "예수 그리스도를 믿는 믿음"으로 보는 전통적인 해석에 반대하여 하나님께서 인류를 구속하기 위해 어떻게 그 아들을 보내셨는지에 관한 것이라 한다. 헤이스는 이 이야기에서 예수 그리스도가 주체(subject)의 역할을 하며 그가 자신의 권한을 수행하는 것을 가능케 하는 능력 혹은 자질이라 한다. πίστις는 다른 사람들로부터 예수에게로 향하는 것이 아니라 인간 예수가 소유하는 자질 혹은 그가 행사하는 능력이라고 본다. 그러므로 πίστις Χριστοῦ를 주격으로 해석하는 것이 내러티브의 논리에 가장 잘 맞아 떨어지며 또한 바울의 신학적 주장을 가장 잘 표현한 해석이라고 주장한다.[90] πίστις Χριστοῦ가 신자의 믿음(the Christian's act of faith in Christ)을 뜻하느냐? 아니면 그리스도의 신실하심(the fathfulness of Christ)을 뜻하느냐?는 갈라디아서의 칭의론을 예수 그리스도의 신실함을 통한 칭의라고 해석함으로써 칭의론에 대한 새로운 각도를 제시하였다.

πίστις Χριστοῦ에 대한 해석은 헬라어 문법적으로 두 가지의 해석이 가능하다. 즉 주어적 속격으로 해석하면, "그리스도의 믿음"이 되나, 목적어적 속격으로 해석하면, "그리스도에 대한 믿음"이 된다. 이 두 상이한 해석을 절충하는 해석으로 독일어권에서 "그리스도-믿음"(Christus-fidei)이 제안되기도 했지만, 루터의 종교개혁 이후에는 목적어적 속격 해석이 주종을 이루게 되었고 주어적 속격 해석은 관심 밖으로 밀려나게 되었다.

πίστις Χριστοῦ를 그리스도에 대한 믿음으로 번역하는 경향은 종교개혁기에 마르틴 루터로부터 시작되었다. 루터는 1515년 『로마서 강해』에서 로마서 3장 22절에서 등장하는 이 어구를 "예수 그리스도를 믿음"(Glauben an Jesum Christum)으로 번역하였다.[91] 그 후부터 현재에 이르기까지 이러한 목적어적 속격 번역이 대세를 이루어왔다. 그러나 πίστις Χριστοῦ를 '그리스도의 믿음'으로 번역하려는 경향은 목적어적 속격 번역 이전에 이미 등장하였다. 고대 시리아 교회의 페쉬타역(Peshitta Version)이나, 콥틱역(Coptic Version), 그리고 중세의 불가타역(Vulgate Version), 그리고 계몽주의 시대의 에라스무스(Erasmus)의 번역 등에서 이 어구는 문자적으로 주어적 속격으로 표현되었다. 19세기 신학자들 중에 랑(J. P. Lang)은 그리스도의 신실성으로, 하우스라이터(L. Haussleiter)는 그리

스도가 십자가 처형을 당할 때에도 하나님을 향해 가졌던 믿음을 뜻한다고 보았다. 따라서 사람은 자신의 삶 속에서 그리스도의 믿음을 닮아가도록 노력함으로써 이 믿음의 진가를 인정해야 한다고 주장했다.[92] 20세기에 들어와서는 가브리엘 허버트(Gabriel Hebert)가 하나님의 신실성과 인간의 믿음 사이에 차이가 있음을 말하였다. 즉 하나님의 미쁘심(롬 3:3)은 하나님의 신실성, 확고함을 뜻하는 반면에 인간의 믿음은 연약함을 뜻한다고 하였다. 또 루크 티모시 존슨(Luke Timothy Johnson)은 주어적 속격으로 해석하여 그리스도의 믿음이 그리스도의 순종으로 나타난다고 주장하였다.[93] 더 나아가 샘 K. 윌리엄스(Sam K. Williams)는 로마서 1장 17절에서 믿음에서 믿음에 이르는 하나님의 의란, 곧 그리스도의 믿음을 통해 나타난 하나님의 의가 오늘날에 와서는 그리스도와 같은 믿음으로 이어져 신자들에게 주어진다고 하면서 그리스도가 지녔던 것과 같은 믿음을 갖는 현재의 신앙을 바울은 '그리스도 안에서'라는 어구로 표현했다고 주장한다.[94] 이상과 같이 주어적 속격 해석은 하나님의 의가 그리스도 자신의 믿음을 통하여 계시되었음을 뜻한다.

새 관점학파의 대중적 전파자인 톰 라이트도 πίστις Χριστοῦ라는 구문을 주어적 속격으로 보고 ἐκ πίστεως를 그리스도의 믿음/신실성을 지칭하는 것으로, 그리고 εἰς πίστιν을 신자의 믿음을 지칭하는 것으로 본다. 라이트는 로마서에 나타난 하나님의 의를 하나님의 언약적 신실성으로 이해하고 이 하나님의 언약적 신실성이 바로 예수 그리스도의 신실성(πίστεως Ἰησοῦς Χριστοῦ)을 통해 나타났다고 본다.[95]

3) 평가

새 관점학파는 갈라디아서의 연구에 하나의 새로운 관점을 제시해 왔다. 갈라디아서의 논의에서 새 관점학파는 유대주의와 기독교를 종교 시스템으로 비교하여 기존의 율법과 은혜를 대치개념이 아니라 반 정도 일치하는 개념으로 보았다. 여기에서는 새 관점에 대하여 평가해 보기로 한다.

(1) 새 관점주의자들에 대한 평가

갈라디아서의 본문을 전통주의적 관점에서 해석하느냐 아니면 새 관점에서 해석하느냐는 구원론에 있어 정반대의 해석을 하게 된다. 우리는 어느 관점에 속해 있느냐가 중요한 것이 아니라 갈라디아서의 본문에 바울이 말하려고 하는 구원론을 하나도 빼지 않고 모두 담을 수 있는 관점이 필요하다고 생각한다.

새 관점은 종교개혁의 핵심 가르침을 부정한 것으로 보기에 상대적으로 개혁주의 전통이 강한 한국 신학계에서는 새 관점에 대한 반격이 강하게 제기되었다. 두 관점의 장점과 약점을 세밀한 관찰을 통해 냉정하게 검증해야지 그저 '종교개혁'의 전통과 다르다는 이유만으로 그것을 무시하거나 비난하는 것이어서는 곤란하다.[96]

새 관점학파에 대한 개혁주의의 반격은 듀크대학에서 바울에 관한 새 관점의 선도적인 연구자, 리처드 B. 헤이스와 E. P. 샌더스의 제자였던 가이 프렌티스 워터스(Guy Prentiss Waters)에 의해 제기되었다. 워터스는 새 관점을 주장하는 가장 중요한 학자들이 포진된 학교에서 이 논의의 본질을 파악하면서 개혁주의 입장에서 종교개혁 전통의 '칭의관'이 여전히 성경적이라 주장했다.

워터스는 샌더스가 유대교를 순수 펠라기우스주의 종교로 그린 것을 수정하였지만 결국 유대교가 반펠라기우스적임을 증명하게 되었다고 하면서 유대교의 랍비들의 견해는 논쟁의 여지없이 '신인협력설'이라 주장하였다. 또 중세후기 구원론과 고대 유대교는 모두 반펠라기우스 체계이고 종교개혁자들이 이해한 바울이 옳다고 하였다.97) 그러므로 새 관점의 구원론은 개신교가 아니라 로마가톨릭에 가깝다고 주장한다.

워터스는 샌더스의 언약적 신율주의가 관련된 모든 초기(제2성전) 문헌에 공정하게 그리고 똑같이 적용할 수 없다고 주장하였다.98) 또한 바울이 유대교를 반대한 것은 그 경계표지(아이덴티티 마커) 때문이었다고 하였으나 바울이 접근한 제2성전 문헌들을 확실히 안다는 것은 불가능하다고 하였다. 그리하여 새 관점주의자가 제2성전 유대교에 대하여 최근에 이룬 구성은 은혜, 율법주의, 공로에 대한 논쟁을 혼란시켰고 바울의 전가교리를 무시할 뿐만 아니라 법정적 은혜와 변형적인 은혜에 대한 바울의 가르침을 균형 있게 이해한 종교개혁의 업적을 무효화시켰다고 하였다.99) 또한 새 관점은 칭의를 구원론 교리가 아니라 교회론 교리로 잘못 해석하여서 바울이 보지 못했던 곳에서 억지로 이분법을 강요한 것뿐이라 주장하였다. 워터스는 개혁파 신학이 새 관점보다 얼마나 뛰어난지를 설명하면서 웨스터민스터 표준문서와 완전히 일치한 입장에서 새 관점의 구원론은 개신교가 아니라 로마 가톨릭과 가깝다고 비판하였다.

워터스는 새 관점에 대해 긍정적으로 보는 부분도 있다고 하였다. 즉 라이트가 그리스도의 주권이 기독교 신앙과 선포의 초점이라고 강조한 것에 대해 매우 감사하게 생각한다고 하였고 또 라이트가 하나님의 백성에 이방인들을 종말적으로 포함하는 것이 로마서에서 사도 바울의 중요한 관심사라고 지적한 것은 옳다고 하였다. 뿐만 아니라 샌더스가 최소한 100년 동안 신약학자들 간에 회자되었던 1세기의 유대교의 주된 모델이 적절한지에 대한 질문은 옳았으며 1세기 유대교에 대하여 더욱 균형 잡힌 모습을 그리는 데 필요한 학문적 논의를 진작시켰다고 평가하였다.100)

새 관점에 대한 종교개혁주의의 대응을 갈라디아서의 이신칭의 교훈을 중심으로 살펴보면 '이신칭의'는 바울의 이방선교의 산물이 아니라 바울복음의 필수적 내용으로 본다. '이신칭의'의 메시지가 갈라디아서의 중심주제로 나타나고 있으며 바울 자신과 그 독자들의 특수한 역사적 정황과 연결되어 있는 것은 분명하지만 갈라디아서에만 한정되어 있는 특수한 역사적 정황의 산물인 것처럼 속단하여서는 아니 될 것이라 한다.101) 새 관점주의자들이 '이신칭의'는 구원론적 주제가 아니라 교회론적인 주제라고 한데 대하여 바울이 갈라디아서의 핵심 구절중의 하나인 갈라디아서 3장 28절에서 고대 헬라 - 로마 - 유대사회를 지탱하고 있는 세 가지 장벽 곧 '인종적,' '신분적,' '성적' 장벽들이 예수 그리스도와 성령 안에서 무너졌다고 말함으로 바울의 이신칭의 교리가 교회론적, 선교적 의미를 가지고 있는 점은 분명하나 구원론적 의미를 배제하는 것은 아니라고 한다. 따라서 바울의 '이신칭의'의 교리가 교회론적, 선교적 주제라는 전제아래 구원론적 의미를 부인하는 것은 이신칭의의 본질적 의미를 부정한 것이라고 말한다.102)

한국의 개혁주의 신학자들도 새 관점은 종교개혁의 근간을 흔드는 것으로 이해하고 다양한 비판을 하고 있다. 즉, 새 관점주의자들은 종교개혁주의자들이 주장한 전가(imputation)의 교리가 비성경적이라고 단정했는데 로마서 5장 12-19절에서 바울은 명백하게 한 사람 그리스도의 순종으로 인한 의와 생명이 모든 사람들에게 전가되었음을 밝히고 있다고 한다. 이와 같은 근거로 갈라디아서에 나타나 있는 칭의에 대한 바울의 가르침은 성경본문 자체의 가르침을 왜곡하는 새 관점이 아닌 종교개혁자들의 주장이 더 정당하고 성경에 충실하다고 주장한다.103)

'새 관점'의 신학적 소재는 교리사의 흐름 가운데 하나님의 전적인 은혜를 성경적으로 고백해온 단일동력적 신학의 결과와 대척점에 있으며 그리스도 안에 있는 언약을 통해 풀어가는 개혁신학의 관점에서 신학적 평가를 내린다면 '새 관점'의 신학적 주장들은 넓은 의미에서 '율법주의'라고 주장한다.104)

루터의 칭의 이해를 비판하는 새 관점의 칭의 개념은 죄를 깨닫게 하는 율법의 기능을 외면시켰고 회개와 죄의 용서가 누락되어 있고 칭의의 교리를 개인주의를 피하고 포스트모더니즘 시대에 공동체적인 삶을 강조하기 위해 교리를 변형시켜 구원에 관련된 것을 교회론인 것으로 뒤틀어 놓았다고 하며,105) 또 새 관점학자들이 칭의 신학을 바울신학의 핵심으로부터 변방으로 몰아내어 주변적인 것에 불과하다는 것은 새 관점학자들의 중대한 결함이라 주장하기도 한다.106)

이러한 개혁주의의 반격에도 불구하고 바울에 관한 새 관점주자들의 장점은 새 관점이 1세기 유대교에 대한 우리의 이해의 지평을 넓혀주어 1세기 유대교가 획일적인 율법주의가 아닌 하나님의 선택과 은혜를 강조하고 있음을 새롭게 알게 해 주었다. 새 관점의 가장 두드러진 특징은 바울의 칭의론이 이방인과 유대인의 관계라는 구체적인 정황 속에서 개진되고 있음을 알게 해 주었다. 칭의에 관한 갈라디아서의 주제적 진술(2:15-16)은 유대인/이방인의 관계에 대한 안디옥 사건과 연결되어 있어(2:11-15) 실질적으로 바울의 칭의론이 유대인/이방인의 관계에서 발생된 문제와 얽혀 있다는 사실은 분명하다.107)

전통주의 관점에서는 기독교의 주요 관심사가 "사람이 어떻게 하나님 앞에서 의롭게 혹은 구원받을 수 있느냐"라는 수직적이고 실존적인 문제로만 생각하였으나, 새 관점에 의한 기독교의 주요 관심사는 "어떤 조건에서 이방인을 하나님의 언약 백성으로 받아들일 것인가, 어떻게 이방인 크리스천들과 유대인 크리스천들이 그리스도 안에서 동등한 하나님의 백성으로 살아갈 수 있는가"라는 수평적이고 공동체적 문제였다는 것을 알게 해 주었다.108)

또한 바울의 율법에 대한 반대의 주장이 전통주의 입장에서는 율법과 유대교 전체에 대한 반대로 이해하였으나, 새 관점주의자들을 통해 알게 된 것은 그리스도가 오신 이후 유대인들의 삶의 원리에 불과한 육체의 할례 등을 구원에 있어서 필수적인 것으로 강요한 일부 유대주의자들의 대한 반대가 바울의 주장이라는 것이다. 그러므로 갈라디아서의 구원론을 해석하는 데 시야를 넓혀 주었다. 새 관점학파는 '칭의론'보다는 오히려 '그리스도 안에 있음,' '그리스도에의 참여' 그리고 '그리스도와의 교제'를 바울신학의 핵심으로 보고 '칭의'와 삶을 분리시키지 않는 장점이 있다.

그러나 이러한 장점에도 불구하고 단점들도 있다. 새 관점은 종교개혁자들이 놓친 바울 당시의 역사적 사회적 맥락, 언약적 율법주의의 상황을 드러내는 공헌은 하였으나 이러한 해석은 유대교의 일부 현상만을 설명하는 한계가 있고 새 관점은 율법의 의를 주장함으로써 갈라디아교회의 유대주의 자들처럼 반-펠라기우스주의에 접근하고 있어 바울이 명료하게 선언한 칭의의 교리를 약화시켜 율법주의와 타협하게 만드는 위험성을 지니고 있다.109)

뿐만 아니라, 새 관점은 언약적 율법주의를 갈라디아서를 이해하는 배경으로 삼으면서 새로운 시각을 제시하는 데 갈라디아서에서 말하는 율법의 행위는 아브라함의 언약 안에서 이방인들과 유대인들을 분리시키는 경계표들로 보게 되는데 이러한 주장은 죄의 심각성에 대한 언급이 없게 되어 하나님의 의의 전가를 통해 죄를 용서받아 구원받는다는 '이신칭의'의 구원론이 약화된다는 것이다.110)

새 관점주의자들은 전통주의자들이 충분한 역사적인 연구나 문헌의 검토 없이 바울 당대의 유대교를 획일적으로 '율법주의'로 단정해 버린 오류를 범한 것처럼 1세기 유대교가 획일적으로 '언약적 율법주의'로 단정해 버리는 오류를 범하고 있다. 즉 새 관점은 바울 당대의 팔레스타인 유대교 일반의 경건과 신앙의 일부 면만 반영하고 있는 것이다. 오히려 1세기 유대교는 다양한 형태를 띠고 있었고 구원에 들어가기 위해서는 반드시 율법의 행위들을 준수해야 한다는 율법주의도 상존하고 있었다.

1세기 유대교가 언약적 신율주의에 있었다는 것은 사실이나, 당시의 유대인들 가운데는 하나님의 말씀에서 벗어나 장로의 유전이나 율법의 의로 구원에 이르려고 했던 율법주의자들도 상당수 상존해 있었다고 생각한다. 예수님도 서기관들의 율법에 대한 해석("장로들의 유전" 할라카)과 바리새인들의 행동규범으로 지키는 구두로 전승된 토라를 거부하셨다.111) 그러므로 1세기 유대교를 율법주의와 언약적 율법주의가 함께 공존하고 있었기에 이 상황을 전통주의 관점이나 새 관점 모두 획일적으로 보고 있다고 생각한다. 김세윤도 "신인협력적 율법주의" (Synergistic Nomism)가 "언약적 율법주의"보다 바울 당시의 유대교에 대한 정확한 정의일 것이라 주장한다: "우리는 유대교를 순전한 행위 - 의의 종교로 보는 전통적 견해도, 유대교 안에 있는 행위 - 의의 요소를 일체 부인하는 새 관점주의자들도 옳지 않으며, 유대교는 행위 - 의의 요소를 지닌 언약적 율법주의였다는 것을 알게 될 것이다."112) 그러므로 새 관점주의자들은 이신칭의 교리를 수평적이고 사회학적인 관점에서만 이해하려 했고 전통주의자들은 개인적인 속죄와 구원의 수직적인 면만을 강조하고 있다. 그러나 갈라디아서에서는 두 가지 측면을 모두 말하고 있다고 본다. 우리의 구원은 개인적인 면도 중요하고 공동체적이고 사회적인 측면도 중요한 것이다.

전통적인 칭의 해석이나 새 관점의 칭의 해석 모두 바울의 칭의 관련 진술들을 유대인의 관점에서 접근하다보니 전통적인 칭의 해석은 '들어가기' 차원의 구원론으로 보았고, 새 관점의 칭의 해석도 율법의 행위를 '머물기' 차원의 의미로만 해석하였다. 이러한 두 관점에서 벗어나 바울의 칭의론이 다메섹 도상에서 받은 계시적 통찰에 의해서 유대인들이 언약밖에 있는 죄인들에 불과하다는 것을 깨닫게 되었고 이러한 계시적 통찰에 의해 율법의 행위가 아니라 믿음뿐이라 했다고 주장하는 견해도 있다.113)

또한 새 관점은 '이신칭의'의 교리에서 종교개혁자들과 정면으로 충돌되지만 다른 편에서 보면 종교개혁자들은 '이신칭의'를 구원론적인 관점으로 이해했다면 새 관점주의 자들은 '이신칭의'를 사회학적 관점에서 접근했기에 서로를 배척하기보다는 상호보완적으로 받아들여질 수 있다는 견해도 있고114) 종교개혁자들의 칭의는 기독론적 측면을 강조하여 법정적인 전가된 의를 말하였고 새 관점은 칭의와 성화를 결합하여 기독론적 관심과 인간론적 관심을 연결하고 있다고 보고 칭의에 있어 기독론적, 인간론적 그리고 종말론적인 특징을 관련시켜 이해하는 것이 칭의의 개념을 가장 적절하게 이해할 수 있다고 제시하기도 한다.115)

위와 같은 견해들처럼 한 가지의 관점으로만 보는 시각에서 벗어나 다양한 관점에서 성경을 이해하는 것도 중요하다고 생각한다. 갈라디아서에서 바울의 이신칭의 교리를 유대적 관점에서만 이해하기보다는 하나님의 뜻과 예수 그리스도 안에 있는 믿음과 성령의 역사하심 가운데서 구원론적, 사회론적, 교회론적 그리고 종말론적으로 종합적인 이해가 필요하다고 본다.

갈라디아서에 나타난 유대주의(율법의 행위)에 대하여 전통주의 관점은 '행위-의'의 종교로 간주하였고 새 관점은 '언약적 신율주의'에서 찾고자 하였다. 더 나아가 두 관점을 조화시켜보려는 새로운 중도적 입장은 유대교를 언약적 신율주의 내에서 '행위-의'의 요소를 지닌 종교로 간주하였다. 이러한 세 가지 해석은 갈라디아서에 등장하는 문제의 진술을 이해하는 데 있어 모두 문제점을 내포하고 있다고 본다. 그래서 바울의 계시적 전망으로 이해하려는 새로운 접근법도 제시되고 있다. 즉 바울의 계시적 전망에서 유대인이나 이방인 모두 동일한 치유책과 구원의 길을 필요로 한다고 한다.116) 이러한 견해가 옛 관점과 새 관점을 포용하여 구원론적인 관점과 사회학적인 관점을 모두 설명할 수 있다고 생각한다. 갈라디아서에서 등장하는 이러한 문제들은 편협적인 한가지의 관점으로만 이해하는 것보다 신론적, 기독론적, 성령론적인 삼위일체이신 하나님의 관점에서 폭넓게 이해할 때 갈라디아서에서 바울이 말하고 있는 구원론을 정확히 설명할 수 있다고 생각한다.

(2) 리처드 B. 헤이스에 대한 평가

1991년 세계성서학회 모임인 SBL 모임에서 주어적 속격을 주장하는 리처드 헤이스(Richard B. Hays)와 목적어적 속격을 주장하는 제임스 던이 재격돌함으로써 세계신약학회의 핵심적인 이슈로 확산되었다. 논쟁의 핵심은 πίστις Χριστοῦ를 "그리스도의 믿음" 혹은 "그리스도의 신실성"을 가리키는 기독론적인 관점에서 해석할 것인가, 아니면 전통적인 이해로 "그리스도에 대한 믿음" 혹은 "그리스도를 믿는 믿음"을 지칭하는 구원론적 관점에서 해석할 것인가? 헬라어 문법적으로 πίστις(믿음)와 Χριστοῦ(그리스도)의 속격관계를 주어적 속격으로 보는 경우는 "믿음"이 그리스도 자신의 믿음, 곧 십자가에 죽기까지 하나님의 말씀에 순종하신 그리스도 자신의 신실성을 가리킨다. 반면에 목적어적 속격의 경우 예수 그리스도에 대한 우리의 믿음을 가리킨다.117)

"믿음"이라는 말이 등장하는 어구 중에는 πίστις Χριστοῦ를 문자 그대로 번역하면 "그리스도의 믿음"이라는 속격 구문이 7번 정도 나온다 (롬 3:22; 갈 3:22; 롬 3:26; 갈 2:16; 빌 3:9; 갈 2:20). 헤이스는 "그리스도 자신의 믿음," 즉 그리스도께서 십자가상에서 자원하여 스스로를 희생제물로 드림으로써 보여주신 예수 그리스도의 신실함으로 이해해야 한다고 주장했다.

여기에 대하여 던은 "그리스도의 믿음이라는 해석이 겉보기에는 그럴 듯한 매력을 지니고 있지만, 그러한 해석은 핵심본문들을 문맥에서 떠나서 원자론적으로 연구하거나 그 주된 증거 본문들 자체가 논란이 되고 있는 그리스도의 믿음이라는 그 근저에 있는 이야기에 관한 가정에 너무 지나치게 의존하고 있다"라고 비판하였다.118) 즉 πίστις Χριστοῦ에 관련된 본문들을 갈라디아서의 논증의 흐름 내에서 읽게 되면, 바울이 "그리스도에 대한 믿음"이라는 복음에 대한 적절한 응답으로서 "믿음"의 중심적인 중요성에 대한 단언 이상을 의도했다고 생각할 수 없게 될 것이다.

갈라디아서 3장 6-9절의 지배적인 내용인 아브라함과의 병행은

πίστις Χριστοῦ가 헤이스는 아브라함의 믿음에 관한 언급과의 병행으로서 의도되었음을 인정하고 대표 기독론의 관점에서 이 내용을 발전시킨다. 예수 그리스도는 아브라함과 마찬가지로 ἐκ πίστεως(믿음으로) 의롭게 되었으며, 그 결과로 우리는 그 안에서 의롭게 된다고 하였다. 여기에 대하여 제임스 던은 헤이스의 주장은 선을 넘을 위험성이 있다면서 갈라디아서 3장에 등장하는 또 다른 언급이 그리스도를 믿음의 대상으로 지시한다는 사실을 부정한다고 한다. 갈라디아서 3장 2절과 5절에서 πίστις는 그리스도인의 믿음을 말하는데 헤이스는 그리스도의 믿음을 언급하는 것으로 간주한다고 하였다. 또 헤이스의 논지는 갈라디아교인들의 믿음의 행위를 가리키는 명사를 위한 여지를 남겨두지 않으며 갈라디아서 2장 16, 20절과 3장 22절에 대한 주어적 속격해석을 변호하기 위해서 갈라디아서 속에 등장하는 믿음과 관련된 모든 언급들을 깡그리 청소해 버린다고 비판한다.119)

제임스 던은 그의 논문 "Once More, ΠΙΣΤΙΣ ΧΡΙΣΤΟΥ"의 결론에서 주어적 속격 해석이 지닌 신학에 대한 강력하고 중요하며 매력적이라는 사실을 분명히 인정한다. 신학적 모티브로 보면 바울신학과 전적으로 양립할 수 있다고 한다. 바울신학 속의 한 요소는 아니지만 다른 강조점들과 일치한다는 것이다. 그러나 제임스 던이 확신하는 바는 바울의 의도가 그의 독자들이 그 문구를 "그리스도를 믿는 믿음"이라는 의미로 듣는다는 것이다. 그리고 결론적으로 πίστις Χριστοῦ의 주어적 속격 해석을 부정하고 목적어적 속격 해석을 긍정하는 훌륭한 문법적 근거들이 존재하며 각각의 본문에서 전통적인 "그리스도를 믿는 믿음" 해석은 해당 본문의 사고의 흐름을 일관되게 잘 설명해 준다고 한다. 그러므로 논란이 되는 이 문구에 대한 가장 논리정연한 주해의 결론은 바울이 의도한 의미가 그리스도의 믿음이 아닌 오로지 "그리스도를 믿

는 믿음"으로 이해되는 것이라는 게 확실하다고 주장하였다.[120]

헤이스는 로마서 1장 17절에 두 번이나 반복되고 있는 "ἐκ πίστεως"가 누구의 믿음을 가리키고 있는가 하는 것과 하박국 2장 4절에 인용구에 나타나고 있는 ὁ δίκαιος는 누구를 지칭하고 있느냐에 대하여 ἐκ πίστεως와 διά πίστεως Ἰησοῦ Χριστοῦ를 모두 "그리스도의 신실성"을 가리키는 것으로 본다. 또한 하박국 2장 4절이 1세기 유대인과 그리스도인에게 메시아론적으로 이해되고 있었기 때문에, 여기 ὁ δίκαιος(의인)와 ἐκ πίστεως를 신자가 아닌 예수 그리스도와 관련된 것으로 보아서 메시야의 믿음이라고 주장한다.[121] 즉 ὁ δίκαιος는 일반신자가 아닌 메시야로 보는 것이다. 이러한 주장에 대하여 반대하는 견해는 바울이 인용하고 있는 하박국 2장 4절이 1세기에 이미 메시아론적으로 이해되고 있었고, 신약성경에서 그리스도가 "의인"으로 불리어졌다고 해서(행 7:52; 22:14) 필연적으로 여기 "의인"이 예수 그리스도를 지칭한다고 보기는 어렵다고 한다. 바울은 동일한 하박국 2장 4절을 갈라디아서 3장 11설에도 인용하고 있는데, 이 경우 "의인"은 그리스도를 가리키기보다도 오히려 '율법의 행위에 의존하는 사람들'과 대조되는 '믿음의 사람들'을 지칭하고 있는 것으로 보아야 한다고 주장한다.[122]

초대교회가 '그리스도를 본받자'라는 대의명분 아래 주어적 속격 해석인 '그리스도의 믿음'을 선호하여 그 믿음을 본받으려 했다며, 삼위일체론 성립 이후 그리고 종교개혁 이후, "그리스도는 삼위 중에 한분이며 하나님과 동등한 신적인 지위를 갖게 되었기 때문에 그리스도는 더 이상 하나님께 대한 믿음을 갖는 것이 아니므로 그리스도가 우리 믿음의 대상이 되었다"는 전제 아래 목적어적 속격 해석인 '그리스도에 대한 믿음'이 주류를 이루고 오늘날 전통적인 견해가 되었다는 것이 다수의 신학자들의 주장이다. 그러나 최근에 학계에서 다시 주장하고 있는 주어적 속격 해석은 예수 그리스도의 신실하심과 하나님 아버지께 대한 순종과 충성을 강조함으로써 그리스도를 본받는 삶에 역점을 두게 한다.

πίστις Χριστοῦ를 주어적 속격으로 해석할 때의 장점은 목적어적 속격 해석이 간과한 내용들을 제시함으로써 바울의 믿음의 개념을 풍부하게 제시할 수 있다는 것이다. πίστις라는 단어의 의미는 신앙과 신실함을 모두 뜻한다. 바울 서신에서 바울의 믿음이란 예수의 믿음을 공유하는 곧 체현하는 것으로 나타난다. 이것은 목적어적 속격이 빠질 수 있는 오류인 바, 예수에 대한 단순 숭배를 방지해 준다. 즉 믿음 안에 하나님에 대한 신앙은 물론 하나님께 순종했던 그리스도를 본 받음도 포함된다.123) 그리스도 안에서 그리스도의 믿음을 공유하는 삶은 전 존재적으로 그리스도와 만나 그를 본받는 삶이 된다. πίστις Χριστοῦ로 공유된 믿음은 구체적인 삶 속에 전형과 본받는 자의 삶으로 표현될 수 있다. 갈라디아 교회의 신자들의 전형은 서신의 저자인 바울이 된다. 바울을 그리스도를 전형으로 삼았다.124) 이와 같이 주어적 속격으로 해석할 때의 장점은 믿음이 지적 동의로 끝나는 것이 아니고 성령으로 진리에 순종하는 삶과 연결되어진다는 것이다. 이는 야고보서에서 말하는 행함이 있는 믿음과 일치하게 되고 갈라디아서의 성령으로 행하는 삶과 맥락을 같이 하게 된다.

또한 부활의 신앙과 밀접한 관계를 갖게 해 준다. 예수의 죽음은 율법 아래의 저주의 삶을 끝내고 부활로서 시작된 새로운 삶을 살게 해 주는데 그것이 믿음으로 사는 삶이다. "예수 그리스도의 믿음의 통하여"(갈 2:16)라는 언급은 단순히 예수의 사역, 죽음 그리고 부활 사건에서 나타난 계시에 대한 신앙을 지칭하는 것뿐만 아니라 부활하신 그리스도를 통한 하나님의 현재적인 계시를 지칭한 것이다. 주어적 속격 해석으로써 곧 "예수 그리스도의 믿음을 통하여 의롭게 된다"는 말은 현재 구체적인 삶 속에서 역사하시는 하나님/그리스도를 발견하고 그 일에 동참함으로써 (믿음의 역사) 하나님과 올바른 관계를 실증해야 된다는 것이다.125) 바울은 그리스도를 전형으로 하여 몸소 그의 고난과 부활을 공유, 체현 하였으며 그의 신자들에게도 역시 그리스도의 믿음으로 말미암아 그의 고난과 부활을 체현하며 살 것을 권고하였다.126) 결국 주어적 속격 해석은 바울의 기독론에서 고백과 실천이 통합된 믿음의 삶을 살게 한다는 장점이 있다.

주어적 속격을 주장하는 대부분의 신학자들은 십자가에 나타난 그리스도의 신실성의 측면에서 πίστις Χριστοῦ를 이해한다. 특히 헤이스는 πίστις Χριστοῦ를 십자가에서 돌아가신 예수님의 순종과 관련이 있다고 주장한다. "그리스도의 신실성을 통하여 의롭게 됨"은 바울이 전파한 복음의 핵심내용으로 유대인이나 이방인이나 구별 없이 예수 그리스도를 믿는 사람들은 예수 그리스도의 죽음을 통하여 나타난 그 분의 신실성에 의해 하나님과의 올바른 관계를 가지게 된다는 '복음의 진리'를 선포하였다. 바울은 그리스도의 십자가 위에서의 죽음은 그리스도의 신실성의 표현으로 이 해석은 죽기까지 복종한 그리스도의 순종이 하나님을 향한 그리스도의 신실성의 표현이라는 바울의 사상과 일치한다.127) πίστις Χριστοῦ를 주어적 속격으로 해석할 때 하나님 아버지의 뜻을 이루기 위하여 죽기까지 순종하신 예수 그리스도의 신실성을 잘 표현하고 성령으로 우리가 하나님의 신실성에 참여하는 삶을 설명할 수 있는 장점이 있다.

리처드 헤이스가 πίστις Χριστοῦ를 주어적 속격으로 해석하는 것은 기독론에 중점을 둔 것이고 전통주의의 목적어적 속격은 구원론에 중점을 둔 것이다. 문제는 로마서나 갈라디아서가 분명히 구원론도 다루고 있고, 그 정점에 πίστις Χριστοῦ 구문이 위치하고 있음에도 불구하고, 새 관점은 이것을 지나치게 기독론으로 환원시키고 있다고 한다.128) 이러한 단점들은 삼위일체이신 하나님의 관점에서 구원론을 설명할 때 극복되리라 생각된다. 기존의 목적어적 속격이 예수님께 대한 우리의 신앙을 일컬어 왔다면 주어적 속격 해석은 예수님을 본받음으로 결단하는 실천이란 측면에서 믿음의 올바른 의미를 상호보완적으로 해결해 주리라 생각한다. 어느 한편만 고집하는 것보다 신론, 기독론, 성령론의 관점에서 폭넓게 이해하면 πίστις Χριστοῦ 구문이 풍성하게 해석되리라 본다.

갈라디아서의 구원론에 있어 전통주의와 새 관점 모두 장단점을 가지고 있다. 그러므로 바울이 갈라디아서에서 말하고 있는 구원론을 모두 설명할 수가 없다. 그 대안으로서 삼위일체이신 하나님의 관점에서 갈라디아서의 구원론을 설명하고자 한다. 삼위일체이신 하나님의 관점에서 갈라디아서의 구원론을 해석할 때 전통주의나 새 관점의 문제들을 해결할 수 있다고 생각한다.

3. 새로운 대안 모색

현대 교회는 신앙과 신앙생활의 괴리감으로 인하여 힘들어 하고 있다. 이러한 이유는 인본주의적인 관점에 서 있는 '이신칭의'에 그 뿌리가 있다. 그러므로 필자는 신본주의에 입각한 구원관의 필요성을 따라 발전해 온 새로운 대안들에 대하여 말하고자 한다. 이는 지금의 논문이 나오는 산파 역할을 한 것이다 할 수 있다.

1) 현대 개신교의 위기와 극복을 위한 대안들

프린스턴 신학교의 브루스 맥코맥(Bruce L. McCormack)은 "칭의에 대한 현재의 논쟁에서 위급한 점은 무엇인가? - 서구 개신교의 위기"(What's at Stake in Current Debates Over Justification?)라는 논문에서 현대 개신교의 위기는 신학적인 문제에 있다고 하면서 그 문제점을 특히 종교개혁자들의 '이신칭의' 교리에서 찾는다. '칭의'에 대한 교리(doctrine)는 종교개혁의 교리로서 다른 어떠한 것보다 16세기 개신교의 특징을 부여했다. 종교개혁가들의 '칭의'에 대한 법적인 이해가 신앙 전반에 광범위한 영향을 끼쳤다. 하나님께로부터 믿는 자에게 직접 '의'가 전가된다는 생각은 사제가 중재자가 되어 있는 가톨릭 제도에서는 불필요한 것으로 여겨졌다. 이는 믿는 자에게 '그리스도의 의'가 분명히 전가되는 것을 언급하는 것은, 모든 믿는 자들의 제사장직(priesthood)을 주장하는 것이 되었기 때문이다. 루터는 '칭의'에 대한 교리가 교회의 존립의 문제로 생각했고 칼빈 또한 '칭의'에 대한 신앙이 모든 그리스도인의 삶의 초석이라고 똑같은 말을 언급하였다. 루터교와 개혁주의 신학자들은 가톨릭의 많은 것들에 반대했지만, 믿음에 의해 은혜로 말미암아 의롭게 됨이라는 그 중심 내용에 대해서는 반대하지 않았다. 그 이유는 무엇보다도 그 교리가 개신교를 정의했고, 개신교도들로서의 자질을 부여해주기 때문이었다. 그런데 맥코맥은 현대 개신교의 현대적 위기가 종교개혁자들의 '칭의' 개념에 있다고 다음과 같이 말하였다:

> 칭의에 대한 현재의 논쟁에서 위급한 것은 무엇인가? 나의 대답은 다름 아닌 종교개혁이다. 이것은 오늘날 우리가 서양에서 겪고 있는 개신교의 위기를 말하거나, 의에 관한 주제에 대해 종교

개혁가들의 가르침을 우리가 상대적으로 이해하지 못하고 있는 것을 말하는 것이 아니다…. 이 교리에 대한 명확성의 부재와 개신교에 맞선 근대의 도전에 적절한 해답을 제시할 방어가 될 거라는 기대감에서의 무능력이 꽤 신학적인 혼돈에 기여하고 있는데, 그것은 종교개혁과 관련된 교회들에서 주로 나타나고 서양에서의 개신교의 종말을 재촉하는 것같이 보여졌다. 장담하건데, 이것은 모든 종류의 변화에 위협을 느끼는 극단적인 보수주의 개신교도들의 예민한 반응은 아니다. 반대로, 위대한 종교개혁가 자신들은 믿음에 관한 그들의 중심 글과 관련된 현재의 위기에 있어 적어도 몇몇 비난을 받을 만하다는 것이 나의 생각이다. 그들이 신학적이라기보다는 철학적이라고 인식되어진다는 의구심 속에서 종교개혁가들의 냉담함 때문에 억눌러진 채 남아 있는 '칭의'에 관한 포괄적인 이해와 관련해 너무 많은 질문이 있었다. 오늘날 우리는 그 무관심에 대해서 큰 대가를 치르고 있다.129)

브루스 맥코맥은 종교개혁자들이 '그리스도의 의의 전가'를 강조한 것은 옳았으나 불행하게도 그들은 '칭의'에 대한 그들의 이해를 나타내는 신학적 존재론(theological ontology)을 분석하는 입장을 취하지 않았다는 것이다. 이것이 '칭의'에 대한 그들의 과오였다. 이는 가톨릭은 '주입된 의'를 강조하여 인간론적 측면에서 존재론적 변화를 주장한 반면 종교개혁자들은 법정적인 '전가된 의'를 강조함으로 기독론적 측면을 부각시켰으니 인간의 존재론적인 변화는 등한시 하였다. 오늘과 같은 세상에서는 사람들은 진정한 변화를 외치고 있다. 즉, 인생의 근본적인 조건의 진정한 변화를 외치고 있는데, 존재론적인 문제에 관해 늘 노골적인 관심을 나타냈던 가톨릭이나 정통파의 전통들과 비교했을 때 프로테스탄트 전통은 그것을 약하고 수척하게 만들었다. 이 모든 이유는 종교개혁가들의 신학적 존재론(theological ontology)

의 거부가 그들을 장님으로 만들었다는 것이다.130) 즉 종교개혁자들이 칭의와 관련하여 특별히 존재론적인 문제를 등한시했다고 비판하면서 그들은 존재론적인 문제를 신학적인 문제가 아니라 철학적인 문제라는 이유에서 무시했다고 평가했다. 그는 칭의 교리에 관한 토마스 아퀴나스, 루터, 칼빈의 견해를 살펴본 후에 개혁자들의 '전가된 의'개념이 갱신과의 관계가 부족한 약점을 보완하기 위하여 '은혜의 언약적 존재론'을 주장했다.131)

새관점주의자들은 현대 개신교의 위기를 극복하기 위해 개신교 신학의 가장 근본적인 문제인 '이신칭의'의 교리까지 재검토하고 있다. 이는 칭의를 존재론적인 변화 없이 단순히 법적인 선언으로 이해하는 데서 현대 개신교의 위기가 초래되었다고 보는 것이다. '칭의'를 성령으로 거듭나는 중생까지로 이해할 때 그리고 종말론적 완성인 그리스도의 장성한 분량까지 포함할 때 이런 문제는 해결될 수 있다고 본다. 믿음으로 의롭게 되었다는 것은 성령으로 존재론적인 변화를 체험하는 것이다. 성령론적인 구원론을 가질 때 이러한 문제는 극복되리라 생각된다. 갈라디아서에서는 우리가 성령으로 시작한다고 말씀한다. 구원이 성령으로 시작된다면 '분명한' 존재론적인 변화가 있다는 것이 갈라디아서에서 말하고 있는 구원론인 것이다.

칼빈은 신구약 성경책들 거의 전부를 방대한 양의 주석으로 출판하였는데, 그 가운데 1548년에 갈라디아서 주석을 출판했으나 양적으로만 보자면 비교적 작은 책이다. 칼빈은 갈라디아서 주석에 들어가기 전, '개요'(Argumentum)에서 바울은 의식법의 준수 곧 '율법의 행위'로써가 아니라 오직 하나님의 은혜로써 의롭게 되는 것이라고 논증하였다. 오직 그리스도의 은혜로만 칭의가 이루어진다는 보편적 원리에 근거하여 볼 때, "의식만 아니라 행위도 배제되는 것이다"라고 하였다. 칼빈은 율법 중 의식법과 십계명이 대표하고 있는 도덕법은 함께 묶어 취급될 수 없는 대상으로 보고 서신의 개요를 말하는 부분에서 '의식법'을 11회, 율법은 2회 언급하였다. 그리스도께서 오심으로 폐기되는 것은 '의식법'이라고 하지 "율법"이라고 하지는 않았다.[132]

웨슬리는 루터의 로마서 주석 앞에 붙인 서문을 읽을 때 심령 깊은 곳에서 뜨거움을 느꼈다고 하였다. 그리고 '믿음에 의한 칭의'라는 설교를 통해 루터를 "만군의 여호와의 전사"라는 말로 극찬하였다. 그러나 1739년부터는 루터가 야고보서를 '지푸라기 서신'이라고 하였다며 비판하기 시작했고 루터의 '갈라디아서'의 주석을 읽고는 '심한 부끄러움을 느꼈다'고 진술하였다. 또한 루터는 이 책을 통하여 "선행과 하나님의 율법을 마치 하나님을 대적하는 것으로 간주한다"라고 하였다. 웨슬리가 루터의 '갈라디아서 주석'을 읽고 제기한 문제는 "신비주의와 율법폐기론"이었다. 루터가 갈라디아서 강해를 통해 어떤 수단에도 의지하지 않고 직접 하나님께 나아갈 수 있다는 신비주의에 빠져 있기에 선행이나 하나님의 율법을 무용한 것이라 하였다는 것이었다.

종교개혁자들과 웨슬리의 구원론에서 가장 크게 상반되는 것은 '예정'과 '노예의지'를 강조하는 종교개혁자들의 견해와 '선행은혜'와 '자유의지'를 강조하는 웨슬리의 '알미니우스주의'이다. 칼빈주의와 알미니우스주의는 크게 다섯 가지 주제에서 대립한다. 즉 '전적타락/자유의지,' '무조건 선택/조건선택,' '불가항력적 은혜/거부할 수 있는 은혜,' '제한 속죄/일반 속죄' 그리고 '성도의 견인/타락 가능성'이다.

한국교회에서 대체적으로 장로교는 '칼빈주의'를 따르고 감리교, 성결교, 순복음교회는 '알미니우스주의'를 따른다. 침례교는 초창기에는 알미니우스주의를 지지하는 일반침례교회와 극단적 칼빈주의를 따르는 특수침례교회로 양분되었다. 그러다가 18세기 말에 온건한 칼빈주의를 토대로 한, 복음주의 침례교 교리가 나타나 일반침례교회와 특수침례교회가 통합되어 지금에 이르고 있다. 오늘날 교회들은 두 입장을 모두 혼용하고 있다. 이는 궁극적으로 두 견해가 성경적인 구원론을 모두 담을 수 없는 불완전한 견해라는 것이다. 성경은 예정도 말하고 있고 성도가 타락할 가능성도 경고하고 있다. 그러므로 성경의 어느 부분만 발췌해서 자신의 교리를 주장하는 데 이용하지 말고 성경에서 말씀하고 있는 모든 부분을 담을 수 있는 구원론을 연구하는 겸손한 신앙의 자세가 필요하다고 생각한다.

네덜란드 신학자 야콥 알미니우스(Jacob Arminius)는 원죄와 하나님의 은혜의 주도권을 인정하면서도, 하나님과 인간 사이의 관계를 상호 협력적 관계로 파악하였다. 그가 독자적인 자신의 신학적 입장을 세울 수 있었던 것은 '선행은혜'의 개념이었다. 어거스틴-칼빈의 죄론을 수용하면서도 이중예정과 불가항력적 은혜개념을 피하기 위해 선행은혜 개념을 독자적으로 사용했던 것이다. 여기에 대하여 침례신학대학의 김용복은 "알미니우스의 선행은혜 개념은 하나님의 은혜와 인간 자유의 문제를 풀어내는데 충분히 성공적이었다고 볼 수 없다. 그가 '어거스틴 – 칼빈 전통'의 전적 부패교리에서 자유롭지 못했기 때문이다"라는 결론을 내린다.133) 칼빈주의와 알미니우스주의 대립은 지금까지도 해결할 수 없는 문제처럼 보인다. 어느 견해를 취하느냐에 따라 개인의 구원관이 크게 달라지기 때문에 이 문제는 중요한 문제이다. 우리는 칼빈주의가 옳은가? 아니면 알미니우스주의가 옳은가? 따지고 서로 비판하기보다는 어느 부분이 더 성경적이고 삼위일체 하나님의 구원론에 적합한가?라는 입장에서 관심을 가져야 한다. 우리가 성령으로 거듭나는 것은 하나님의 주권적인 은혜이다. 그러나 거듭난 성도들이 진리에 순종할 때 성령은 충만하게 역사하셔서 영생을 거두게 하신다는 것이 갈라디아서의 구원론이다. 갈라디아서에서 바울이 말하고 있는 이러한 구원론을 칼빈주의나 알미니우스주의의 어느 하나의 견해만을 가지고는 설명되어질 수 없는 것이다.

갈라디아서 5장 21절에 "하나님의 나라를 유업으로 받지 못한다"라는 말씀은 불신자들에게 하는 말이 아니라 갈라디아 성도들에게 경고하고 있는 말씀이다. 다시 말해 신자의 배교를 인정하고 있는 것이다. '칼빈주의'와 '알미니우스주의'의 가장 첨예하게 대립하는 주제가 성도의 견인과 배교의 문제이다. "한 번 구원은 영원한 구원인가?" 아니면 "현재의 구원은 미래의 구원을 보장할 수 있는가?"의 문제는 서로 양보 없이 갈등과 대립으로 일관해 온 까닭은 신학의 전체 체계를 포괄하는 문제였기 때문이다.

칼빈주의는 '하나님의 주권과 예정'을 강조하기에 인간은 하나님의 은혜에 저항할 수 없고 그 논리적 결과가 '택자의 견인'이다. 그러나 알미니우스주의는 '하나님의 주권과 인간의 자유의지'를 강조하기에 '조건적 은혜'를 말하게 되고 그 결과 신자의 배교성을 인정한다. 즉 칼빈주의의 '불가항력적 은혜'는 '성도의 견인'의 근거로, 알미니우스주의의 '조건적 은혜'는 '배교의 근거'로 작용되었다. 그러므로 칼빈주의는 배교에 대한 성경의 말씀을 무시하고 있다. 특히 마태복음, 히브리서, 야고보서에서는 행함이 없는 믿음에 대한 심판의 경고가 강하게 나타나고 있다. 이에 반해 알미니아누스주의는 '하나님의 은혜'가 인간의 결정에 의해 좌우됨으로 '은혜'의 의미가 극도로 약화될 수 있다는 단점이 있다. 여기에 대한 대안으로 남침례교 신학자 E. Y. 멀린스(E. Y. Mullins)의 "강권적 은혜"를 제시한다.

김용복은 불가항력적 은혜를 다음과 같이 평가한다:

불가항력적 은혜는 하나님의 주권을 강조하다가 인간의 반응과 자유를 약화시켰고, 조건적 은혜는 인간의 반응과 자유를 강조하다가 하나님의 주권을 약화시키는 한계점을 노출시켰다. 그러나 멀린스의 '강권적 은혜'는 하나님의 주권과 인간의 반응을 동시에 강조했다는 점에서 하나님과 인간의 상호협력적인 관계를 분명하게 포착했다고 할 수 있다. 결론적으로 멀린스의 '강권적 은혜'는 견인의 확실성과 배교의 가능성을 포괄하는 이론적 근거로서 주목을 받을 만한 개념이라고 평가될 수 있다.134)

이와 같이 구원은 하나님의 은혜로운 사역에 대한 인간의 능동적 반응을 포함하고 있고 신자들이 자신을 방치하면 은혜에서 떨어져 나갈 수 있다고 신약성서의 저자들은 경고를 하고 있다. 멀린스의 '강권적 은혜'는 하나님의 은혜가 인간의 자유와 인격을 배제하지 않을 뿐만 아니라 오히려 하나님의 강권적 은혜는 설득적으로, 인격적으로, 강권적으로 임한다는 것을 보여준다. 게다가 하나님의 주권적인 은혜는 그리스도의 사랑 안에 머무르게 하고 그리스도인을 위한 견인과 보장을 보여준다. 비록 칼빈주의와 알미니우스주의가 이신칭의의 관계에서 서로 대립하고 싸우는 것처럼 보이지만, 멀린스의 '강권적 은혜'는 성경에서 말하고 있는 구원론을 강조한다고 보인다. 따라서 하나님의 '강권적 은혜'는 칼빈주의와 알미니우스주의를 동시에 포용하고 있기 때문에 갈라디아서의 구원은 삼위일체적인 하나님의 역사라는 입장에서 통전적인 관점을 제시한다. 연세대의 서중석도 이와 같은 맥락에서 기독교의 이신칭의에 관한 쟁점이 시대의 당면한 문제를 넘어 초시간적이고 보편적인 의미로 믿음과 행위를 이해해 왔기 때문에 대립적일 수밖에 없었다고 지적한다. 그는 이렇게 말한다. "칭의사상은 그것을 필요로 하던 구체적인 정황 속에서 나온 이론이다. 그 정황을 무시하고 그것을 보편적이고 무시간적인 사상으로 전제한다면, 인의론은 다른 양상으로 이해될 수 있다."135)

이처럼 하나님의 은혜는 믿음과 행위에 관한 양면의 칼처럼 대립적 상황을 연출한다. 기독교 신앙이 믿음을 강조하면 행위를 상대적으로 덜 강조하게 되고, 행위를 강조하면 믿음을 상대적으로 덜 강조하게 된다. 이 문제를 취급한 루터는 갈라디아서 주석을 통하여 그 방법을 찾는다. 그의 방법은 매우 간명하다. 루터의 대안적 방법은 갈라디아서 또는 로마서를 택하고 야고보서를 폐기하는 것이다. 이는 루터가 자신의 종교개혁 사상의 근간이 되는 '믿음으로 의롭다함을 얻는다'는 바울의 입장을 옹호하려는 의도가 있었기 때문이다. 그는 '지푸라기 서신'으로 평가 절하해 버린 야고보서가 믿음과 율법 행위를 반대하는 개념으로 생각하여 '율법 폐기론'을 주장했던 것이다. 하지만 루터와는 달리 웨슬리는 칼빈의 '율법의 제3의 용법'을 긍정하고 적극적으로 수용했다. 13편에 달하는 그의 산상수훈 강해 설교들이 성화의 과정에서 율법의 교훈이 필요함을 강조하였다. 웨슬리는 루터의 '이신칭의' 신학에 철저히 근거하면서 '성화'에 있어서는 칼빈이 강조한 것보다 더 강조하고 있는 듯 보인다. 웨슬리에게 있어서 칼빈의 성화는 성령을 통하여 인간 속에서 행하시는 하나님의 행동이지 인간은 노예상태가 아니라는 것이다. 이는 하나님의 성령이 먼저 역사하지만 거기에 대한 인간의 자유의지의 응답이기 때문이다.136)

'칭의'와 '거듭남'은 성령의 내재의 은혜로 되지만 성화는 믿음(하나님의 선물)과 사랑(인간의 선행적 참여)으로 이루어진다. 바울이 갈라디아서에서 말하고 있는 "성령으로 시작하여(믿음으로 의롭게 되고 거듭남) 성령으로 행하는(진리에 순종) 그리고 성령으로 마치는(성령으로 영생을 거둠) 모든 부분을 구원의 과정"이라 설명하고 있는 부분과 일치된다고 생각한다. 갈라디아서에서는 구원을 세 가지의 시제와 종말론적 구조 안에서 설명하고 있다(성령으로 칭의 단계, 성령으로 성화단계, 성령으로 영화 단계). 웨슬리는 구원을 '칭의'뿐만 아니라 '성화'까지 포함시킴으로써 종교개혁자들의 '칭의'만을 구원으로 보는 시각에서 벗어나 더 넓고 통전적인 구원론을 가졌다는 장점이 있다고 본다. 그런 점에서 서중석이 강조하고 있듯이, 이신칭의는 "죄인의 속성을 변화시켜 '의롭게 만든다'(to make righteous)는 것이 아니라, 죄인으로 여겨진 사람들의 권리를 변호하는 기능을 수행하는 것이다."137) 이것은 믿음이란 사람이 하나님의 계명을 실천하는 것을 암시한다. 다시 말해, 믿음은 행위를 배제하는 것이 아니라 믿음이 어떤 내용을 담아야 하는지를 강조하는 것이다. 그러므로 믿음은 행위를 제한하는 것이 아니라 믿음의 내용을 통하여 성화의 과정으로 인도하는 것이다.

2) 삼위일체적인 구원론: 새로운 대안

갈라디아서에서 등장한 구원론에 대한 전통주의와 새 관점학파의 주장에는 Ⅱ장에서 연구한 바와 같이 서로 장단점이 있다. 그래서 두 관점의 장점을 고려하면서 그 대안으로 삼위일체이신 하나님의 역사라는 관점에서 갈라디아서의 구원론을 살펴보고자 한다. 하나님은 자신의 구원을 삼위일체이신 하나님의 역사를 통해 구체적으로 계시하셨기에 우리도 삼위일체이신 하나님의 관점에서 구원을 이해할 때 정확히 알 수 있다.

갈라디아서의 구원론을 삼위일체이신 하나님의 역사라는 입장에서 볼 때, 우리는 사도 바울을 이해할 수 있다. 갈라디아서는, 루터처럼,

이신칭의의 관점에서 구원을 위해 행위를 전적으로 배제하는 방식으로 기록되어 있지 않다. 하나님의 강권적인 은혜는 믿음을 통해 이해되지만, 하나님의 사랑이 그 원천이다. 하나님의 사랑은 행위 혹은 실천의 가장 결정적인 요소이다. 이런 맥락에서 구원은 하나님의 사랑이라는 행위에 근거를 둔 실천적 행위에 동참하는 것이기 때문에 삼위일체이신 하나님을 만나고 체험하는 것이 곧 기독교 구원 신앙의 핵심이 된다.138)

이런 근거에서 구원 신앙의 핵심은 하나님이시다. 자신을 삼위일체의 하나님으로 계시하셨던 하나님은 신학의 유일한 주제이다. 하나님은 구원에 있어서 절대 주체이시다. 몰트만이 적고 있듯이, "구원사에 대한 성서의 증언과 역사로서의 세계에 대한 오늘의 경험은 하나님을 최고의 실체일 뿐만 아니라 절대 주체로 생각하게 한다."139) 그래서 신학은 하나님에 대한 이해를 삼위일체라는 형식으로 표현한다. 하나님은 하나님의 구원의 역사를 삼위일체이신 하나님의 역사로 나타내신 것이다. 삼위일체 교리는 하나님은 성부, 성자, 성령의 삼위의 하나님으로 존재하시며 동시에 한분이심을 가르쳐 준다. 또한 삼위일체론은 성자와 성령의 신성을 고백함으로써 그들의 구속과 구원의 사건을 하나님 자신의 사건으로 고백한다. 이처럼 삼위일체론은 기독교 구원의 복음의 진수를 간직하고 보호해 주는 교리이다.140)

A.D. 325년에 열렸던 니케아 공의회는 성자 하나님이 성부 하나님과 동일본질(*homoousios*)임을 확정함으로 그리스도의 신성을 바르게 고백하였다. 그리고 하나님의 본질과 위격의 구별을 최초로 논의한 갑바도기아 교부들의 공헌에 따라 하나님은 "한 본질(*ousia, one being*)이면서 세 위격들(*hypostasis, three persons*)"이라고, A.D. 381년 콘스탄틴노플 공의회가 결론을 내렸다. 하나님, 즉 성부

성자 하나님, 성령 하나님의 세 위격들이 서로 구별이 되면서도, 하나님의 본질에 있어서 완전히 한분이시며, 동일하시다는 신앙고백을 성경적인 바른 신관으로 확정한 것이다.141) 다시 말하면 하나님은 그의 본질적 존재에 있어서 한분이시나, 이 한분 안에서 성부, 성자, 성령의 삼위(三位)가 존재한다는 것이다.

종교개혁자 루터는 삼위일체의 교리를 가볍게 여겼기에 소요리 문답서에서는 삼위일체란 말을 한 번도 사용하지 않았다. 철학자 임마누엘 칸트(Immanuel Kant)는 삼위일체론이 우리 현실의 삶을 위하여 아무런 의미도 주지 않는다고 하였고, 현대 신학의 아버지인 프리드리히 슐라이어마허(Friderich Schleiermacher) 역시 삼위일체론을 신학적 사변으로 보고 관심을 두지 않았다. 심지어 클라크(W. Clark)는 오늘의 교회는 삼위일체 교리가 없어도 얼마든지 신앙을 바르게 가르칠 수 있다고 주장했다. 이런 사실은 삼위일체의 의미가 얼마나 왜곡되어 이해되었는지를 보여주는 예들이다. 이렇게 왜곡된 근본적인 이유는 삼위일체 교리가 진실을 바르게 보지 못한 것 때문이다.142)

그러나 삼위일체의 교리는 기독교 신앙에 매우 중요하고, 이 교리가 기독교 신앙의 가장 중심적인 교리임을 부인하기가 어렵다. "하나님은 하나의 본성과 세 인격으로 구분된다"(mia ousia, tres hypostases)는 삼위일체는 성경 안에서 증언되고 교회의 시작에서부터 그리스도인의 삶과 역사에서 구체적으로 경험되는 계시이다.143)

초대교부 아우구스티누스가 강조하듯이, 삼위일체를 부정하는 사람은 구원을 잃을 위험이 있다. 칼빈도 "하나님께서는 자신이 홀로 한분이시라는 것을 말씀하시는 동시에 명백하게 자신이 삼위로 고려되어야 한다"고 주장한다.144) 이처럼 삼위일체 진리를 파악하지 못하면 우리의 머리에는 단지 하나님이라는 공허한 이름만이 떠들 뿐 참되신 하나님은 배제하게 될 것이다. 최근의 삼위일체의 논의에서도 이 교리의 중요성을 강조한다. 특히 헤르만 바빙크(Herman Bavinck)는 "삼위일체 교리는 기독교의 심장"이라고 적절히 지적했고, 또 핫지(A. Hodge)는 "삼위일체교리는 성경에 제시된 한도 내에서만 우리가 알 수 있는 무한한 신비"라 하였다. 이와 같이 삼위일체 교리는 하나님 각위에 충분한 신성을 고백함으로 진정한 하나님 중심의 신학체계를 정립할 수 있으며 창조, 섭리, 구속에 포함된 삼위의 모든 활동을 다 하나님의 사역으로 보아 참된 하나님 중심의 신앙생활을 할 수 있게 해 준다.

만약 삼위일체의 교리가 없다면 하나님의 구원의 역사를 설명할 수가 없다. 삼위일체 교리는 하나님의 구원의 역사에 필수적인 관계를 가진 '그리스도의 신성,' '성육신,' '성령의 인격성,' '중생,' '칭의,' '십자가의 부활'의 중요한 교리들을 설명할 수가 있다. 구원의 역사는 성부가 계획하시고 성자가 완성하시고 성령이 적용하신다. 구원의 체험도 성부와(마 16:16-17), 성령을 통해(고전 12:3), 성자를 주로 시인하면 성부와(요 14:6), 성령이 우리 속에 거하시게 된다(요 14:16). 우리는 그 사실을 체험을 통해 알 수 있다(행 2:33; 요일 3:24). 이와 같이 하나님의 구원의 역사는 삼위일체이신 하나님의 공동사역이다. 삼위일체의 교리를 떠나서는 하나님의 구원의 역사를 이해할 수도 없고 설명될 수도 없다.

성부는 성자를 보내시어 성자를 통해 사역하시고(요 17:8; 롬 5:1; 8:3; 살전 5:9) 성부와 성자는 성령을 통하여 사역하신다(롬 5:5; 갈 5:22; 딛 3:5). 단 성령은 성부와 성자의 보내심을 받아 그들을 위해 행하시며 그리스도를 증거하고 영화롭게 하시며(요

15:26; 16:14) 성자는 성부를 영화롭게 하신다(요 17:1). 그러나 어느 한 위가 대표할 뿐 어떤 사역을 하든 삼위일체 하나님은 항상 함께 사역하신다. 삼위일체이신 하나님께서 인간을 구원하시는 구원사역을 하실 때 삼위께서 각각 독특한 영역에서, 조금도 빈틈없이 연합하여 일하심으로 우리의 구원을 이루어 나가신다.

지금까지의 기독교 구원론을 살펴보면 전통적인 관점이나 새 관점 모두 '기독론' 중심으로만 구원론을 이해하여 '신론'과 '성령론'의 관점에서 구원론은 등한시되어 왔다. 성경은 성부 하나님의 작정(뜻)과 성자 하나님의 죽음과 부활로 인한 중보자 되심과 성령 하나님의 임재하심과 역사하심이 구원사역에 있어 균형 있게 언급되고 있다. 그러나 지금까지는 성자 하나님의 사역에 모든 초점이 맞추어져 기독론만 강조하고 발전시켜 왔다. 물론 '기독론'은 중요하지만 지나치게 강조하다보니 중세 가톨릭에서는 마리아를 '죄 없는 하나님의 어머니'까지 높여 버리는 잘못을 범하게 되었다. 최근에 '신론' 중심(하나님 중심)의 관점에서 구원론을 보완하려는 노력들이 시도되고 있다. 득히 침례신학대학교 장동수의 최근 논문 '신약성서와 하나님'은 신약학회에서 발표한 이후에 신약학회에 많은 도전을 주고 있다.145) 그는 신약 신학 및 기독교 신학의 일반의 역사 속에서 하나님이 강조되지 못한 원인을 밝히고 신약 신학을 연구하고 교수함에 있어서 최대 최고 주인공이신 하나님에 대한 강조가 중요하다고 하면서 하나님 중심신학으로 구약과 신약신학을 통합하는 성경신학이 필요하다고 주장했다.146) 또 신약성경이 기독론 중심으로 서술되어 있음으로 하나님에 대한 언급이 구약에 비해 적은데 그 이유는 신약의 저자들은 구약 및 자신들의 동시대 유대교의 하나님 개념을 당연한 것으로 여겼기 때문이라고 하였다. 그러한 대표적인 사례로 하나님에 대한 직접 언급을 피한 완곡한 표현 때문인데 하나님의 초월성을 너무 강조한 나머지 그의 이름과 계시 자체가 너무 거룩하게 되어 그것을 언급하는 것을 피했고,147) 또 신적 수동태와 '신적 데이'(divine dei')를 사용함으로 하나님을 숨기게 했다고 말하고 이제 신약성경에 숨어 계신 하나님을 드러내야 한다고 강조했다.148)

기독교 신학이 기독론 중심으로만 연구되던 시대에 달(Nils Alstrup Dahl)은 '신약신학에서 정작 하나님은 무시되었다'고 말하고, 그 이유는 첫째, 뚜렷한 그리스도 중심성이며, 둘째는 신약의 하나님 언급의 간접성, 즉 신약의 저자들은 구약 및 자신들의 동시대 유대교의 하나님 개념을 당연히 여겼기 때문이다. 무엇보다도 신약에는 하나님이 주제로 등장하는 이야기가 없고 오히려 기독론, 구원론, 교회론, 종말론 등 여타의 신학적인 주제들을 다루는 맥락에서 하나님이 언급되는 것이 대부분이다.149)

도널드 거쓰리(Donald Guthrie)는 '신약신학'에서 '하나님의 죽음에서 하나님의 살아계심을 되찾아야 한다'고 주장한다. 케어드(G. B Caird)는 '신약은 처음부터 끝까지 하나님에 관한 책이다'라고 하였다.150) 그 외에도 톰슨(M. M. Thompson)은 아버지로서 하나님에 대한 현대적 토론을 하면서 '하나님 아버지의 약속'을 강조하였는데 그의 저서 『아버지의 약속』의 서론(아버지로서의 하나님-현대적 토론)에서 초창기 교회가 하나님을 "전능하신 아버지"로 고백하는 가운데서 세워졌다고 하면서 "그의 독생자 예수 그리스도"라는 표현도 교회의 주인이신 예수, 아버지/아들이라는 제목을 통해 하나님과 연결되어 있다고 하였다.151) 또 동일한 책 제3장 "예수와 아버지"에서 요한복음은 아버지/아들의 이미지를 예수의 공적이고 사적인 담화에 중점을 두면서 120회 넘게 사용하고 있다고 한다.152) 톰슨은 예수님 시대 이전에도 하나님을 "아버지"라는 용어도 독특하게 사용했다는 사실에 주의를 환기시키면서153) 예수님은 특히 절대자인 "아버지" 또는 "나를 보내신 아버지"를 선호한다고 하면서 예수님이 하나님을 아버지라고 칭하는데 하나님에 대한 새로운 호칭이나 이해를 도입하지 않고 예수님이 사명과 가르침에 중점을 두고 호칭을 썼다는 관점을 발견한다고 하였다. 예수님께서 진실로 하나님을 아버지라 불렀고 그 때 하나님께 사용했던 용어는 아바(abba)였다고 한다.154) 톰슨은 요한복음에서 두드러지는 한 가지는 요한은 유대적이고 구약 성경적 배경을 바탕으로 하나님에 대해 말을 하였는데 요한복음은 그리스도 중심적이기만 한 것이 아니라 하나님 중심적이라 주장한다. 다시 말해 그리스도에 대한 강조는 하나님을 축소시킨 것이 아니라 성자가 성부를 계시하도록 하였다는 것이다.155)

제임스 던은 신약의 구약과의 연관성을 환기 시키면서 "신약의 성서신학의 핵심주제는 하나님"이라고 역설하고 신약신학을 그 구도 속에서 기독론, 구원론을 보아야 한다고 말하였다.156) 또 구약과 신약을 동일한 구도 속에서 이해하는 토마스 슈라이너(Thomas R. Schreiner)는 그리스도 안에서 하나님의 중심되심이 신약성경이 보여주는 네러티브의 기초적인 주제라 생각하고 신약신학의 중심이 하나님이시라고 말하였다.157)

슈라이너는 2008년 내 놓은 자신의 『신약신학』의 한 장에서 "신약신학의 중심이신 하나님을 역설하고 신약신학을 그 구조 속에서 기술하는데 신약신학의 기초 주제는 그리스도 안에서 약속의 하나님과 성부, 성자, 성령의 삼위일체적인 구원사역을 강조한다. 그는 성령을 통해 하나님을 높이는 것이라고 한다. 즉 신약신학의 중심은 하나님이시고 그리스도의 오심은 하나님의 중심성을 감소시키는 것이 아니라 오히려 심화시킨다는 것이다. 그리스도 안에서 하나님의 구원사역은 성령의 선물을 가능케 했으며 성부, 성자, 성령이 신약신학의 토대이자 중심이라고 한다. 성부, 성자, 성령의 사역 중 '신론' 입장에서 약속의 하나님과 약속들을 성취하신 하나님의 구원사역에 맞추어 설명한다. 즉 그리스도 안에 있는 하나님의 중심성이 구원의 역사, 하나님의 약속들의 성취와 밀접하게 연결되어야 한다고 주장한다. 슈나이더는 성부, 성자, 성령에 대해 이야기하는 것은 조직신학 및 후대의 삼위일체 신학으로 빠져드는 것이라는 반대가 있을 수 있으나 오히려 신약성경 자체를 귀납적으로 연구하면, 성부, 성자, 성령이 신약신학의 토대이자 중심이라는 것이 드러난다고 한다.158) 슈라이너는 신약신학이 하나님께 집중되고, 그리스도를 중심으로 하며, 성령으로 충만한 신학이지만 성부와 성자와 성령의 사역은 구원역사의 시간표를 따라 진행한다고 한다. 즉 하나님의 약속들은 그리스도 예수 안에서 이미 성취되었지만, 아직 완성되지는 않았고 예수 그리스도의 사역과 성령의 사역은 하나님의 약속들이 성취되는 토대임을 볼 수 있다고 한다. 예수 그리스도의 오심과 성령의 사역은 하나님이 아브라함에게 주신 구원의 약속들을 성취하기 시작하셨다는 중요한 표지라고 말한다.159) 그리고 신구약을 통합하여 이해하는 구약학자 브레바드 차일즈(Brevard S. Childs)는 『구약과 신약의 성경신학』에서 구약과 신약 사이의 연속 또는 불연속을 지나치게 강조하는 어떤 접근도 거부한다고 하면서 신구약을 통합하여 이해해야 된다고 주장한다.160)

이와 같이 갈라디아서의 구원론을 기독론 중심으로만 이해했던 전통주의와 새 관점주의자들의 단점을 극복하기 위하여 신론적인 하나님 중심의 관점으로 전환이 필요하다고 본다. 구원론의 초점을 인간에서 출발하기보다는 하나님의 영원한 작정과 경륜, 그리고 하나님의 약속에서 시작할 때 삼위일체이신 하나님의 구원의 역사를 잘 이해할 수 있다. 그리하여 하나님과 하나님의 나라(통치)에 대한 강조가 복원되어야 하고 그리스도 안에서 성취를 강조한 나머지 신약과 구약과의 관계성에 있어 불연속성을 지나치게 강조하는 것보다는 연속성을 강조함으로써 기독론뿐 아니라 신론에도 비중을 두어 균형을 이루어야 한다고 생각한다.

전통적인 입장에서의 구원론과 새 관점주의자들의 입장에서의 갈라디아서의 구원론을 비교 연구하면서 성경이 말하는 구원론은 어느 교파의 교리나 어느 신학자의 한 가지 관점으로는 제대로 설명될 수 없다는 것을 깨닫게 되었다. 오히려 종합적이고 통전적인 입장에서 고찰할 때 갈라디아서가 말하고 있는 구원관을 잘 설명할 수 있다는 생각을 얻었다. 그래서 갈라디아서의 구원론을 신론, 기독론, 성령론의 관점에서 통합적으로 보아야 사도 바울이 갈라디아서를 통하여 증언하려고 했던 구원론을 입체적으로 잘 설명할 수 있다. 전통주의나 새 관점의 구원론에 대하여 연구할수록 성경이 말하고 있는 구원론을 어느 교단의 교리나 신학자의 관점으로는 다 담을 수는 없다는 결론에 도달하였다. 만약에 한 가지의 관점만 가지고 그것이 성경이 말하는 구원론의 전부라고 규정한다면 엄청난 오해와 실수를 범할 수 있다는 것이 기독교의 역사를 통해 증명되었다. 오히려 삼위일체이신 하나님 중심에서 종합적인 관점에서 성경이 말하고 있는 구원론을 있는 그대로 전해주고 삶으로 살게 해야 된다고 본다.

성령론에 관해서도 전통주의 입장이나 오순절 계통에서는 구원과는 상관없이 구원받은 이후의 은사나 능력의 관점에서만 강조되었다. 그러나 이제는 성령론적인 관점에서 구원론을 생각해야 된다고 본다. 특히 침례신학대학교 장동수의 "갈라디아서의 성령론"을 읽고 나서 구원에 있어 성령의 역사가 필수 조건임을 더욱 느끼게 되었다.161) 갈라디아서의 구원론이 전통주의 입장에서 항상 '이신칭의'의 관점, 즉 율법의 행위와 대조되는 믿음으로 의롭게 되거나 구원받는다는 측면만이 강조되는 서신으로만 이해되어 왔다. 그래서 갈라디아서 2장 13절에 강조점을 두고 이해함으로 기독론적인 관점에서만 보아왔다. 따라서 갈라디아서 3장부터 6장의 논의의 핵심에 서 있는 성령론에 대한 강조는 거의 이루어지지 않았다.162)

라이트 풋(J. B. Lightfoot)은 갈라디아서의 5장 25절에 "만일 우리가 성령으로 살면 또한 성령으로 행할지니"(Εἰ ζῶμεν πνεύματι, πνεύματι καὶ στοιχῶμεν)라는 말씀은 "실제 생활이 아니라 이상적인 삶"을 의미한다고 해석함으로 성령으로 말미암는 삶에 대하여 부정적인 견해를 피하였다.163) 바렛(Barrett)은 갈라디아서 3장 1-5절에서 성령에 대하여 바울이 말하는 것은 "잠시 곁길로 간 것"이라고 언급하였다.164) 베츠(Hans Dieter Betz)도 갈라디아서 3장 2절에 "너희가 성령을 받은 것이"(τὸ πνεῦμα ἐλάβετε)라는 말씀에서 갈라디아인들이 지금 막 율법 아래 영향을 받은 것을 고려하면 그들이 바울의 율법 밖에 있었던 그리스도 복음을 선포한 것을 들은 초기에 성령 받은 것이 틀림없기 때문에 단지 "열광주의자 혹은 황홀경의 경험을 의미하는 것"이라는 결론을 내리는 동시에 갈라디아서 6장 1절의 "신령한 자들"(οἱ πνευματικοί)이라는 어휘는 그러한 자들을 의미하는 전문용어로 보는 오류를 범하기도 하였다.165)

그러나 최근에 들어와서 갈라디아서의 후반부를 강조하는 목소리가 높아지면서 '성령의 구원 사역'에 초점을 맞추는 학자들이 늘어나고 있는데 예를 들자면 피,166) 럴,167) 코스그레이브,168) 러셀,169) 렌드170) 등이다. 특히 그 중에 피는 갈라디아서에서 성령이 주된 역할을 하고 있고 바울은 자신이 체험하고 이해하는 영안의 삶이 어떤 모습인지 그 실상을 더 완전한 형태로 그려 보인다고 하였다. 그래서 그리스도인의 삶은 능력을 부어주시는 하나님의 임재이신 성령을 통해 시작하고, 계속 이어지며, 마지막 날 그 결말에 이르게 된다고 하였다.171) 또한 바울 서신의 성령을 "능하게 하시는 하나님의 임재"로 명명하고 갈라디아서의 성령을 진정한 그리스도인의 표지(identity marker)로 본다.

럴(Lull)도 "갈라디아서에서 바울은 경이적인 경험과 새로운 생명의 시작과 십자가에 못 박히신 그리스도를 선포하는 것과 관련된 성령에 관하여 말하였고 또한 바울은 육체와 모세의 율법으로부터의 자유와 관련된 성령을 말하였다"고 하면서 갈라디아서 안에서의 성령의 중요성을 강조했다.172)

이러한 학자들은 갈라디아서의 전반부보다는 후반부를, 그리고 이신칭의보다는 성령론을 더 강조하는 공통점이 있다.173) '이신칭의'가 갈라디아서의 구원의 전체가 아니라 시작이고 오히려 구원의 중심적인 부분은 성령의 사역으로 인한 '그리스도의 몸'(교회)으로 세워져서 완성되어지는 부분에 있다고 본다. 갈라디아서는 전반부보다는 후반부를 그리고 '이신칭의'보다는 성령론을 더 강조한다. 그래서 갈라디아서의 주제는 2장의 이신칭의보다도 3장부터 6장에 이르는 성령으로 진리에 순종하여 의의 소망을 이루는 삶에 강조점을 두고 있다. 갈라디아서에서 '성령의 사역'은 구원론과 함께 가고 있다는 것이다.

갈라디아서의 구원론은 신론, 기독론, 성령론 모두 강조점을 두고 이해해야 바울이 말하고 있는 의도를 정확히 알 수 있다고 본다. 그러므로 전통주의나 새 관점의 단점들을 극복하기 위해서 그 대안으로 삼위일체이신 하나님의 역사라는 관점에서 성부 하나님의 뜻(작정)과 하나님의 나라에 대하여 종말론적인 틀에서 살펴보고 성자 하나님이신 예수님의 십자가의 죽음과 부활하심이라는 관점에서 약속의 성취와 교회 그리고 성령 하나님의 관점에서 거듭남과 성화와 영화의 과정 가운데 역사하시는 성령의 구원 사역을 논함으로 갈라디아서가 말하고 있는 구원론을 제시하고자 한다.

특히 갈라디아서의 구원론을 삼위일체이신 하나님의 역사로 보고 첫째로 신론적 측면에서는 창세전의 하나님의 작정과 경륜, 아브라함과의 약속, 모세의 율법, 종말론적인 하나님의 나라, 구원의 세 가지 시제를 살펴보고 둘째로 기독론적 측면에서는 예수 그리스도의 십자가의 죽음과 부활로 인한 언약의 성취, 예수 그리스도의 믿음, 그리스도의 몸된 교회를 살펴보고 셋째로는 성령론적 측면에서 칭의, 성화, 영화과정에서의 성령의 역사라는 관점에서 갈라디아서의 구원론을 살펴보겠다.

하나님께서 창세전에 세우신 영원한 작정과 그리스도 안에 세우신 경륜을 따라 아브라함에게 약속하신 아브라함의 복(아들들, 상속자, 영광에 참여)이 예수 그리스도 안에 있는 믿음 안에서 유대인이나 이방인에게 차별됨이 없이 성령의 역사하심으로 성취되는 약속을 받게 된다. 성령의 약속을 받은 자들은 성령을 따라 진리에 순종하는 삶을 살게 됨으로 하나님께서 보증으로 성령을 세우신 목적인 '그리스도의 형상'이 이루어지고 영생을 거두게 된다. 이러한 전체의 내용이 갈라디아서에서 바울이 말하고자 하는 구원론이다.

지금까지 전통적인 구원론은 기독론만 너무 강조되어 신론, 성령론은 등한시 되었다. 그리고 기독론 중에서 예수의 죽음만을 언급하는 분위기라 할 것이다. 그러나 예수의 죽음과 부활은 성경대로 죽으시고 성경대로 살아나셨다는 말씀처럼 죽음뿐만 아니라 예수의 부활도 무시될 수 없는 주제이다. 부활로 인하여 오신 성령으로써 영생을 주시리라 말씀하셨다. 그러므로 성경이 말하는 구원이란 무엇일까? 이는 하나님의 구원이다. 곧 구원이란 삼위의 하나님이 함께 역사하심으로 이루시는 삼위의 하나님의 구원이다. 하나님께서 그리스도 안에서 약속하시고 이를 예수님께서 죽음과 부활로써 성취하시고 성령께서 지금 우리 안에서 역사하고 계시는 것이 구원이다. 구원은 일회적인 완성이 아니고 하나님의 작정과 경륜이 약속의 성취라는 여정을 따라 거듭나고 성결에서 종말론적으로 몸의 부활까지 진행되는데 이는 삼위일체 하나님이 함께 역사하심으로 이루시는 역사이다. 예수 그리스도의 부활하심으로 말미암는 약속의 성취와 성령의 임재로 인한 아버지와 아들의 관계 안에서 구원의 시작과 진행과 완성을 설명하고자 한다. 갈라디아서의 구원론을 좁고 획일주의 관점에서 설명하기 보다는 종합적이고 통전적인 관점에서 설명하는 것이 성경이 말하고자 하는 구원론을 잘 전달할 수 있다.

과거에도 삼위일체의 관점에서 구원론을 해석하려던 학사가 있었는데 그는 위르겐 몰트만(Jürgen Moltmann)이다. 그의 구원론도 삼위일체적 구조를 견지하면서 구원의 모든 영역에서 삼위 하나님의 공동사역으로 이루어진다고 본다. 몰트만이 신구약성경에 기초하여 삼위일체의 관점에서 예수 그리스도의 복음과 종말론적 하나님의 나라의 관점에서 통전적 구원론을 전개한 것은 전통적인 구원관의 시야를 넓혔다고 생각한다. 그러나 성령론을 강조하여 기독론을 초월한 자유주의적인 구원관을 형성시키는 문제점을 발생시켰다. 몰트만이 늘 성경, 삼위일체 하나님, 십자가, 부활, 종말 등을 강조하기에 복음주의 신학자로 말하기도 하지만, 사실은 그보다는 정치적인 입장에서 삼위일체의 구원론을 전개한다.[174]

그는 죄의 개념을 확장시켜 환경오염, 생태계 파괴까지 확장하며 구원을 경제적 불의, 문화적 소외, 정치적 억압으로부터의 해방까지 고려한다. 그는 보편적 구원론을 주장하고 최후의 심판도 없고 지옥은 영원하지 않다고 한다. 이러한 구원에 대한 몰트만의 이해는 세계교회협의회(WCC)의 구원론 형성에 영향을 미쳤고 해방신학과 에큐메니컬운동을 촉진시켰다. 이는 인본주의 적이고 비성경적인 해석이다. 이 논문에서 연구하고자 하는 삼위일체이신 하나님의 역사의 관점에서 보는 구원론은 몰트만이 생각하는 보편적 구원론과 전혀 다르다. 하나님의 영원한 작정과 경륜에 기초한 삼위일체이신 하나님의 역사하심 안에서 일어나는 하나님의 구원이다.

3) 신약성서의 예들(바울 서신을 중심으로)

신약성경은 삼위일체의 관점에서의 구원론에 관한 논의를 가능하게 한다. 여기에서는 바울 서신을 중심으로 삼위일체의 구원론의 개념을 전개하고자 한다.

(1) 로마서의 핵심(롬 8장)

로마서 8장에는 성부, 성자, 성령의 삼위하나님의 사역이 잘 나타난다. 율법이 육신으로 말미암아 할 수 없는 것을 성부 하나님은 하신다(3절). 하나님께서 그 아들을 죄인의 모습으로 세상에 보내셨고, 육신에 죄를 정하셔서 그를 믿는 자들을 죄로부터 해방시키셨다. 하나님은 미리 아신 자들을 그 아들의 형상을 본받게 하기 위하여 미리 정하셨다(29절). 하나님은 자신의 아들을 아끼지 아니하시고 우리 모든 사람들을 위하여 내어 주셨다(32절).

성자 하나님은 아버지의 보내심을 받아 죄 있는 육신의 모양으로 오셔서 우리의 죄를 모두 지시고 십자가에 죽으셨다(3절). 성자 예수님을 통해서 하나님의 자녀가 되고, 양자의 영을 받으므로 하나님을 향해서 "아바 아버지"라고 부르게 된다(15절). 그리스도 예수 안에 있는 자에게는 결코 정죄함이 없다(1절). 죽으실 뿐만 아니라 다시 살아나신 이는 그리스도 예수시니 그는 하나님 우편에 계신자요 우리를 위하여 간구하시는 분이시다(32절).

로마서 8장에는 성령 하나님의 위로와 승리의 메시지가 담겨 있어 그리스도인들에게 하나님의 사랑에 대한 강한 확신을 주는 바울의 복음 변증의 절정에 있는 장이다. 그래서 '성령'이라는 표현이 무려 스물한 번 등장하는데 로마서는 물론 성경 전체에서 한 장(chapter)에 성령이란 표현이 가장 많이 나오는 횟수이다. 생명의 성령의 능력으로 죄와 사망의 법에서 해방되고(1절) 율법의 요구가 이루어지게 된다(4절). 하나님의 영으로 인도함을 받는 자가 하나님의 아들이요(14절), 성령이 친히 우리의 영과 더불어 우리가 하나님의 자녀인 것을 증언하신다(16절). 로마서 8장에서 성령은 "생명의 성령," "하나님의 영," '그리스도의 영,' "양자의 영"으로 다양하게 불리어지는 것을 보면 삼위일체이신 하나님의 구원사역을 잘 이해할 수 있다. 성령론과 그리스도론을 연결시키는 것이 바울신학의 결정적인 특징이요 성령을 통해서 우리가 그리스도에 속하게 되는 것처럼 거꾸로 성령에 의해서 그리스도가 우리 안에 세력을 얻는다.175) 9절에서는 "하나님의 영"이 로마의 기독교인들 안에 거하신다고 하는 반면에 10절에서는 "그리스도께서 너희 안에 거하신다"라고 하는데 이는 내주하시는 성령과 내주하시는 그리스도는 서로 구분은 가능하지만 서로 분리될 수는 없다. 바울은 "하나님의 영"(9절 상)을 언급하다가 곧 바로 "그리스도의 영"(9절 하)을 언급하고 곧이어 "그리스도"(10절 상)와 "영"(10절 하-11절)을 언급하는 쪽으로 옮겨간다. 이는 삼위 하나님께서 존재론적으로 서로 구분이 되지만 신자의 구체적인 삶 속에서는 하나로 경험됨을 시사해 준다.176) 즉 구원론에 있어서 삼위일체 하나님의 역사는 절대적이며 공동사역을 하신다는 것을 알 수 있다.

로마서 8장 11절에서 예수를 죽은 자 가운데서 살리신 성부께서 성령으로 예수님의 부활을 주도하셨듯이 그리스도 안에 있는 우리 몸의 부활도 성부 하나님이 성령을 통하여 이루실 것이라 함으로 우리의 구원이 삼위일체이신 하나님의 협동사역임을 알 수 있다. 여기서 "너희 안에 거하시는 그 영으로 말미암아"(διά τοῦ ἐνοικοῦ αὐτουντος αὐτου πνεύματος ἐν ὑμῖν)의 (δια) 속격은 현재에 내주하시는 성령과 미래의 부활간의 연속성을 나타낸다. 바울은 11절에서 그리스도와 성령의 하나님과의 관계를 너무 쉽게 표현하는 것을 피하기 위하여 반복적으로 "하나님이 예수/그리스도를 죽음에서 일으키셨다"와 "하나님의 영이 너희 안에 거주한다"를 두 번씩 사용하고 있다. 이는 예수의 부활 생명을 성령에 의존적이고, 거룩한 성령에 흡수되는 것을 피하기 위한 것으로 이는 삼위일체 적인 방향에서 기독교 신학을 몰고 갈 수 있는 신 개념의 긴장이 이미 이 구절들에서 분명히 내재되어 있다고 볼 수 있다.177) 성령은 우리를 대신하여 말할 수 없는 탄식으로 간구하시고(26절) 마음을 살피시는 성부 하나님께서 성령의 생각을 아신다(27절). 그리고 하나님 우편에 계신 성자 하나님도 우리를 위하여 간구하신다(34절). 여기서 우리(교회)를 위하여 기도 가운데 역사하시는 삼위일체이신 하나님의 공동사역을 볼 수 있다. 이처럼 로마서 8장은 삼위일체 하나님의 사역이 모두 소개되고, 예수님을 믿는 우리들은 삼위일체 하나님의 사역에 참여하는 영광을 누리게 되는데 그 결과 그 아들의 형상과 일치된다고 하신다(29절).

로마서 8장 28절에서 "하나님을 사랑하는 자들에게는"(τοῖς ἀγαπῶσιν τὸν θεὸν)이란 말은 하나님께서 먼저 인간을 사랑해 주신 결과이다. "곧 그의 뜻대로 부르심을 입은 자들에게는"(τοῖς κατὰ πρόθεσιν κλητοῖς οὖσιν)이라는 말에서 "뜻"으로 번역된 πρόθεσις라는 어휘는 일반적으로 진설 혹은 제시, 계획 혹은 목적, 혹은 의도 등의 의미로 사용되는데 이 구절에서 관심의 초점은 사람의 선택이냐 혹은 하나님의 계획이냐이다. 발츠(Balz)는 이 어구(κατὰ πρόθεσιν)는 "역사를 초월하는 구원에 대한 하나님의 작정"이라고 정의를 내렸는데 주권적인 하나님의 계획(작정)이라고 보는 것이 옳다고 본다. 이 구절에서 가장 논란이 되는 문장, πάντα συνεργεῖ εἰς ἀγαθόν의 주어는 "모든 것"(πάντα)이 아니라, 오히려 3인칭 단수로 나오는 동사 자체(συνεργεῖ)에 포함된 주어("그/그녀" 혹은 "그것")인 "하나님"(ὁ θεός는 남성단수) 혹은 "성령님"(τὸ πνεῦμα는 중성단수)이 더 적합하다고 여겨지며 그 중에서도 "성령님"이 문맥이나 신학적으로 더 자연스럽다고 판단한다.178)

(2) 옥중서신의 찬송시(엡 1:3-14)

전통적으로 교회는 삼위 하나님의 영광을 찬송의 내용으로 삼았다. 에베소서 1장 3-14절에 나타난 축복 혹은 '베라카'(berakah, "…한 자에게 하나님이 복 주시되")를 통해 교회가 삼위 하나님의 영광을 찬송하는 것은 삼위일체이신 하나님의 영광스러운 구원사역에 대한 성도들(교회)의 신앙고백이고 반응이다. 에베소서 1장 3-14절은 에베소서 전체의 서론이며 독립된 한 단위를 형성하는 문단이다. 여기서 첫 문장 3절은 이 문단의 주제(모든 신령한 복 πάσῃ εὐλογίᾳ πνευματικῇ)를 언급하는 주제 제시 혹은 제목의 역할을 하고 나머지 절들은 이를 설명해주는 기능을 한다. 이 문단에서 묘시된 신령한 복의 핵심은 "그리스도 안에서"(ἐν Χριστῷ) "하나님의 때가 찬 경륜"을 이루는 것인데, 하나님의 아들들의 공동체를 형성하는 것이다(1:5). 바울은 하나님께서 우리에게 주신 구원을 인해 그를 찬송하면서 그의 구원을 세 단계로 설명하였다. 첫째는 하나님 아버지의 작정과, 둘째는 예수 그리스도의 구속(救贖)과, 셋째는 성령의 인치심이다. 그러므로 구원은 성삼위 하나님의 사역을 체험할 때 이루어진다.

에베소서 1장 3-14절의 시제는 과거, 현재, 미래에 걸쳐 있고, 또한 하나님의 행위에 대한 그 영향은 삼위일체적 내용을 가지고 있다. 삼위일체적 양식의 사상은 모든 복의 근원이며 그분의 백성들을 선택하신 분이신 아버지 하나님, 그분의 사랑하시는 자 안에서와 또한 그로 말미암아 복들이 중재되며 모두의 구속이 가장 밀접하게 연결되어 있는 분이신 그리스도, 그리고 그 복들에 대하여 자신의 특성으로 인치시며 하나님의 소유로 구별하여 자신의 목적의 성취에 보증이 되게 하시는 분이신 성령에 대해 각각 반영되어 있다.179)

에베소서에는 하나님(θεός)은 무려 32번 나온다. 특히 1장의 찬송시에는 3번 나온다(1:1, 2, 3). 에베소서는 하나님의 뜻으로 하나님의 비밀의 경륜인 교회의 사도와 일꾼된 바울에 의하여 기록되었고, 이 하나님을 향한 찬송시(eulogy)로 시작된다. 3-6절은 성부 하나님의 주권적 선택과 그 영광에 대한 고백이다. 하나님께서 아브라함을 선택하신 것은 이스라엘을 통해 열방이 복을 받아 하나님을 섬기게 하려는 목적이었다. 여기에서 바울은 교회와 관련해 새로운 요소를 추가하고 있는데 그것은 '그리스도 안에서' 창세전에 교회가 선택되었다는 사실이다. 하나님께서 교회를 자신의 백성이 되도록 계획하신 것은 그리스도 안에서 그리고 그리스도로 말미암아 이루어졌다. 실제로 바울은 갈라디아서 3장에서 그리스도를 이스라엘을 선택하신 하나님의 목적을 성취하시는 분으로 소개하고 있다. 하나님께서는 지혜와 총명을 우리에게 넘치게 주시는 분이시다(8절). 모든 일은 하나님의 계획과 결정 가운데 일어난다(11절). 우리는 하나님의 작정과 경륜으로 인한 작품이며 '그 안에서' 우리가 그분의 기업이 되는 건 하나님의 뜻과 결정이었다(11절).

하나님의 작정과 경륜은 그리스도 안에서 이루어졌으며 구원은 하나님의 목적과 주도권에 그 뿌리를 두고 있다. 하나님은 그 기쁘신 뜻을 따라 그리스도 안에서 또한 그를 통하여(1:3) 자기의 백성(교회)을 위한 모든 일을 하셨다. 하나님의 비밀의 경륜/때가 찬 경륜의 핵심에 교회가 위치해 있다. 이 모든 것은 전지전능하신 하나님이 그의 사랑에 기초하여 하신다(1:4; 2:4). 하나님은 그리스도를 죽은 자 가운데서 부활시키고 모든 것 위에 교회의 머리로 주심으로 교회가 그 능력을 누리게 하셨다(1:20, 23). 하나님은 이제 교회와 그리스도 안에서 영광을 받으시며(3:20, 21) 자신의 거처인 교회를 그 아들의 신부로 온전하고 영화롭게 하실 것이다.[180]

하나님은 교회를 향한 모든 계획은 아들 그리스도 안에서 세우시고(1:4), 만물이 아들 안에서 통일되게 하시고(1:10), 믿는 자들은 그리스도 안에서 그 피로 죄사함과 구속과 은혜를 받고(1:7) 그의 십자가를 통하여 화목을 이루게 되었다(2:16).

성자 하나님의 구속 역사는 그리스도의 '구속'과 '죄사함'을 통해 보다 분명하게 제시된다. '구속'의 개념은 애굽의 통치 아래 있던 이스라엘 민족이 해방된 출애굽 사건을 통해 예표했고 마침내 그리스도의 십자가에서의 죽음과 부활에 의해 성취되었다. 이는 성부 하나님의 뜻에 기꺼이 복종한 그리스도의 구속 행위였다. 그리스도와 연합된 성도들은 그리스도께서 성취하신 구속에 참여하게 됨으로써 결국 그리스도의 은혜를 받을 수 있게 되었다. 그 은혜는 새 삶이 시작된다는 약속과 함께 주어졌다. 이에 바울은 "우리가 그리스도 안에서 그의 은혜의 풍성함을 따라 그의 피로 말미암아 구속 곧 죄사함을 받았으니"(엡 1:7-8)라고 말한다. 에베소서에는 모든 것 위에 뛰어난 그리스도를 여러 가지 방법으로 묘사하는 이른바 우주적 기독론(cosmic Christology)이 서신 전반에 걸쳐 강조되고 있다. 예수 그리스도는 부활을 통하여 모든 정사와 권세 위에 뛰어나신 분이 되었고, 바로 이 분이 자신의 몸인 교회의 머리로 주어졌다(엡 1:21, 22).[181]

에베소서 1장 13-14절은 성령 하나님의 인치심을 찬송한다. 바울은 "그 안에서 너희도 진리의 말씀 곧 너희의 구원의 복음을 듣고 그 안에서 또한 믿어 약속의 성령으로 인치심을 받았으니 이는 우리의 기업에 보증이 되사 그 얻으신 것을 구속하시고 그의 영광을 찬미하게 하려 하심이라"고 말한다. 바로 이곳에서(1:13) 에베소서에는 처음으로 성령이 실제적으로 언급되었다. 여기서 성령에 대하여 사용된 이미지는 하나님의 인(도장), 상속의 보증(ἀρραβών) 등이고 또한 약속의 성령이라고 언급됨으로써 하나님의 아들의 공동체, 즉 교회를 새로운 이스라엘에 견주고 있음이 암시된다. 즉, 신령한 복은 하나님께서 믿는 자들에게 그리스도의 구속과 성령의 선물을 통하여 주시는 복이다. 하나님은 교회(아들들의 공동체)를 계획하시고, 예수 그리스도는 그 기반을 닦으시고, 성령은 시간 속에서 그것을 수행하시는 역할을 하는 것이다.[182] 13절에서 바울이 구원의 복음을 가리켜 '진리의 말씀'이라고 한 것은 복음 사역을 통해 하나님께서 성도들을 진리에 이르게 하는 것으로 또한 진리를 그 내용으로 가지는 것을 강조하기 위함이다. 이 과정에서 역사하시는 분이 성령이시다. 구원의 복음이 선포될 때 그 복음에 반응하고 그리스도의 믿음이 발생하는 것은 전적으로 성령께서 행하시는 인치심의 결과이다. 이 성령 하나님의 역사는 그리스도의 복음을 믿고 받아들이게 함으로써 그들로 하여금 하나님의 자녀가 되었다는 인치심이며(롬 8:14-15) 성령의 인치심은 오로지 그리스도 안에서 계시된 삼위 하나님께 대한 신앙, 즉 사랑으로 역사하는 믿음의 결과(갈 5:6)이다. 그리고 성령께서 신자들의 삶 속에서 이루신 변화는 그들의 삶 속에 하나님께서 임재하시며 그 삶을 하나님이 소유하고 계신다는 것을 보여주는 확실한 표시이다(갈 5:22-23).

성령의 역사는 구원의 완성을 향하여 역사하신다. 복음을 구원의 능력으로 성도들에게 역사하시는 분은 성령이시다. 이로써 성령은 개인의 삶에 변화를 가져오며 믿음과 협력의 교회 공동체를 이루도록 역사하심으로 성령은 교회 가운데 활력을 일으키는 실체가 되신다. 성도들에게 주어진 구원은 전적으로 성령께서 친히 약속을 성취하심으로써 가능하기 때문이다.

이와 같이 에베소서 1장의 찬송시는 삼위일체 하나님의 구원을 자세히 증거 한다. 그것은 하나님의 작정과 그리스도의 구속과 성령의 인치심으로 이루어진다. 이는 모두 다 하나님의 기쁘신 뜻대로 된 것이며 그리스도 안에서 된 것이다. 그 목적은 우리로 거룩하고 흠이 없게 하게 하기 위한 것이었고, 궁극적으로는 하나님의 은혜의 영광을 찬송하게 하기 위한 것이었다(6절).

(3) 목회서신의 찬송시(딛 3:4-7)

디도서 3장 4-7절은 디도서에서 유일하게 성령(5절 말미의 πνεύματος ἁγίου)에 대하여 직접적으로 언급된 구절일 뿐만 아니라, "우리의 구원자 성부 하나님의 사랑(4절의 ἡ φιλανθρωπία ἐπεφάνη τοῦ σωτῆρος ἡμῶν θεοῦ)과 동시에 우리의 구원자 성자 예수님의 사역"(6절의 διὰ Ἰησοῦ Χριστοῦ τοῦ σωτῆρος ἡμῶν)을 언급하면서 삼위 하나님의 인간 구원활동을 감동적으로 묘사하는 아름다운 찬송시이다. 여기서 성령 하나님이 성부 하나님과 성자 그리스도와 더불어 인류 구원의 중요한 역할을 하고 있음을 묘사하고 있다.

먼저 삼위일체 하나님의 구원은 성부 하나님의 사랑으로 시작된다. 우리의 구원은 오직 하나님의 긍휼을 따라 이루어졌다. 우리의 구원은 그의 긍휼의 결과였기에 하나님의 긍휼, 그의 은혜, 그의 선하심과 사랑은 우리의 구원의 유일한 원천이 된다. 우리가 예수 믿고 구원받게 된 것은 하나님께서 성령을 우리에게 풍성히 부어주신 결과인 것이다.

목회서신에서는 예수 그리스도의 인성을 강조하는 낮은 기독론(low Christology)의 대표적인 칭호 '예수'(Ἰησοῦς)만을 독립적으로 지칭하는 구절 자체가 없으며, 신성을 강조하는 높은 기독론(high Christology)의 대표적인 칭호인 '하나님의 아들'(ὁ υἱός τοῦ θεοῦ)도 나타나지 않지만 디모데 서신들과 디도서에서 '그리스도 예수'라는 호칭은 25번이나 나온다. 디도서 1장 4절에서는 '예수 그리스도'(Ἰησοῦ Χριστοῦ)라는 칭호로 사용되었으나 "예수 그리스도"와 "그리스도 예수" 사이에는 특별한 차이가 없는 것으로 보인다.[183]

목회서신에는 성령의 언급이 거의 없다. 디모데전서 4장 1절에 한번, 디모데후서 1장 14절에 한번, 그리고 디도서에 한번, 총 세 번 언급될 뿐이다. 그런데 디도서에 구원의 과정을 묘사할 때 성령이 언급되었다는 사실은 하나님의 구원사역에서 성령이 매우 중요한 역할을 수행한다는 바울 사도의 이해를 반영한 것이라 볼 수 있다. 디도서 3장 5-6절에 사용된 언어들은 바울의 성령에 대한 어떤 묘사보다도 강력하게 강조하고 있다. 여기서 바울은 우리의 구원 이야기를 하면서 자연스럽게 성령 하나님에 대해 언급한다. 인류 구원에 대한 삼위일체 하나님의 사역을 노래하는 디도서 3장 4-7절은 동일한 내용을 지닌 찬송시, 에베소서 1장 3-14절과 많이 닮아 있다. 이 문장에는 삼위일체 하나님의 성품과 역사와 목적에 초점이 있고 인간의 반응(믿음)은 나와 있지 않다. 다만 인간은 삼위일체 하나님의 자비와 긍휼, 구원과 은혜 그리고 의롭게 되고 영생의 수혜자로만 기술되고 있어서 구원은 전적인 하나님의 주도적인 사역이고 은혜임이 강조되어 있다.184) 이 문장 5절 하반절에 한글 번역상(개역개정)의 문제점과 그로 인한 구원관과 성령의 역할에 대한 오해를 야기시킨다고 한다.185)

디도서 3장 5절(우리를 구원하시되 우리가 행한바 의로운 행위로 말미암지 아니하고 오직 그의 긍휼하심을 따라 중생의 씻음과 성령의 새롭게 하심으로 하셨나니)에서 성령의 언급이 있는 "중생의 씻음과 성령의 새롭게 하심으로"(διὰ λουτροῦ παλιγγενεσίας καὶ ἀνακαινώσεως πνεύματος ἁγίου)라는 개역 성경의 번역에 문제가 있고, 이 어구의 전치사(διὰ)와 접속사(καί), 그리고 사본학적인 증거 등을 감안한다면 "다시 남(중생)과 새롭게 하시는 성령의 씻기는 사역을 통하여" 혹은 "성령의 새로 나게 함과 새롭게 함의 씻는 사역을 통하여"라고 번역하는 것이 더 적합하다고 한다.186) 하나님은 무엇을 통하여 우리를 구원하셨는가? 개역개정의 번역에 따르면 하나님의 구원의 두 가지 사건 곧 "중생의 씻음"과 "성령의 새롭게 함"으로 이루어졌다. 여기서 중생/거듭남(παλιγγενεσίας 팔링게네시아)과 새롭게 함(ἀνακαινώσεως 아나카이노스)은 두 가지 사건인가? 아니면 동시에 일어나는 한 가지 사건인가? 대등 접속사 카이(καὶ)로 묶인 팔링게네시아와 아나카이노시스는 둘 다 루트루(λουτροῦ 씻음)를 한정한다. 이는 두 가지의 개별 사건이 아니고 하나님은 "씻음을 통해서"(διὰ λουτροῦ), 즉 씻음이라는 한가지의 사건을 통해서 우리를 구원하셨는데, 그 씻음이 두 가지로 해석되고 있는 것이다. 여기서 씻음(λουτροῦ 루트루)이란 영적인 씻음 곧 거듭나게 하는 씻음과 새롭게 하는 씻음을 말하는데 이를 성령의 침례라 한다.187) 이와 같이 중생과 새롭게 하시는 씻음의 사역은 성령 하나님의 사역 혹은 성령님을 통하여 이루시는 하나님의 역사로 볼 수 있다. 디도서의 본문은 하나님께서 우리에게 예수 그리스도로 말미암아 성령을 부어주심으로 구원하셨다고 말하고 있다. 성령을 받게 되면 우리가 거듭나고 또 새롭게 된다. 이때 우리를 변화시켜주는 주체가 성령이시다. 이것이 디도서 3장 5절이 증언하는 구원의 과정이라 한다.188)

디도서 3장 4-7절에서 중생(παλιγγενεσία)은 침례 개념과 성령 받음에 대한 것과 관련된다. 그리고 παλιγγενεσία와 새롭게 됨 사이에 종말론적인 긴장이 존재한다. 영생은 아직 미래적이지만 지금 여기서는 그것이 이미 현존한다. 예수 그리스도 안에서 영생이 분배되고 그리스도 안에서 하나님이 새롭게 창조하신다. 여기서 중생이 구원의 행동으로 나타난다. 영생은 성령부음을 통한 중생을 위하여 중요한 의미를 가진다. 또한 성령을 통하여 παλιγγενεσία가 야기된다.189) 이와 같이 영생에 이르는 구원의 역사는 삼위일체이신 하나님의 공동사역이며 함께 성취시키신다.

갈라디아서의 구원론에 있어서 전통주의와 새 관점주의자들의 관점의 문제점들을 살피고 그 새로운 대안으로서 삼위일체적인 하나님의 관점에서 구원론을 보아야 하는 이유를 설명하였고 그 예로 바울서신을 중심으로 살펴보았다. 하나님께서는 자신을 삼위일체이신 하나님으로 계시하시고 삼위일체이신 하나님의 역사 가운데서 우리를 구원으로 인도하시기에 갈라디아서의 구원론을 삼위일체이신 하나님의 관점에서 보는 것이 옳다고 본다. 이제 삼위일체이신 하나님의 관점에서 갈라디아서가 말하고 있는 구원론을 갈라디아서의 본문을 중심으로 살펴보겠다. 이로써 우리는 사도 바울이 갈라디아서에서 제시하고 있는 구원론을 넓고 풍부하게 이해할 수 있다고 생각한다.

III. 갈라디아서에 나타난 신론적 측면의 구원

갈라디아서에 나타난 신론적 측면의 구원

　신약성경에서의 하나님에 대한 관점은 구약성경에 기반을 두고 있다. 하나님에 대한 유대교의 가장 근본적인 믿음은 하나님이 한 분이시라는 것이다. 바울은 어려서부터 쉐마를 고백하고 가르침을 받았다. "이스라엘아 들으라! 우리 하나님 여호와는 오직 유일한 여호와이시니"(신 6:4). 이 구절은 유대 사상의 토대였는데 하나님은 유일하신 하나님이시라는 것이다. 신약성경의 기자들은 구약성경에 놓인 기초 위에 건축하였다. 바울이 말하듯이 기독교는 유대교라는 뿌리에서 나온 가지이다. 구약성경에는 창조주·하나님의 주권·유일성·자비하심이 나타났고, 공관복음서에는 하나님의 나라·하나님의 영광·하나님의 사랑이라는 주제가 흐른다.

　하나님은 자신의 이름의 영광을 위하여 작정하신 일들을 그리스도 안에서 성령으로 말미암아 자신이 하신 일에 대해 모든 영광을 받으신다. 하나님의 중심되심은 하나님이 모든 것의 창조자라는 사실에 나타나 있다. 바울신학에서 하나님 중심성이 중요한 주제를 이룬다. 즉 하나님이 바울신학의 근본적인 전제요, 그의 신학 작업의 출발점이요 그의 모든 저작의 주제이다.

　하나님은 한 분이라는 고백(고전 8:4-6; 엡 4:6; 딤전 2:5)에서 바울은 유대 전통을 따른다. 이 한 분 하나님은 또한 땅의 각 족속에게 이름을 주시는(엡 3:14-15) 아버지이시다. 바울은 구약 성경으로 양육 받은 유대인이며 하나님을 유일하신 만유의 주님으로 여긴다.[1]

바울서신에는 대개의 경우 하나님이 바울의 사역을 정당화시켜주는 요인으로 언급되고 있다. 갈라디아서의 서두에서 바울은 "하나님 아버지로 말미암아 사도된 바울"(갈 1:1)이라고 거의 틀에 박힌 듯한 말로 시작한다. 즉 "하나님의 뜻으로 말미암아 그리스도 예수의 사도된 바울"이라고 자신을 소개하는 바울은 하나님에 대한 자기의 믿음을 설명하거나 변호할 필요가 없었던 이유는 그것이 어려서부터 교육받고 그의 생애 내내 줄곧 지켜온 믿음이었기 때문이다(고후 1:1; 엡 1:1; 골 1:1; 딤후 1:1). 본 장에서는 갈라디아서에 나타난 신론적인 구원론을 살펴보되 먼저는 아버지로서의 하나님과 하나님의 구원의 행하심을 알아보고 하나님의 영원한 작정과 약속에 대하여 살펴볼 것이다. 그리고 하나님의 나라의 완성과 갈라디아서에 사도 바울이 독특하게 표현하고 있는 "하나님의 이스라엘"에 대하여 연구하려고 한다.

1. 구원은 하나님의 역사(갈 1:1-4; 4:1-7)

신구약성경은 모두 하나님을 한 분으로 계시한다. 신구약성경에서 한 분으로 묘사된 '하나님'은 구체적으로 삼위일체의 하나님이시다. 삼위일체의 하나님으로 묘사되는 것은 하나님의 유일성을 부정하는 것이 아니다. 한 분은 셋이면서 하나를 의미한다. 신약에서 예수는 하나님이 한 분이심을 강조했다. 하지만, 한 분은 하나가 아니라 셋이다. 거기에는 아버지되시는 하나님, 아들되시는 하나님, 성령되시는 하나님이 존재한다. 각자는 하나이면서 셋의 인격을 갖는다. 이 삼위일체의 하나님은 성경을 통하여 자신의 모든 활동을 보여준다. 그런 이유에서 성경은 인간과 세계에 대한 삼위일체의 하나님의 역사요 활동이라는 사실이다. 그러므로 필자는 이 삼위일체의 하나님을 배제하고 갈라디아서를 이해할 수 없다고 본다.

1) 하나님 아버지

성경의 주제 중의 하나가 하나님의 아버지 되심이다. 구약성경에서 하나님을 향해 '아버지'라고 표현한 것은 모세의 고별설교인 신명기 32장 6절에서 처음으로 '너의 아버지'라고 표현되어 있다: "여호와… 그는… 너의 아버지가 아니시냐…." 신약성서는 하나님을 아버지라고 부른다. 특히 마가복음에서 예수는 하나님에게 "아바 아버지"라고 하며(막 14:36) 마태복음에서는 '너의 아버지(마 6:4),' '우리 아버지(마 6:9)'라고 한다. 누가복음에서도 이와 다르지 않게 '너희 아버지,' '내 아버지(눅 22:29)'라고 하며 요한복음에서는 "내 아버지께서 일하시니 나도 일한다"고 말하여 유대인들이 예수님께서 하나님을 아버지라고 호칭한데 대하여 몹시 자극되었음을 나타낸다(요 5:17-18).

바울도 "우리에게는 한 하나님 곧 아버지가 계시니…"라고 하여 유대인들이 갖고 있는 구약의 하나님에 대한 '아버지' 인상을 그대로 이어받아 "우리의 아버지"라고 하므로 예수님께서 '나의 아버지'라고 했던 바로 그 하나님이 곧 그리스도인들의 아버지라는 것을 선포했다(고전 8:6). 그런데 서신 서에서는 '우리의 아버지'라는 표현과 함께 '예수 그리스도의 아버지'라는 표현도 사용함으로서 하나님을 아버지라고 부르는 사람들 모두는 결과적으로 예수님과 연합되는 한 형제자매, 즉 주 예수와의 일체적 하나임을 강조한다(엡 1:17; 벧전 1:3).

마리아네 톰슨(Marianne Meye Thompson)은 아버지로서의 하나님에 대한 예수님의 강조는 예수님의 사명, 회개하고 하나님을 아버지로 따르는 사람들에게 유업이 있으리라는 약속과 분리될 수 없다고 한다.2) 톰슨은 아버지로서의 하나님의 세 가지 주제를 강조한다. 첫째, 아버지로서의 하나님은 가족 또는 일가의 근본 또는 기원이며 그의 자녀들에게 유업을 제공한다. 둘째, 아버지는 자기 자녀를 보호하고 필요를 공급한다. 셋째, 아버지는 순종과 존귀가 합당하게 주어지는 권위의 인물이다.3)

예수는 독특하게 그리고 단호하게 하나님을 '아버지'라 부르셨다. 공관복음에서 '아버지'라는 용어는 하나님의 권위와 선하심을 보여준다. 공관복음에서와 마찬가지로 하나님의 아버지 되심은 요한복음의 중심이다.4)

제임스 던은 신학적으로 아버지로서 하나님(God as Father)에 대한 생각은 지중해 세계의 모든 종교적인 전통 안에 깊게 뿌리내려 있었고 또한 하나님과 그에 의해 낳아진 이들 사이에 혈연관계가 동등함을 나타냈고, 그래서 수반된 혈연에 대한 가족결속과 의무에 대한 모든 색채를 가지고 있었다고 한다. 그래서 바울은 거의 의심할 여지 없이 특별한 필요로 이스라엘의 하나님과 아버지에 관하여 생각하고 있었을 것이라고 하였다.5) 이와 같이 하나님이 만유의 아버지라는 가장 높은 권위는 바울에게는 사도로서 권한의 근원이었다. 그래서 갈라디아서 1장 1절의 "예수 그리스도와 하나님 아버지로 말미암아"라는 두 이름의 결합을 통해 아버지는 그 권한의 중재자로서 예수 그리스도와 함께하는 권한의 근원임을 표현했다. 여기서 바울의 주요한 관심은 그의 사도적인 권한의 중재가 하늘로부터 직접적으로 온 것이었다는 것을 분명하게 강조하는 것이었다고 볼 수 있다.

예레미야스(J. Jeremias)는 예수님이 자신이 가진 하나님과의 경험의 견지에서 '아버지'라는 용어를 독특하게 사용했다는 사실에 주의를 환기시키면서6) 예수의 기도에서 하나님께 대한 호칭으로 나타난 '아바'라는 말은 예수가 하나님과 가진 관계의 핵심을 표현하는 말이라 하였다. '아바'는 어떤 사람들이 생각하는 것처럼 어린아이가 부르는 호칭이나 일상적인 '아빠'라는 말이 아니다. 그것은 구약성경에서는 볼 수 없었던 어떤 친밀함과 떼어 놓을 수 없는 관계에 대한 인식을 표현하는 말이다.

예레미야스는 복음서들에서 '아버지'(Father) 또는 '그 아버지'(the Father)라는 말이 사용된 모든 경우에 그 밑바탕에는 '아바'라는 의미가 함축되어 있다고 주장한다.7) 이러한 '아바'에 관한 예수님의 사용이 예수님의 편에서 친밀한 아들됨의 의미를 아마도 가장 잘 함축하고 있다는 예레미야스의 주장은 여전히 정당하다. 이는 친밀한 가족 관계의 일상적인 용어에서 표현하는 것과 같다.8) 예레미야스는 마태복음 11장 27절을 "아버지만이 아들을 아는 것처럼 아들만이 아버지를 안다"라는 의미로 이해되어야 한다고 하면서 "아들의 소원대로 계시를 받은 자"라는 말씀이 논리적 결론이요 예수님의 사명에 관한 핵심적인 말씀이라 한다.9) 예수님의 아버지는 그에게 자신을 완전히 계시하셨다. 이것은 아버지만이 아들에게 자신을 드러낼 수 있는 것과 마찬가지이다. 그러므로 예수만이 하나님에 대한 참된 지식을 다른 사람들에게 전할 수 있다고 주장한다.10)

하나님 아버지와 아들의 아바 관계(Abba relationship)를 견고하게 유지하고 있는 예수님은 하나님 아버지에 대한 확실한 지식을 갖고 있으며 아버지의 임재를 의식하고 아버지만을 의지하신다. '아바'(abba)라는 말은 헬라어의 '파테르'(πατήρ)를 번역한 아람어 술어이다. 많은 주석가들은 '아바'라는 아람어가 유대인들 사이에서 하나님을 부르는 칭호로 알려져 있지 않고 작은 어린아이들이 아버지에게 사용하던 애칭이었다고 주장하기도 한다. 하지만 아람어 '아바'에 해당하는 히브리어 호칭이 쿰란 기도문에서도 등장할 뿐만 아니라 '아바'란 말이 작은 어린아이들에게 국한되어 사용되고 있지도 않다. 바울이 아람어와 헬라어의 결합 형태를 사용한 것은 헬라어를 말하는 초대교회의 기도문을 반영한 것으로 본다.11) 특별히 '아바'란 말은 예수께서 자신의 아버지 하나님을 부를 때 사용했던 술어였으며, 이것이 마가복음뿐만 아니라(14:36) 헬라어를 말하는 바울의 교회들 가운데서 보존되었다.

갈라디아서 1장 1절에서 바울은 "예수 그리스도와 그를 죽은 자 가운데서 살리신 하나님 아버지로 말미암아(ἀλλὰ διά 'Iησοῦ Χριστοῦ καὶ θεοῦ πατρὸς τοῦ ἐγείραντος αὐτὸν ἐκ νεκρῶν) 사도가 되었다"고 고백한다. 즉 하나님 아버지(θεοῦ πατρὸς 데우 파트로스)께서 예수를 죽은 자 가운데서 일으키셨다고 말한다. 이것이 복음의 시작이다. 예수 그리스도의 복음은 부활로서 시작된 것이다. 복음은 예수 그리스도의 부활로 말미암아 시작되었고 이제 성도들 안에도 부활의 생명이 역사하여 아버지와 아들의 관계인 새로운 가족 공동체가 세워진다. 유대인과 이방인들이 함께 그리스도 안에서 한 가족 공동체로 세워지는 것이다. 이스라엘의 하나님은 온 세상의 '아버지'로 알려지기를 바라신다.12)

제임스 던은 갈라디아서 1장 1절에서 하나님이 아버지로서 예수를 죽음 가운데서 살리셨다는 것을 덧붙임으로써 하나님에 대한 바울의 서술이 합당하다고 한다. 이것은 '성부 하나님'은 만물의 창조주로서 뿐만 아니라 죽음으로 악함을 끝낸 후에 재창조주로서 '아버지 하나님' 이라고 바울이 언급하고 있다는 것이다. 그래서 아버지로서 최고의 하나님이라는 더 넓은 개념과는 다르게, 바울은 하나님을 예수와 관련한 그의 행동으로 그리고 죽음에 대하여 최후의 승리 안에서 충만함에 이르는 창조에 대한 뜻을 가진 하나님으로서 정확히 정의한다고 한다.13) 즉, 전통적인 유대인의 한 분 하나님에 대한 이해와도 다르게, 하나님은 죽음 가운데서 이미 예수를 살려냄으로써 하나님 자신을 정의한 것이다.

갈라디아서 1장 1-4절에서 제이 루이스 마틴(J. Louis Martyn)은 "바울에게 있어 유일한 하나님은 아버지이시기에 1-4절에 하나님이 아버지시라고 3번이나 언급하였고 3-4절에서는 하나님은 그리스도인들의 아버지이시라 하였다. 또 1절에서는 예수 그리스도의 아버지는 생명을 주시는 본질적인 행동을 행함으로써 그 자신을 나타내셨다"라고 했다.14)

티모시 조지(Timothy George)도 "바울이 예수 그리스도와 하나님 아버지로부터 부르심을 받았다고 하였는데, 여기서 예수 그리스도와 하나님이 같은 문장에서 사용된다는 것은 그리스 문헌에서는 일반적이지 않은 표현이고 게다가 예수 그리스도가 먼저 위치하고 그 뒤에 하나님 아버지가 위치한 것은 일반적인 순서와는 반대되었다고 하면서. 이러한 바울의 표현은 예수 그리스도를 부르는 것과 하나님을 부르는 것 사이에는 구별이 없다는 것을 강력히 주장한 것이다"라고 하였다.15)

갈라디아서 1장 3절에서 로널드 펑(Ronald Y. K. Fung)도 "사도 바울은 은혜와 평강이라는 이중 축복을 하나님 우리 아버지와 주되신 예수 그리스도로 단일화된 근원으로 돌리고 있다고 하면서 사도들은 아버지와 아들을 구분할 수 있는 근원이나 각각 분리된 연결고리처럼 생각하지 않고 마치 은혜와 평강과 같이 연결된 하나의 근원으로서 생각하고 있음을 암시한다"라고 하였다.16)

2) 하나님의 행하심

바울신학의 중심이 그리스도 안에 있는 하나님의 구원 행동이며 그 초점은 그리스도가 하나님의 아들이시라는 고백과 함께 그리스도의 죽음과 부활에 맞추어져 있다.

사도 바울은 갈라디아서 1장 1절에서 하나님은 죽은 자 가운데서 예수 그리스도를 살리신 분이라고 처음으로 소개한다. 바울은 유대인으로서 하나님을 존재론보다는 사역의 관점에서 이해했다. 히브리인들의 사고는 하나님의 존재에 대한 관심보다는 하나님의 사역(행하심)에 더 관심을 가졌다. 그러나 헬라의 사고는 하나님의 존재여부에 관심을 갖고 논쟁을 불러일으켰다. 창세기 1장 1절과 요한복음 1장 1절의 태초는 시간을 의미하는 면도 있지만 하나님이 사역을 시작하실 때(in the beginning)라는 의미가 더 짙다.

동일한 구절에서 바울은 "죽은 자 가운데서 그를 살리신"(τοῦ ἐγείραντος αὐτὸν ἐκ νεκρῶν) 투 에게이 란토스 아우톤 에크 네크론) 이란 표현을 함으로 그는 하나님을 존재론적 이해보다는 사역의 관점에서 이해했다. 하지만 그리스도를 직면한 이후 바울은 주로 하나님이 예수 그리스도의 사역을 통해 성취하신 구속과 관련하여 그 분을 이해하게 되었다고 한다.17) 따라서 바울은 1절에서 성부 하나님을 이야기할 때 그 분을 존재론적 용어가 아니라 직능적이고 사역중심으로 이야기한다.

갈라디아서 1장 3절에서 사도 바울은 "하나님 아버지와 주 예수 그리스도로부터 은혜와 평강이 있기를 원한다"고 했다. '은혜'와 '평강'의 근거를 하나님 아버지와 예수 그리스도에게 둔다. 바울서신에서는 하나님과 그리스도는 구원의 역사에서 같은 분으로 제시되는데 이는 하나님이 그리스도를 통해 행하심을 표현한 것이다. 갈라디아서에서 구원의 뒷받침이 되는 은혜는 '하나님의 은혜'(1:15; 2:21)와 '그리스도의 은혜'(1:6) 둘 다 구별 없이 사용되고 있다. 부활하신 그리스도와 하나님 아버지의 결합은 본질상 직능적(사역적) 측면에서이다. 이는 곧 하나님의 구원의 역사가 삼위일체이신 하나님의 행하심임을 증거 해 주는 것이라 본다.

이와 같이 갈라디아서 1장 1-4절에는 하나님의 성품이나 속성보다는 오히려 그 강조점이 하나님의 행하심에 맞춰져 있다. 즉 바울을 사도로 부르신 하나님(1절), 은혜와 평강을 주시는 하나님(3절) 그리스도의 사역과 구원을 위한 기초인 하나님의 뜻과 아버지로서의 관심(4절), 찬양과 경배를 받으실 하나님(5절)이다.

예수님은 아버지의 구속하는 계획을 성취하기 위해 자유롭게 이 땅에 온 하나님의 영원한 아들이라고 말할 수 있다. 그는 창세로부터 죽임을 당한 하나님의 어린양이며, 모든 사람들에 의해 존귀와 영광을 받을 분이시다. 육체로는 미천한 인류에 다가서는 듯했으나, 하나님께서 그를 죽은 자 가운데서 오른손으로 다시 살리셔서 십자가에서의 수치스러운 죽음을 변호하고 찬양하게 하셨다.[18]

2. 하나님의 작정과 약속(갈 3-4장)

성경은 죄로 인하여 시작된 구원관이 아니라, 하나님의 창세전(엡

1:4) 가지신 하나님의 이름의 영광을 위하여 가슴에 품으신 작정과 경륜으로 시작된 구원관을 말한다. 성경은 특별히 갈라디아서의 바울의 구원관은 피조물에 의하여 시작된 다시 말해 피조물이 그 원인이 된 구원관이 아니라, 하나님에 의하여 세워진 하나님 자신이 이유와 목적이 되신 구원관을 설명하고 있다. 곧 삼위일체 하나님에 의한 하나님을 위한 하나님의 나라를 부활하신 예수 그리스도에 의하여 세우시는 구원관을 성경은 말하고 있다. 그러므로 성경은 '창세 후'라 하지 않고, '창세전'에 세워진 하나님의 작정이라 하며, 갈라디아서는 성령으로 인하여 시작되었고 성령의 역사로 성취되는 성령의 약속이니 유업이라 하였다. 그리고 내게 '예수의 흔적'이 있다 하였다. 곧 창세전 하나님으로 시작하였고 그리고 내 안에 세워진 예수라 하였다(갈 6:17). 여기에서는 하나님의 아들 예수 그리스도의 사역과 성령의 역사 속에 나타난 삼위일체 하나님의 작정과 경륜을 설명하려고 한다.

1) 하나님의 뜻(하나님의 작정과 경륜)

창세전에 세워진 하나님의 작정과 그리스도 안에 세워진 경륜을 하나님의 뜻(θέλημα 델레마)이라고 한다. 하나님의 뜻은 하나님께서 자신의 이름의 영광을 위하여 그리스도를 통하여 하나님의 나라를 세우시고 우리를 그 나라의 왕권에 참여 시키는 일과 관계있다. 창세전에 성부 하나님과 성자 하나님의 관계 안에서 세워진 뜻을 그리스도 안에 세워진 경륜이라고 한다. 이 경륜은 그리스도께서 인생 안에 오셔서 죽음과 부활로써 성취하시고 성령으로 우리 안에서도 그 경륜이 성취되어진다. 이러한 하나님의 작정과 경륜은 삼위일체이신 하나님 안에 세워지신 것이요 함께 이루시는 사역이다.

'하나님의 작정'이란 하나님의 영원한 목적(πρόθεσιν τῶν αἰώνων 프로데신 톤 아이오논)이란 말로서 에베소서 1장 11절의 문맥 속에 "뜻대로"(κατὰ πρόθεσιν 카타 프로데신)가 등장했고 에베소서 3장 11절에서는 "영원한 목적"(πρόθεσιν τῶν αἰώνων)이란 단어로 사용되었다. 개역개정 성경에 "예정하신 뜻"으로 번역되어 있다. 영원한 목적이란 표현에서 '영원'은 시간적인 의미를 가진 것으로 이해되어야 한다. 그 의미는 하나님의 목적이 영원을 통해 흐르고 있다기보다는 하나님의 목적이 모든 시간과 영원 이전이라는 것이다. 하나님의 목적(πρόθεσιν 프로데신)은 하나님이 작정하신 하나님의 뜻을 말한다. 이를 하나님의 작정이라 한다.19)

"경륜"(οἰκονομία 오이코노미아)이라는 말은 '청지기가 되다' 혹은 '관리한다' 뜻을 가진 οἰκονομιέω(오이코노메오)에서 유래된 말로 문자적으로는 '청지기직'을 가리키나 일반적으로는 '관리,' '경영' 그리고 '행정'을 뜻한다. 하나님의 경륜은 하나님의 의식 활동에 의한 영원한 계획과 작정으로 이해할 수 있다. 그러면 구원 경륜노 하나님의 영원한 구원 작정과 계획으로 이해해야 한다. 즉 하나님의 경륜이란? 하나님께서 모든 구원의 역사를 계획하고 진행하시는 것을 말한다. 이 경륜은 그리스도 안에 세워졌고 그리스도께서 인생 안에 오셔서 죽으시고 부활하심으로 이루시는 하나님의 역사이다. 이러한 그리스도의 οἰκονομία(경륜)는 '관리하는 행위,' '준비 혹은 계획을 관리받는 것' 그리고 '관리자의 직위나 역할'을 의미한다. 후기 교부들의 문헌에서 οἰκονομία는 신적인 계획과 구원계획을 가리키는데 사용되었으며 또한 언약신학과도 밀접한 관계를 갖고 있어 οἰκονομία를 '언약'으로 이해하였다. 여기에 대해 οἰκονομία를 하나님의 계획이나 혹은 구원의 의미를 지닌 교부들의 견해를 지나치게 강조하여 읽으며, 또한 관리나 질서의 능동적인 의미에 머물러 있지 않도록 주의해야 한다는 주장이 있고[20] 이에 반대하여 οἰκονομία를 하나님의 전체계획으로 단순히 "비밀/신비"(μυστηρίον 뮈스테리온)와 동의어로 사용해야 된다고 하는 주장도 있다.[21] 바울은 갈라디아서 3장 4절에 은혜의 경륜(τὴν οἰκονομίαν τῆς χάριτος)을 그리스도의 비밀(τῷ μυστηρίῳ τοῦ Χριστοῦ·)이라고 말한다. 즉 그리스도 안에 세워진 하나님의 경륜을 비밀이라고 말하는 것이다. 그리스도의 비밀은 하나님이 그리스도를 통해서 이루시는 하나님의 역사이다.

갈라디아서 1장 4절에 사용된 "하나님의 뜻"(κατὰ τὸ λημα τοῦ θεοῦ καὶ πατρὸς ἡμῶν 카타 토 델레마 투데우)은 바울서신들 속에 잘 확립되어진 구절이다. 바울서신에서 뜻(θέλημα)이란 말을 24번이나 사용한 것을 보면 그가 얼마나 하나님의 뜻에 관심을 가졌는지 알 수 있다. 바울이 고백하는 '하나님 우리 아버지의 뜻'이란 하나님의 뜻은 성부 하나님의 뜻임을 알 수 있다. 성부 하나님은 뜻을 세우시는 분이시고 성자 하나님은 그 뜻을 성취하시는 분이시다.

하나님은 창세전에 자신의 이름의 영광을 위하여 영원한 작정을 세우셨다. 그 작정은 예수 그리스도를 통하여 성취하고자 하셨으니 이를 그리스도 안에 세워진 경륜이라 한다. 그리스도 안에 세워진 경륜 속에 그리스도의 구속사역과 인류구원의 계획이 들어 있다. 여기서 바울은 그리스도의 구속사역과 인류구원이 하나님의 뜻과 아버지로서의 관심이라는 배경에서 이해되어야 함을 강조한 것이다.[22]

로널드 펑(Fung)은 우리 하나님과 아버지(our God and Father)의 뜻은 궁극적이고 이전의 근본적인 구원의 기초를 세우는 것이었다고 한다. 또 '하나님'이란 이름은 그 분의 전능하심과 초월적인 영광을 나타내기 때문에, '아버지'라는 명칭은 그분의 뜻이 단순히 지혜와 전능에 있을 뿐만 아니라 동일하게 그분의 사랑에 있다는 사실을 암시하는 것이라 한다.23) 즉, 그리스도가 우리의 죄를 위하여 자기를 희생하신 것과 예수 그리스도의 죽으심 안에서 완전한 조화를 이루어 아버지와 아들이 행하시고, 또한 사도 바울을 사도로 부르시며, 그리고 믿는 자들에게 끊임없는 은혜와 평강을 베푸시는 것은 우리 하나님 아버지의 뜻에 따른 것이었다.

하나님과 사람 사이의 언약을 강조한 언약신학의 체계적 완성자라고 할 수 있는 요하네스 콕케유스(Johannes Coccejus)가 하나님의 두 위격 간에 이루어진 영원한 구원 작정을 구속 경륜으로 이해하였다. 창세전에 성부 하나님과 성자 하나님의 교제 가운데서 계획되어진 일을 하나님의 영원한 작정에 따른 그리스도 안에 세워진 경륜으로 볼 수 있다. 철저히 역사적 계시에 의존하여 성경 계시에 나타난 하나님의 사역을 구속경륜으로 이해하려는 견해도 있다.24) 즉, 우리는 하나님께서 세상을 구속하시기 위해 어떻게 역사하시고 누구를 통하여 그 일을 이루시기로 하시고 이 작정을 계시하셨음을 하나님의 구속경륜으로 이해한다.

갈라디아서 1장 4절에는 아버지와 아들의 사랑의 관계 안에서 세워진 경륜이 잘 나타나 있다. 아들은 아버지의 뜻을 따라 인생을 위해 자기 몸을 주셨다. 이는 아버지에 대한 아들의 사랑의 고백이고 충성이다. 성부 하나님과 성자 하나님은 영원한 사랑의 관계이시다. 이를 '정죄하지 않는 진리의 사랑'이라 말할 수 있다. 여기서 아버지와 사랑하는 아들 사이에 거짓의 가능성은 전혀 없다. 아들의 행동은 아버지의 사랑을 확실하게 증명했다. 즉 하나님은 예수님이 우리 위해 죽은 이유 때문이 아니라 오히려 아버지의 우리를 향하신 영원하고 참을 수 없는 사랑으로 인하여 우리를 사랑하신다.25) 아버지의 선하심의 기뻐하신 뜻을 따라 예수님은 자신의 몸을 주셨던 것이다.

아버지와 아들의 사랑의 관계성 안에서 영원한 작정과 경륜이 세워진 것이다. 제임스 던도 갈라디아서의 1장 1절의 "우리 아버지 하나님으로 말미암아"(καὶ θεοῦ πατρὸς)에서 아버지로서 하나님에 대한 언급은 하나님 아버지로부터 나타난 관계를 표시하는 것으로 본다. 그것은 보호적인 의미뿐만 아니라 아버지의 권한을 가지고, 사람들과 그의 개인적인 관계에 대하여 창조와 재창조자로서 그의 최고의 권위로부터 나온 하나님의 생각 안에서 초점을 바꾼다고 하였다.26) 그리고 갈라디아서 1장 4절에 바울이 언급한 "우리 하나님 아버지의 뜻"은 하나님이 의도한 대로 되어야만 하는 즉, 하나님이 창조를 하신 목적이라 하였다. 그것은 현재의 악한 시대에 사로잡힌 사람들을 위한 구원의 목적인데 그 구원은 현재의 부패한 것으로부터 해방된 자유의 충만함 안에서 공유하는 것이라 하였다. 그리고 그리스도의 죽음과 부활은 분명히 그 계획의 핵심이었다고 한다.27)

성부 하나님과 성자 하나님의 친밀한 교제(κοινωνία 사귐) 가운데서 하나님의 작정과 경륜이 계획되었다. 아버지는 창세전에 아들을 사랑하셔서 그를 만유의 상속자로 세우기를 계획하셨고 아들은 아버지를 사랑하여 그의 명령에 죽기까지 순종하신다. 이와 같은 아버지와 아들의 친밀한 교제 안에서 아들의 죽음과 부활로 말미암아 세워질 교회를 통하여 만물을 충만케 하시려는 계획이 이미 정해진 것이다(엡 1:23). 사도 요한은 우리를 그 사귐 안으로 부르고 계심을 말하고 있다(요일 1:3). 하나님은 자신을 아버지와 아들의 관계 곧 진리의 사랑(τὴν ἀγάπην τῆς ἀληθείας)의 관계로 나타내시고 우리를 그 영원한 관계 안으로 이끄신다. 그래서 유일하신 참 하나님과 그의 보내신 자 예수 그리스도를 아는 것이 영생이다(요 17:3). 그래서 갈라디아서

1장 4절에서 바울은 하나님 곧 우리 아버지의 뜻을 따라 이 악한 세대에서 우리를 건지시려고 그리스도께서 우리 죄를 대속하기 위하여 자기 몸을 주셨다고 하였다. 우리가 성령으로 거듭나게 되면 하나님 안에 낳아지게 된다. 곧 아버지와 아들 안에 들어가게 된다. 그래서 예수님은 제자들에게 "내 아버지 곧 너희 아버지, 내 하나님 곧 너희 하나님"이라 하셨다(요 20:17). 하나님의 구원은 하나님 아버지와 그 아들의 관계성 안에서 이루어짐을 사도 바울은 고백하고 있는 것이다.

2) 하나님의 약속(갈 3:15-22)

하나님은 구원을 약속하시고 성취하시는 분이시다. 하나님께서는 창세전에 가지신 영원한 작정과 그리스도 안에 세우신 경륜을 따라 아브라함에게 약속하셨는데, 인생을 그리스도 안에서 신령한 복으로 복 주어 하나님의 아들들이 되게 하는 것이었다(엡 1:3). 그 기쁘신 뜻대로 인간을 지으시고 창세기에서 하나님은 아브라함과 약속을 했다. 약속은 바울이 이미 말한 것처럼, 아브라함의 칭찬할만한 행위나 평생의 순종이 아닌, 순전히 하나님 자신의 거저 주시는 기쁘신 뜻에 기초한 것이었다. 즉, 아브라함과 그의 후손들과의 약속 또는 언약은 하나님의 무조건적인 언약에 기초해 있는 것이다.[28]

아브라함은 그 약속을 품고 바랄 수 없는 중에 바랐으니 하나님께서는 그 믿음을 의롭다고 칭의해 주었다(롬 4:22). 아브라함에게 하신 약속의 내용은 복의 근원, 장차 올 세상의 후사가 되게 해 주시겠다는 것인데 이를 이루어 주시려 육체(아브라함의 씨: the seed of Abraham)로 오실 예수 그리스도를 기다리게 하셨다. 그 증표로 사라에게 이삭이 태어나게 하셨고 아브라함은 이삭의 씨로 와서 하나님의 약속을 성취시켜 주실 그리스도를 멀리서 바라보고 기다렸으니 이를 아브라함의 믿음이라고 한다. 또 하나님께서는 아브라함의 믿음을 인치기 위하여 할례를 행하게 하셨다(창 17:9 이하). 아브라함은 하나님의 약속이 자신 스스로 이루는 것이 아니고 아브라함의 씨로 오실 예수 그리스도로 말미암아 이루어질 것을 알았기에 자신의 것을 의지하지 않고 오직 하나님의 약속을 끝까지 견고히 붙잡았으며 하나님께서 약속하신 그것을 능히 이루어 주실 것을 확신하였다(히 6:15). 아브라함과 같은 믿음을 좇는 자들은 이방인일지라도 다 아브라함의 후손이며 이는 혈통의 후손이 아니라 믿음의 후손으로 아브라함에게 약속하신 복을 받게 된다(롬 4:11).

하나님의 그 약속들은 그리스도 예수 안에서 이미 성취되었지만 아직 믿는 자 안에 완성되지는 않았다. 마침내 예수 그리스도의 부활로서 아브라함에게 하신 약속이 성취되었고, 이제 성령으로 말미암아 그 약속이 믿는 자들 안에 적용되어지게 되었다. 이를 성령의 약속이라 하였으니(갈 3:14), 바울은 예수의 흔적이라 하였다(갈 6:17). 예수 그리스도의 사역과 성령의 사역은 하나님의 약속들이 성취되는 토대이다. 그리스도의 오심과 성령의 사역은 하나님이 아브라함에게 주신 구원의 약속들을 성취하기 시작하셨다는 중요한 표지이다.29) 신약성경에 의해 하나님의 약속들이 성취되고, 말세가 왔으며(고전 10:11), 새 창조가 시작되었고, 영생이 임하였고, 새 언약이 현실이 되었다는 것이 명확해졌다.

바울은 하나님께서 모세에게 율법을 주시기 430년 전에 아브라함과 약속의 언약을 맺었다는 사실을 갈라디아 사람들에게 주장한다(갈 3:15-18). 바울은 유언 또는 언약을 모두 의미할 수 있는 "디아데케"(διαθήκη 언약)라는 단어를 다루면서, 사람의 언약도 정한 후에 더

하거나 폐할 수 없는 것처럼 아브라함에게 준 하나님의 약속도 후에 생긴 율법에 의해 폐하여질 수 없음을 지적한다. 아브라함과 맺은 이 언약도 약속 가운데 하나이기 때문에, 행위로 의를 얻을 수 있는 가능성은 철저하게 배제된다.

바울은 아브라함과 맺은 약속의 언약에 대해서 'διαθήκη'라는 술어를 사용하지만(갈 3장), 그는 또 그것을 그리스도 안에 있는 언약에 대해서 뿐만 아니라 율법의 언약(고후 3:14)[30]에 대해서도 사용한다. 갈라디아서 3장과 로마서 4장의 사상적인 의미는 하나님께서 아브라함에게 주신 약속의 언약을 신뢰하고 율법을 행위로 구원 얻는 방편으로 사용하지 않는 모든 이스라엘 사람들이 구원을 얻는다는 것이다.[31]

'διαθήκη'(언약)이라는 용어는 고대 세계에서 '유서' 또는 '유언'으로 이해되었다. 바울 시대의 역사가 요세프스는 διαθήκη를 항상 '유서' 또는 '유언'으로 사용하였으며 결코 "언약"으로는 사용하지 않았다.[32] 그러나 히브리 맛소라 원문을 헬라어 70인역으로 번역할 때 신학직으로 중요한 용어 베리트(ברית, 언약)를 모두 "διαθήκη"로 번역하였다. 히브리어 구약 성경을 보면 '언약을 하다'가 '카라트 베리트'(כרת ברית)로 되어 있다. "카라트"란 "무엇을 쪼개다"라는 의미가 있다. "베리트"란 언약이란 뜻이다. '언약을 쪼갠다'라는 의미이다. 하나님께서 아브라함에게 나타나셔서 친히 아브라함과 언약을 체결하시는 사건은 창세전에 이미 그리스도가 인간을 위한 언약의 당사자로 세워졌기 때문이다(사 49:8). 로마 법률 체계에서 유언자가 자신의 유언을 취소하거나 변경하는 일은 언제나 가능했다. 그러나 하나님께서 하신 언약은 성부 하나님과 성자 하나님 사이에 체결되었기에 아무도 폐하거나 취소시킬 수 없다. 바울은 갈라디아서 3장 15절에서 하나님이 취소 불가능한 방식으로 아브라함에게 언약하셨음으로 그것은 결코 폐하거나 변경될 수 없다는 것을 강조한다. 보통 바울은 하나님과 아브라함의 언약을 언급할 때 단수형의 ἐπαγγελία(에팡겔리아, 약속)를 사용한다. 로널드 펑(Fung)은 갈라디아서 3장 15절과 17절의 "언약"에서 "Will and testament"은 히브리어 언약(covenant)인 ברית(베리트)를 LXX역이 번역한 것으로 διαθήκη를 뜻한다고 한다. 이 단어가 그리스의 법적 의미에서 사용되었고, 좀 더 정확한 해석으로 "will and testament"을 가리킨다고 제시하지만 여기서는 "합의, 법적이고 강제적으로 만들어진 해결"이라는 원래의 의미로 διαθήκη를 선택하는 것이 가능하다고 한다.33)

갈라디아서 3장 16절에는 명시된 주어를 지니지 않지만 하나님이 암시되어 있다. 하나님이 씨(σπέρμα 스페르마)에 대한 약속을 하셨는데 그 씨는 단수형으로 그리스도를 말한다(갈 3:6). 즉 하나님께서 창세전에 그리스도를 통해서 그 언약을 성취하실 것을 미리 정하시고 아브라함에게 그 씨를 약속하신 것이다. 하나님께서 아브라함에게 하신 약속은 이 "아브라함의 씨"에 의해서만 가능하며, 모세의 율법은 430년 만에 수여되었기 때문에 그 구속력에 있어서 약속에 종속된다는 것이다. 따라서 아브라함의 씨는 그가 처음으로 시행한 할례를 통해 획득할 수 있는 것이 아니고, 오직 성경에 약속한 한 명의 아브라함의 씨인 그리스도 안에서 믿음으로 가능한 것이다. 이것은 전통적인 유대교 해석을 배제한 바울의 해석이었다.34)

그리스도는 죽은 자 가운데서 부활하심으로 아브라함에게 주어진 약속을 성취하였고, 그 결과 율법의 시대를 끝내고 그리스도가 새 시대를 출발시켰는데, 믿는 자에게는 '속박으로부터의 자유'와 '율법의 마침과 진리의 삶의 시작'을 의미한다. 예수 그리스도의 죽음과 부활은 우리를 육신을 좇지 않고 영을 좇아 행하게 함으로 율법의 요구를 이루신다(롬 8:54). 바울은 성령으로 말미암는 사랑이 본질적으로 율법의 성취라고 주장한다(갈 5:22). 전체 율법은 "네 이웃을 네 몸처럼 사랑하라"(갈 5:14)는 구절 속에서 성취된다. 사랑의 법인 그리스도의 법은 율법을 성취한다. 성령이 내주하며 사랑의 능력을 받은 사람은 율법아래 있는 사람이 할 수 없었던 율법을 성취할 수 있게 되었다.35)

베쯔는(Betz, H. D)는 갈라디아서 3장 8절에 있는 '아브라함의 복에' 대한 사도 바울의 해석은 대개 πάντα τὰ ἔθνη(판타 타 에드네) 표현에 관심을 갖고 있는데 이것은 그의 관점에서 보면 '모든 이방인'을 의미한다고 한다.36) 여기서 τὰ ἔθνη(타 에드네)는 "이방인들"을 의미하고 πάντα τὰ ἔθνη(판타 타 에드네)는 "땅의 모든 족속"과 병행되는 "모든 민족"으로 해석되어야 한다.37)

사도 바울의 "어떻게 하나님께서는 이방인을 축복할 수 있는가?"라는 질문은 구약을 초월하고 있고 사도 바울 시대의 유대교를 벗어난 우리들은 아브라함으로 인해 모든 민족에게 확실하게 축복이 주어짐을 잘 알고 있다. 단순히 하나님의 은혜와 믿음으로 인하여 의롭다하심으로 인한 축복을 확인할 때, 더 구체적으로 알게 된다. 사도 바울은 이런 약속을 받은 아브라함도 이런 맥락에서 그 사실을 이해했다고 결론지었다. 즉 아브라함은 사실상 그리스도가 오시기 전에 복음을 알고 있었다.38)

갈라디아서 3장 6-14절에서 바울은 한 번에 율법과 선지자를 5번이나 인용하면서 독점적으로 성경을 다뤘는데, 이는 모든 사람이 아브라함을 통해 복을 받으리라고 아브라함에게 했던 약속이, 유대인과 이방인에게 똑같이 믿음으로 말미암아 속죄와 의로움을 가져다준 그리

스도의 십자가에서의 죽음을 통해 어떻게 이루어졌나를 보여주고자 했던 것이다.39)

갈라디아서 3장 16절의 복수형태의 "약속들"은 아브라함에 대한 하나님의 약속을 나타낸다. 이는 몇 가지 상황에 반복되고 다른 형태로 언급되고 있다. 18절에 있는 약속과 함께 유업과 연관된 관점에서 볼 때 바울은 특별히 아브라함과 그의 자손들에게 영원한 소유로 땅을 주겠다는 것과 관련된 약속 조문에 마음을 두었을 것이다(창 13:15; 17:8). 바울은 이것을 명확히 하기 위해 잠시 멈추지 않았을지라도 의심 없이 이것을 영적인 지각으로 이해하고 있다고 본다.40)

3) 두 언약(갈 4:21-31)

바울의 '아브라함의 자손'에 관한 해석은 창세기에 나오는 사라와 하갈 이야기를 통하여 자유자인 아내 사라에게서 상속자 이삭이 나오고, 계집종인 하갈에서 이스마엘이 나왔다고 설명한다. 이스마엘과 이삭은 모두 아브라함의 아들이지만 바울은 이 둘을 비교하여 해석한다. 즉, 하갈과 이스마엘은 율법 아래서 종노릇하는 자들을 의미하고, 사라와 이삭은 그리스도 안에서 자유를 누리는 이방인들을 포함하는 모든 신자들을 의미하는 하나님의 상속자들을 말한다.

바울은 이스마엘을 말할 때, 육체를 따라 난 자라고 말한다(23절, 29절). 육체를 따라 낳았다는 것은 율법의 행위로 이루어낸 것임을 의미하는 것이다. 그러나 사라가 이삭을 낳은 것은 하나님의 약속에 의한 것이다. 그래서 이삭을 약속을 따라 난 자라고 말하고(23절), 하나님의 약속을 믿는 자들에게 이루어 주시는 분은 성령님이시기 때문에 "성령을 따라 난 자"라고도 표현한다(29절).

바울은 갈라디아 성도들이 여종 하갈의 자손이 아니라 아브라함의 아내 사라의 자손으로 해석하여, 그리스도 안에서 아브라함의 복을 받은 성령의 사람이라고 말한다. 바울은 유대인이든, 이방인이든, 예수 그리스도 안에서 믿음으로 말미암아 그리스도 안에 있는 사람은 누구나 아브라함의 자손이 되어 하나님의 자녀가 되고 상속자가 된다는 것을 주장하며 갈라디아 교회 성도들은 이미 하나님의 자녀요, 상속자들이 되었다는 사실을 상기시켜 주고 있다(갈 3:26).

바울은 갈라디아서 4장 24절에서 이것은 비유라고 말하면서 두 언약에 대하여 설명한다. 하갈은 옛 언약, 시내산, 그리고 지금 있는 예루살렘과 연결시키나 하갈과 대조적으로 사라는 '위에 있는 예루살렘'과 연결시킨다. 그리스도 예수로 인하여 하늘에 거한 예루살렘은 교회를 의미한다. 교회의 머리는 부활하사 하늘 보좌에 앉으신 그리스도 예수시니, 이러한 이유로 위에 있는 예루살렘은 그리스도와 그리스도의 몸된 교회이다. 그리고 교회를 '위에 있는 예루살렘,' '하늘의 예루살렘'이라고 표현한 것은 교회가 이미 하늘에 있음을 말해주는 것이다. "너희가 이미 그리스도와 함께 죽었고, 함께 부활했고, 함께 하늘에 앉힌바 되었다"라고 말하고 있다(엡 2:6; 골 3:3). 이는 이미 교회가 삼위일체 하나님의 구원 역사로 인하여 종말론적 하늘의 존재가 되었음을 말한다. 이는 어떠한 피조물도 흉내 낼 수 없는 하나님만이 하시는 독특하고 특별한 사역이다.

바울은 갈라디아서 4장 29절에서 "육체를 따라"(κατὰ σάρκα 카타 사르카)난 자와 "성령에 따라"(κατὰ πνεῦμα 카타 프뉴마) 난 자를 대조시킨다. 여기에서의 강조점은 그 두 아들이 대표하는 두 유형의 사람들, 즉 율법의 법령들에 의해 삶을 지탱해가는 자들과 성령의 인도하심을 따라 세상을 이기는 부활의 삶을 살아가는 자들이 있다는 것이다. 바울은 κατὰ πνεῦμα를 "약속의 자녀들"(ἐπαγγελία τέκνα 에팡겔리아 테크나)과 동의적으로 사용하며 이후로는 성령의 임재와 인도라는 관점에 초점이 모아진다.41) 갈라디아서 4장 31절에서는 결론적으로 누가 아브라함의 참된 자녀이며 상속자인가를 말하고 있다. 하갈과 사라 이야기에 대한 자신의 비유(풍유)적 해석을 마무리 하면서 자유한 여자의 자녀인 이방인 회심자들이 아브라함의 복을 받을 상속자들이고 '우리'라는 표현 속에서 그 형제들 안에 바울 자신도 포함 시키고 있다. 바울이 갈라디아서 6장 16절에서 "하나님의 이스라엘이란 독특한 문구를 하갈과 사라의 알레고리에 적용시켜 갈라디아 그리스도인들은 이삭의 자손으로 '하나님의 이스라엘'이라 하였고, 할례를 주장하는 유대 개종주의자들을 이스마엘의 자손이라 했다"고 한다.42)

두 언약은 '땅에 속한 자'와 '하늘에 속한 종말론적 하나님의 상속자'에 대한 설명으로, 이로서 바울은 갈라디아서의 구원론을 삼위일체 하나님 안에 나타난 구원이라 말한다. 삼위일체 하나님의 구원은 '두 언약'과 함께 에베소서 1장 10절에 나와 있는 이유, "하늘에 있는 것이나 땅에 있는 것이 다 그리스도와 그의 몸된 교회(필자의 주장, 교회가 그리스도의 연합된 몸으로서 땅에 있으나 하늘의 종말론적 존재인 이유)로 인하여 통일되게 하려" 한다는 목적을 성취하는 것이다. 곧 하나님 나라의 완성이다. 땅에 있으나 천국 열쇠를 가진 하늘의 기관, 이것이 교회요 믿는 자들의 구원을 뜻하는 실체이다. 이를 성취하실 수 있는 이는 삼위일체 하나님 한 분 밖에 없다. 곧 삼위일체 하나님의 구원이다. 갈라디아서는 이를 '두 언약'이라는 개념으로 설명한다.

3. 하나님 나라의 완성(갈 5-6장)

하나님의 나라의 완성은 부활하신 그리스도 예수와 그리스도로 인하여 하늘의 앉힌바 된 교회를 통하여 하나님께서 완성하시는 것이다. 갈라디아서가 종말론적 구조 속에서 '이미'와 '아직'이라는 두 시제로 구원을 설명하는 이유는, 갈라디아서 6장 2절의 말씀 "그리스도의 법을 성취하라"는 교회의 역할에 있다. '이미 구원받았고, 구원받고 있으며 그리고 구원받을 것이다'는 의미가 하나님 나라의 완성과 그 맥을 같이 하고 있다. 갈라디아서는 첫 열매가 되시는 부활의 그리스도와 그리스도에 의하여 몸으로 세워졌고 자라가는 교회의 성장과 함께 완성되는 하나님의 나라를 말한다.

1) 하나님의 나라

하나님의 나라는 하나님이 왕이 되셔서 통치하시고 다스리시는 나라이다. 공관복음서를 보면 하나님의 통치영역 혹은 권위영역인 하나님의 나라는 예수의 설교의 핵심주제였다. 마태는 하나님이라는 칭호 사용을 피하는 유대인의 성향을 고려하여 '천국'이라는 말을 선호했으나, 마가와 누가는 '하나님의 나라'를 선호했다. 하나님의 나라는 예수님의 최초의 선포일 뿐만 아니라 그의 선포의 핵심이라는 것은 성서신학자들의 일관된 견해이며 하나님의 나라는 하나님의 통치를 의미하는데 대부분 동의한다. 학자들 간에는 나라(βασιλεία 바실레이아, 히 מַלְכוּת 말쿠트)의 기본적인 의미에 대하여 의견을 일치시키지 못하고 있으나 많은 학자들은 나라(βασιλεία)는 궁극적 종말(궁극적인 종말론적 질서)이라는 견해를 지지한다. 그러나 이러한 견해를 출발점으로 삼는다면, 종말이 어떻게 현재적이면서 동시에 미래적일 수 있는지 설명하기 어렵다. 그리고 구약과 랍비적 유대교 모두에게서 하나님의 나라는 -그의 통치- 한 가지 이상의 의미를 가질 수 있다는 사실을 주목해야 한다. 하나님은 현재 왕이시지만(is) 그는 또한 왕이 되셔야만(become)한다.43) 예수의 사상에 있어서 기본적인 구조는 종말론적인 두 세대의 이원론이며 하나님의 나라의 현재적 도래를 말씀하셨다(마 12:28; 눅 17:20).

예수는 하나님의 나라의 미래적 도래와 현재적 도래를 모두 말씀하였다. 하나님의 심판은 미래적이지만 하나님의 나라의 현재적 도래를 이적적 행위인 치유사역을 통해 제기하셨다(마 12:28; 눅 11:20).44) 곧 하나님의 나라는 미래성과 현재성을 동시에 가지고 있다. 예수님은 하나님의 나라가 이미(already) 너희에게 임하였다고 하셨다(마 12:28). 즉, 하나님의 나라는 예수님의 오심과 함께 이미 이 지상에서 시작되었다. 사단의 나라에 속한 사람들이 구원을 받고, 귀신이 떠나가며, 가난과 저주와 질병에 눌려 있던 사람들이 변화받고 하나님이 다스리시는 통치의 영역 아래 들어가는 것은 현재 하나님의 나라가 이 지상에 나타난 것이다. 그러나 이 현재적인 하나님의 나라는 아직 미완성(not yet)의 나라이다. 마귀가 십자가에서 예수님에게 결정적인 패배를 당했지만 아직 불 연못에 들어간 것은 아니다(계 20:14).

하나님의 나라는 예수 그리스도의 재림으로 완성된다. 이것이 하나님의 나라의 미래성이다. 주님 강림하시면 마귀의 세력은 불과 유황으로 타는 못에 떨어지고 오직 하나님의 다스리심만 충만히 임하여 눈물, 근심, 질병, 저주가 하나도 없고, 성도는 주님과 같은 형상으로 변화될 것이다(빌 3:21). 바로 지금 성도는 하나님의 나라 속에 살고 있으며, 장차 완성된 하나님의 나라로 들어가게 될 것이다.

2) 종말론적인 구원의 시제(갈 5:5; 6:8)

종말론(Eschatology)은 '마지막 때 일들을 다룬 교리'이다. 종말론이란 말은 히브리어 성경 '아헤리트'(אַחֲרִית)란 말로 '가장 뒷부분'이란 의미로서 공간과 시간에 모두 적용된다. 이 말을 헬라어로 번역한 70인역에서 'ἔσχαται'(에스카타이)로 번역하였다. '아헤리트'라는 문구 안에는 그 시대가 마지막임을 나타내는 종말론적 의미가 분명히 들어 있다. 또 이 문구는 개인의 앞을 내다보고 그 미래를 다루는 게 아니라 사람들 전체가 맞이할 운명과 숙명을 다루는 집단적 측면과 관련이 있다.

기독교 신앙은 역사의 종말이 올 것을 믿으며 역사의 마지막에 하나님의 나라가 완성될 것을 기대한다. 이러한 점에서 기독교 신앙과 신학의 핵심에는 종말론적 소망이 있다. 그러나 하나님 나라는 이미 이 땅에 임했지만 아직 완성되지 않았다. 우리 그리스도인은 이 땅에 임한 그의 나라의 백성으로 살며 동시에 예수 그리스도가 강림하실 때 완성될 하나님 나라를 소망한다. 예수 그리스도의 사역으로 인하여 하나님의 나라가 이 땅에 도래하였고, 따라서 그리스도로 인하여 옛 시대는 가고 새 시대가 시작되었다는 가르침은 신약성경의 핵심적인 가르침이다.

유대교의 종말론은 하나님께서 '메시아'를 통해서 '이 세대'(present age)를 극적으로 끝내고 '장차 올 세대'(coming age)를 시작할 것에 대한 마지막 때와 관련된 기대이다. 이 세대 다음에는 죽은 자의 부활과 약속된 성령이 오심으로 '장차 올 세대'가 시작된다는 것이다. 구약과 유대교는 유일회적인 하루를 즉, 하나님의 땅 위에서 그의 통치권을 확립시키기 위해 행하실 주의 날을 기대하였다. 이것은 히브리적 사고는 전형적으로 시간을 시대들의 연속체로 이해했음을 암시한다. 하나님의 정해진 계획에 따라 한 시대 다음에 다른 시대가 뒤따르는 것이라 생각 하였기에 역사라는 직선은 현세와 내세로 나누어졌다. 그러나 유대인의 종말론을 예수님은 새로운 종말적 구조로 전환했다. 그리스도의 오심과 부활은 실제로 종말론적 정점으로 인식되었기 때문이다.

종말론을 중심으로 바울신학 체계를 새롭게 구성한 게하르더스 보스(Geerhardus. J. Vos)는 예수님의 부활과 재림 사이의 시간이 두 세대가 중복되는 시간임을 말하고 교회는 두 시간 사이에 존재한다고 하였다. 옛 세대는 지나가고 새로운 세대의 세력들이 옛 세대 가운데 뚫고 들어 왔다는 것이다.[45] 보스는 바울의 구원이라는 개념 속에 현재의 즐거움과 마지막 때 이루어질 구원을 즐겁게 기다리는 것을 분명하게 구분하지 않고 뒤섞어 놓은 개념이 등장한다고 한다. 즉, 바울의 구원론에 종말론적 요소가 들어 있다는 것이다. 바울과 그가 회심케 한 사람들은 두 의식 상태, 곧 구원이 임박했다는 의식과 동시에 이 구원을 미리 맛보고 있다는 의식이 아주 자연스럽게 결합되어 있어 현재의 구원과 미래의 구원을 예리하게 구분해야 할 필요성을 강하게 느끼지 못했다고 한다.[46]

로마서 5장 9-10절은 예수의 피로 말미암아 의롭다 하심을 받은 덕분에 그리스도의 부활의 생명으로 말미암아 하나님의 진노의 심판에서 구원 받을 것이라 말하고, 로마서 8장 24-25절은 그리스도인이 "소망으로" 구원을 받은 것이라 말한다. 여기에서는 과거 시제를 소망이라는 개념과 결합시켜 놓았다. 로마서 13장 11절은 "이제 우리의 구원이 처음 믿을 때보다 가까웠음이라"고, 빌립보서 2장 12절에서는 "두렵고 떨림으로 너희의 구원을 이루라"고 말한다. 이 구절이 말하는 구원은 미래를 가리키고 있다. 그리고 구원을 현재의 삶에 적용한 모습이 극명하게 나타난 경우들이 있는데, 에베소서 2장 5절의 "구원을 받았다"는 완료 시제를 사용하고 있고 디도서 3장 5절의 "우리를 구원하셨다"와 디모데후서 1장 9절의 "우리를 구원하신 그의 능력을 따라"라는 부정과거 시제를 사용하고 있다. 로마서 10장 9절의 "구원을 받으리라"라는 현재 시제와 미래 시제를 모두 표현하고 있다. 이러한 성경 구절들은 종말론이 바울의 사상체계에서 가장 중요한 것이요, 구원론의 내용과 형태를 사전에 결정해 주는 것으로 등장하는 경우가 아주 많음을 증명해주고 있는 근거 본문들이다.47) 이러한 내용을 볼 때 종말론이란 틀은 처음부터 바울의 사상을 규정했다고 볼 수 있다.

래드(C. E. Radd)는 "예수님의 초림과 재림 사이에 이중적인 이원론이 존재하며 실제적인 의미에서 하나님의 나라는 예수의 인격과 사역을 통해서 역사 속에 들어 왔다"고 한다.48) 던(J. D. G. Dunn)도 그리스도의 초림과 재림 사이의 기간에는 두 시대가 서로 겹치고, 내세의 시작은 현세로 앞당겨져서 그리스도의 부활과 함께 시작되었다. 그러나 현세는 아직 끝나지 않았고 재림 때까지 지속된다고 한다.49)

이와 같이 바울에게 구원의 두 시제가 존재하고 있다. 바울의 구원 도식에 함축되어 있는 종말론적 긴장은 그의 구원론 전체를 관통하고 있다. 이 종말론적 긴장은 통상적으로 바울신학에서의 '이미'(Already)와 '아직'(Yet)이라는 견지에서 표현된다. '이미-아직'(Already but Yet)은 믿음에 이르는 사건 속에서 결정적인 그 무엇은 '이미' 일어났으나 개개인에 대한 하나님의 교정 사역은 '아직' 완료되지 않았다는 인식을 요약하는 표현이다. 하나님의 나라가 이미 도래하였지만 아직 하나님의 나라가 완성된 것은 아니다. 예수 그리스도의 초림으로 하나님의 나라가 임했다면, 예수 그리스도의 재림으로 하나님의 나라가 완성되는 것이다. 바울은 "하나님의 나라가 임함으로 이미 확정되었고 일부 받은 유업이 있지만(갈 4:1-7), 그러나 바울은 유업으로서의 하나님의 나라가 여전히 미완의 것이라고 자주 말한다(고전 6:9-10; 15:50; 갈 5:21; 엡 1:14).

초기 그리스도인들은 약속된 그리스도의 부활과 성령의 임재를 이미 시작된 마지막 시대에 살고 있다고 믿었다. 유대인들은 미래에 메시야의 오심으로 죽은 자의 부활로 새로운 시대가 올 것을 기대하였다. 그러나 초대 그리스도인들은 그리스도의 부활과 약속된 성령이 오심으로 '장차 올 세상'이 이미 임했다는 것을 알았다. 예수 그리스도의 부활은 옛 세대를 끝내고 새로운 세대를 시작케 한 사건이요, '이 세대'에서 '장차 올 세대'로 전환을 선포한 것이다. 그러나 '이 세대'는 여전히 존재하고 있고 '새로운 세대'가 시작된 것이다. 예수 그리스도의 부활과 성령의 임재로 시작된 '새로운 세대'는 여전히 마지막 사건, 곧 메시야 예수의 재림을 기다린다. 예수 그리스도께서 재림할 때 성도들의 몸의 부활을 경험하게 될 것이다.[50] 이러한 '이미와 아직'이라는 종말론적인 이중구조 안에 살고 있는 자들이 성도들이다.

이러한 종말론적인 이중구조의 틀 속에서 바울은 갈라디아서의 구원론을 제시하고 있다. 성도는 하나님의 나라가 이미 임해 있는 '하나님의 이스라엘'로써 하나님의 나라의 완성을 향하여 성령으로 행하는 자들이다. 갈라디아서 3-6장에서 사도 바울은 성령으로 시작하고 성령으로 행하며 성령으로 영생을 결실하라고 촉구한다. 성령이 임함으로 이미 종말론적인 틀 속에서 성령으로 믿음을 따라 의의 소망을 기다린다. 새로운 세대, 종말론적 세대가 장차 멸망될 이 세대 가운데 사는 방식이 곧 성령이다.

바울이 말하고 있는 "하나님의 구원"에는 그 배후에 항상 하나님의 주도권이 있다. 바울은 빌립보서에서 "항상 복종하여 두렵고 떨림으로 구원을 이루라"(12절)하면서 곧바로 "너희 안에서 행하시는 이는 하나님이시니"라고 말한다. 그래서 하나님이 구원을 베푸시는 것을 "은혜"라고 한다. 은혜라는 단어는 구약에서 지성소(시은좌, 施恩座, The Mercy Seat)와 관련된 용어이다. 율법 아래서 죄사함 받는데 사용하는 것보다 아버지와 아들의 진리의 사랑 안에서 베푸시는 하나님의 역사로 볼 수 있다. 그래서 우리는 믿음으로 은혜 안에 들어가는 것이고(롬 5:2) 갈라디아서 1장 6절에 "그리스도의 은혜"로 불렀다는 말은 "그리스도의 은혜 안에"(ἐν χάριτι Χριστοῦ 엔 카리티 크리스투)로 번역할 수 있다. 여기서 여격 카리티를 동반하는 전치사 엔(ἐν)을 '안'으로 번역하여 성부 하나님과 성자 하나님의 관계 안으로 부르셨다고 해석하는 것이 옳다고 본다. 이 단어는 믿음의 삶을 이끄신 하나님의 과거의 행위만 아니라 하나님의 역사(役事)에 대한 현재의 지속적인 체험("우리가 서 있는 이 은혜," "은혜 아래서," "은혜가 충분하다")을 표현하고 있다.51)

구원의 시제에 있어서 전통주의 견해는 '칭의' 또는 '의인(단번에 이루어진)'과 '성화(聖化, 점진적으로 이루어가는 구원)'로 구별하여 표현하였다. 그러나 바울은 구원의 시제를 과거에 일어난 결정적인 사건을 의미하는 부정 과거시제 와 지속적인 과정을 의미하는 현재시제를 사용하고 있다. 성도들은 "구원을 받고 있는 자들"이고(고전 1:18; 15:2; 고후 2:15) 구원은 "변화되는 과정"(롬 12:2; 고후 3:18; 4:1, 6; 골 3:10)이라는 것이다.52) '구원'은 한 과정의 정점 또는 결과물이다.

이 과정은 결정적인 시작을 갖고 있지만 일생에 걸친 과정이다. 갈라디아서 3장 3절에서 바울은 "성령 받음"이 본질적으로 구원과정을 시작한다고 본다. 그리고 성령으로 진행되고 성령으로 완성된다. 성도는 이러한 종말론적인 긴장 속에서 육체와 영의 갈등과 부활의 권능과 그리스도의 남은 고난을 체험하며 살아간다. 성도에게 있어 종말론적 긴장이 계속되는 동안에 성도의 '배교' 가능성은 실제로 항상 존재한다는 것이다.53) 그래서 바울은 "성령으로 시작하였다가 육체로 마치겠느냐"라고 갈라디아 교회를 책망하는 것이다. 구원의 과정에 대한 바울의 개념은 "성도는 아직 목표점에 도달하지 않았으며 온전하지도 않고 '도상'(途上)에 변화 중"에 있다는 것이다. 성도들 안에 이미 구원은 시작되었으나 아직은 완료되지 않았다는 것이다.

구원에 대한 시제는 성경에서 과거, 현재, 미래라는 세 가지로 표현된다. 먼저 과거적인 시제의 구원을 말하고 있다. 에베소서 2장 5절에 "허물로 죽은 우리를 그리스도와 함께 살리셨고(συνεζωοποίησεν 쉬네조오포이에센) 너희가 은혜로 구원을 얻은 것이라"(χάριτί ἐστε σεσῳσμένοι 카리티 에스테 세소스메노이) 한다. 여기서 시제가 완료 분사이다. 수동태의 의미는 '하나님이 신자를 위해 성취하신다'는 뜻이다. 하나님께서 신자들을 그리스도와 함께 살리셨다(엡 2:5).

두 번째는 현재 진행형의 구원을 함께 말하고 있다. 구원의 현재적인 면과 현재에도 계속되는 진행적인 구원을 함께 언급하고 있는 것이다. "그러므로 나의 사랑하는 자들아 너희가 나 있을 때 뿐 아니라 더욱 지금 나 없을 때에도 항상 복종하여 두렵고 떨림으로 너희 구원을 이루라"(빌 2:12). 여기서 구원을 이루라(σωτηρίαν κατεργάζεσθε)는 단어는 work out의 의미로 현재적 시제이다. 고린도전서 1장 18절에서 "구원을 얻는(σῳζομένοις ἡμῖν) 우리에게는 하나님의 능력이라"는 구절도 구원의 현재적 시제를 가리킨다. "구원을 얻는 우리"의 동사

시제는 현재수동형 분사로 사용되었고 직역하면 "구원을 받고 있는 우리"라는 뜻이 된다.

세 번째, 미래적이고 궁극적인 구원에 대해서도 말하고 있다. "그러면 이제 우리가 그 피를 인하여 의롭다 하심을 얻었은즉 더욱 그로 말미암아 진노하심에서 구원을 얻을 것이니"(σωθησόμεθ 미래 수동태, 롬 5:9)에서 바울에게 있어서 구속의 개념은 미래 지향적이다. 즉, 바울은 거의 항상 미래 시제로 그 동사를 사용한다.54) 또 "이뿐 아니라 또한 우리 곧 성령의 처음 익은 열매를 받은 우리까지도 속으로 탄식하며 양자될 것 곧 우리 몸의 구속을 기다리느니라"(롬 8:23)에서도 추수의 첫 열매는 추수의 첫 번째 단 묶음이다. 추수는 전체이다. 이 경우에 전체는 몸의 부활 곧 몸의 구속이다. 그러므로 신자들 안에서의 성령의 역사 그리고 부활의 마지막 산물 간에 연속성이 있다. 우리의 구원은 몸의 부활로 완성된다. 그 구원의 시제가 과거이든 현재이든 장래이든지 인간이 구원의 수혜자이며, 하나님은 구원의 주체가 되신다.

로널드 펑(Ronald Y. K. Fung)은 갈라디아서 1장 4절을 예로 들어 바울이 유대인의 종말론적 사고의 기본 구조에 대한 새로운 해석을 제시하면서 수정해왔다고 주장했다: "하나님의 뜻에 따른 그리스도의 희생 덕분에, 그를 믿는 사람은 현재 죄악된 세상에서 구원받아 다가올 새로운 세상(시대)으로 인도받는다. 그리스도의 희생과 부활과 높임을 받으심과 함께 다가올 세상이 현재 세상으로 뚫고 들어오는 것이요, 또한 한 시대에서 다른 시대로의 옮겨지는 것을 의미한다."55) 즉, 죄인이 회개하고 그리스도 안에서 믿음으로 그리스도와 연합할 때, 현재 세상에서 장차 올 세상으로의 이동은 구원의 사실로서 효력을 발생한다고 한 것이다.

톰 라이트는 갈라디아서 5장 5절에 "우리가 성령으로 믿음을 따라 의의 소망을 기다리노니"의 문장의 강조점은 미래를 향하고 있다고 하면서, 바울은 하나님이 그리스도 안에 있는 모든 이들이 참으로 자기 백성이라고 공개적이고 완전하게 선포하실 그 때를 언급하는데 이것이 "의의 소망," 하나님의 모든 신실한 백성들에 대한 하나님의 인정과 의롭다는 선고가 명백해질 때, 그 때 곧 새 창조의 때에 대한 갈망이라고 주장한다.56)

갈라디아서 5장 5절은 종말론적 구조 안에서 구원의 과거, 현재, 미래를 모두 표현하고 있다. 과거에 성령으로 시작하였고 현재는 성령으로 믿음을 따라 살고 있고 미래에는 성령으로 의의 소망을 이루게 될 것임을 말하고 있다. 성령은 구원을 시작시키고 보증하고 완성시킨다. 이미 의롭다함을 받았으나 아직은 의의 소망을 기다리는 중에 있음을 바울은 구원의 종말론적 틀 안에서 설명하고 있다. 이러한 종말론적 구조 안에서 갈라디아서의 5장 5절에는 갈라디아서에서 바울의 강조점들과 사고의 순서를 3가지로 요약하고 있다. 첫째로 3장 2-5절에서 그의 회심자들과의 논의의 출발점인 "성령으로 시작하였다가"(ἐναρξάμενοι πνεύματι 에나르크사메노이 프뉴마티), 다음으로 갈라디아서 3장 6-18절에서 성경을 강해하면서 아브라함을 믿음의 모본으로 제시하며 자신의 신학적 논의들을 전개하면서 논하는 것인 "믿음으로 말미암아"(ἐκ πίστεως 에크 피스테오스), 그리고 끝으로 바울의 사고 전체를 뒷받침하는 그리스도인들이 간절히 기다리는 "의의 소망"(ἐλπίδα δικαιοσύνης 엘피다 카이오쉬네스)이다.57)

지금까지 전통주의 견해에서는 갈라디아서 2장 16절을 중심으로 하여 예수 그리스도를 믿으면 의롭게 되는 것을 법적인 '칭의'로 이해하였다. 그리하여 속죄는 곧 구원이라는 등식을 만들었고 구원은 1회적인 사건으로 이해하였다. 그러나 갈라디아서는 2장만 있는 것이 아니라 3-6장까지 있고 오히려 바울은 종말론적 틀 속에서 구원을 설명하고 있다. 성령으로 시작하고(ἐναρξάμενοι πνεύματι) 성령으로 행하고(πνεύματι περιπατεῖτε 프뉴마티 페리파테이테) 성령으로 영생을 거두는(πνεύματος θερίσει ζωὴν αἰώνιον 프뉴마토스 데리세이 조엔 아이오니온) 구원의 과정을 설명하고 있다. 곧 갈라디아서에 나타난 구원론은 삼위일체 하나님의 구원이며 종말론적 구조 안에서 설명되고 있다.

바울은 갈라디아서 6장 7절의 금언에 나오는 파종과 수확의 은유들을 사용하여 6장 8절을 설명한다. 파종자가 완전히 다른 두 개의 밭에 파종하는 것처럼 "육체로"(εἰς τῆς σαρκὸς 에이스 텐 사르카) 또는 "성령으로"(εἰς τὸ πνεῦμα 에이스 토 프뉴마) 파종하며, 이 두 다른 밭에서 그 밭 자체에 상응되는 수확물을 거두는데 "육체로부터"의 "파멸"(φθοράν 프도란) 또는 "성령으로부터"의 "영생"(ζωὴν αἰώνιον 조엔 아이오니온)을 거둔다고 한다.58) 여기서 파종과 수확은 1회적 사건으로 완성되는 것이 아니라 과정을 필요로 하는 것처럼 구원은 과정을 필요로 한다. 그러므로 바울은 성령으로 시작하였다가 육체로 마칠 수 있음을 경고하고 있는 것이다. 바울은 갈라디아서에서 구원의 과정을 경주에 비유하여 갈라디아서 5장 7절에 설명한다. "너희가 달음질을 잘 하더니 누가 너희를 막아 진리를 순종하지 못하게 하더냐"고 강한 어조로 말하고 있다.

갈라디아서 4장 19절에서는 "그리스도의 형상을 이루기까지 해산의 수고를 하겠다"라고 바울은 고백한다. 구원은 우리 안에 그리스도의 형상이 이루어지는 것이다. 이는 1회적인 사건으로 순간 완성되는 것이 아니라 아기가 잉태되어 출산하기까지 해산의 수고라는 전체 과정을 통해 이루어지는 것이다. 즉, "그리스도의 형상이 너희 속에서 이루어진다"(μορφωθῇ Χριστὸς ἐν ὑμῖν 모르포데 크리스토스 엔 휘민)라는 말은 구원의 종말론적인 구조를 담고 설명한 것이다. 지금 바울의 처지는, 아이들을 낳은 뒤에 그 아이가 마땅히 기대하는 성인이 되기 위해 힘겹게 나아가는 모습을 지켜보면서, 다시 해산의 고통을 느끼는 어머니와 같다. "메시야가 여러분 안에서 포용될 때까지," 바울의 목표는 메시야의 삶, 즉 모든 사람을 똑같이 포용하는 자기희생적인 사랑이 공동체 안에 나타나는 것이다.59)

3) 하나님의 이스라엘(갈 6:16)

사도 바울은 갈라디아서 6장 16절에서 "무릇 이 규례를 행하는 자에게와 하나님의 이스라엘에게 평강과 긍휼이 있을지어다"라고 서신을 마치면서 축도를 하고 있다. 그런데 문제는 성도라는 말이나 믿는 자 대신에 "하나님의 이스라엘"(τὸν Ἰσραὴλ τοῦ θεοῦ)이란 말을 쓴 데 있다. 그러면 하나님의 이스라엘은 누구를 가리키는가? 갈라디아서의 논쟁의 핵심이 "누가 실제로 아브라함의 자손인가?"라는 질문에 집중되고 있음을 볼 때 이방인 회심자들이 당연히 "하나님의 이스라엘"이라고 결말짓는 것은 매우 의미심장하고 효과적인 것이다.60)

러셀도 바울이 '이스라엘'(Ἰσραὴλ)이라는 그 자체 용어로는 사용하지 않았고 '하나님의 이스라엘'(Ἰσραὴλ τοῦ θεοῦ)이라는 놀랍고 독특한 용어를 사용했다고 한다. 이 용어는 신약성경에서만 찾을 수 있고 결코 유대교에는 없다고 한다.61) '이스라엘'이라고 하는 독립적 용어가 '하나님의 이스라엘'이라는 소유격 수식이 있는 독특한 어휘로 대치된 것은 바울의 수사적 창작물이라 볼 수 있다. 하나님의 이스라엘이란 유대인과 이방인이 함께 있는 갈라디아에 있는 그리스도인들을 지칭한 것이다. 즉 바울은 교회를 하나님의 이스라엘이라 한 것이다. 이스라엘과 교회는 다르지만 하나님의 이스라엘과 교회는 같다는 것이다. 바울이 갈라디아서에서 "아브라함의 자손," "하나님의 아들"이라고 주장한 갈라디아 교회의 그리스도인들을 "하나님의 이스라엘"이라고 표현한 것은 그의 주장의 정점을 찍는 서술이었다.62) 여기서 러셀은 바울이 민족적 이스라엘을 대체한 것이 교회라는 주장을 하지 않았고 지금도 여전히 종의 법을 따라 걷는 민족적 이스라엘 곧 하나님의 이스라엘이 아닌 이스라엘이 계속 존재하고 있다고 한다. 그래서 바울은 갈라디아서 6장 16절은 육체가 아닌 성령을 따라 규례를 지키며 걷는 그들이 참된 아브라함의 자손이고 하나님의 아들이고 하나님의 이스라엘이란 결론을 내렸다고 한다.63)

제임스 던도 『갈라디아서 서신』(The Epistle to the Galatians)에서 바울이 '하나님의 이스라엘'이라는 퍼즐(puzzling)과 같은 독특한 구를 추가한 이유를 설명해야 되는데 이 정교한 문구는 풀리지 않는 논쟁의 근원이 되었다고 한다.64) 자칭 "유대인"으로 기억되는 "이스라엘"이란 단어는 하나님과의 언약 백성이라는 유대 사람들의 정체성을 표현하는 것이었는데 바울은 논쟁 속에서 이러한 암시된 의미를 변경하는 쪽으로 발전시켜 그리스도를 믿는 사람들 특히 이방인 신자를 포함하여 "하나님의 이스라엘"이라는 단어를 사용했다고 한다. 즉 민족적 이스라엘이 아닌 하나님의 규례를 아는 하나님의 이스라엘에게 하나님의 언약의 평강과 긍휼이 있기를 축복한 것이었다고 한다.65) 바울은 유대인이란 정체성보다 이스라엘이라는 정체성을 이러한 논쟁 속에서 분명히 발견했다. 하나님의 이스라엘은 아브라함의 약속이라는 용어로도 이해되는데, 이는 이방인도 이 축복에 포함한다.

하나님의 이스라엘은 아브라함의 자손과 상속자들로 구성된다.

로널드 펑(Fung)도 '하나님의'(of God)라는 특정한 문구는 이스라엘에게 언급하기가 어렵다고 한다. 갈라디아서 6장 16절은 이스라엘 전체를 축복하는 것이 아니라 복음을 믿는 이방인과 할례의 중요성을 인식하지 않음을 인식하는 유대 그리스도인들을 축복하는 것이라 한다. 즉, 하나님의 이스라엘이란 유대인과 이방인을 포함한 새로운 하나님의 백성, 새로운 이스라엘을 말한다고 본다.66)

루이스 마틴(J. Louis Martyn)은 이스라엘의 미래는 하나님의 축복의 확실성을 포함함으로 평안과 긍휼이 그들에게 임할 것이지만, 그 이스라엘은 '하나님의 이스라엘'이라 한다. 하나님은 아브라함의 오직 하나의 씨인 아들을 보내신 약속의 하나님이시라는 것이다. 그러므로 이스라엘의 정체성에 대해 말하자면, 오직 하나의 씨(갈 3:29)이신 분 안에 통합됨으로 지금 낳고(성립되고) 있는 많은 자손들(plural seed)이라는 것이다.67) 즉 하나님의 이스라엘은 하나님의 새 창조이기 때문에, 평안과 긍휼의 축복이 하나님의 이스라엘에게 임하게 된다. 하나님의 이스라엘은 하나님의 새 창조의 기준에 의해 살기를 지속하는 자들의 모임으로써, 할례나 무할례, 유대인이나 헬라인이나 그리스도 예수 안에서 하나가 된다(갈 3:28).

톰 라이트도 믿음으로 반응하는 이들에게는 크고 영예로운 이름이 주어지는데 그들이 '하나님의 이스라엘'이라고 한다. 그들은 아브라함의 가족이며 이스마엘의 가족이 아니라 이삭의 가족이라 한다. 예수를 믿는 모든 이들은 이제 하나님의 이스라엘, 세상을 비추는 하나님의 빛으로 그들은 새로운 창조 세계의 기준에 따라 살면서, 하나님의 평화와 자비에 동참하며, 그것을 세상으로 가져오도록 부름을 받았다고 한다.68)

'이스라엘'이란 말이 구약성경에서는 이방인과 구별되는 유대인의 종교적 신분을 가리킬 때 사용되었지만(사 66:20; 렘 3:21) 신약성경에서는 유대인과 이방인의 차이 없이 그리스도 안에 있는 성도들을 가리킨다(요 1:47; 롬 9:26). 바울은 여기서 "하나님의 이스라엘"이란 할례자나 무할례자나 상관없이 성령으로 거듭난 모든 성도들이 참 아브라함의 자손이며 참 이스라엘이라 한다(롬 9:7). 그들에게 "평강과 긍휼이 있으리라"는 축도는 그들의 삶을 변화시키고 인도하시는 하나님의 축복이 그들에게 계속적으로 임할 것이라는 사실을 선포하고 있는 것이다.

갈라디아서에서 바울은 하나님 앞에 의롭게 되는 법은 율법의 행위로 한다는 유대주의자들의 입장을 반박하였다. 그에게 의롭게 되고 성령 받고 새로운 피조물이 되는 것은 육체의 할례를 받음으로 되는 것이 아니라 예수 그리스도의 믿음으로 된다. 즉 아브라함의 축복을 받게 되는 것은 믿음의 사람이요(갈 3:9), 약속에 따른 상속자로서 그리스도에게 속한 자다. 이런 사람들은 성령으로 행하며(갈 5:16) 성령으로 인도된다(갈 5:18). 더구나 하나님께서는 그들이 유대인이건 헬라인이건 그들의 민족적인 차이에 상관 없이, 믿음으로 그리스도 안에 있는 자들이 아브라함의 자손이요 하나님의 아들들이며 상속을 받을 자들이다(갈 3:28, 29).

그러므로 "하나님의 이스라엘" = "하나님의 아들들" = "그리스도 안에 있는 신자들" = "하나님의 나라의 상속자들"을 가리킨다. 이스라엘은 혈통적 이스라엘을 가리키지 않으며 그리스도 안에 있는 새로운 이스라엘을 가리킨다. 여기서 바울 사도가 그냥 이스라엘이라고 하지 않고 '하나님의 이스라엘'이라고 하는 것은 의미심장한 표현이다. 그는 유대인인 유대주의자들에 대하여 이방인이 대다수였던 갈라디아 교인들에게 너희가 바로 참 이스라엘이요, '하나님의 이스라엘'이라고 말하고 있는 것이다.

사도 바울은 로마서 9-11장에서 이스라엘의 정체성에 대하여 자세히 설명해 준다. 하나님은 이스라엘의 하나님이시다. 바울이 '유대인,' '유대교'라는 용어를 쓰지 않고 '이스라엘'이라는 용어를 사용한 것은 '유대교'라는 단어는 종교적 구별 및 인종적 구별을 강화하는 방법으로 출현 하였지만, '이스라엘'이란 주로 "하나님에 대한 관계, 하나님에 의한 선택"에 의해 정의되었기에 '이스라엘' 안에 이방인을 포함시키는 것이 가능했기 때문이라 한다.69)

'이스라엘'은 하나님의 부르심을 받은 백성으로 정의되며 육신의 혈통이라는 관점에서는 정의되지 않는다. 바울은 구원의 과정의 절정은 "온 이스라엘"이 구원되는 것이다(롬 11:26).

바울은 갈라디아서 1장 16절에서 하나님의 아들을 이방인에게 전하기 위하여 그를 자신 속에 나타내시기를 기뻐하셨다고 말한다. 이것은 "모든 이방인이 너로 말미암아 복을 받으리라"(갈 3:8)는 아브라함에게 주어진 약속이었다. 온 이스라엘은 유대인이든 이방인이든 그리스도 안에 있는 하나된 성도들을 가리킨다.

Ⅳ. 갈라디아서에 나타난 기독론적 측면의 구원

IV

갈라디아서에 나타난 기독론적 측면의 구원

신약성경이 하나님 중심적이라는 것은 명백하다. 신약의 저자들은 구약성경이 하나님에 대해 알려주는 바를 그대로 받아들이기 때문에 하나님에 대한 많은 부분을 신약이 표현하지 않거나 매우 적게 이야기하는 것은 당연하다. 신약성경에 그리스도가 충만하다는 사실이 하나님의 최고되심을 반박하거나 감소시키는 것이 아니다. 왜냐하면 예수님은 구약성경에 담긴 하나님의 구원하시는 언약적 약속들을 성취하는 자로 드러나시기 때문이다.[1] 예수님은 성부 하나님의 보내심을 빙아 오셨으며 보내신 자를 드러내는 자로 오셨기에 그리스도의 오심은 하나님의 영광을 감소시키는 것이 아니라 더 강화시킨다. 하나님의 구원의 약속들의 성취의 중심은 예수님 자신이다.

예수님 자신이라는 의미는 예수의 죽음과 부활을 말한다. 성경이 말하기를 예수님의 죽음과 부활은 하나님이 정하신 것이며 창세전에[2] 하나님의 작정과 경륜을 따라 되어진 것이다(고전 2:7, 8)라고 하였다. 그러므로 예수님은 자신의 십자가의 죽음을 일어나지 말았어야 할 비극으로 여기지 않으셨고 오히려 십자가는 아버지의 뜻이며 아버지가 마시라고 주시는 잔이라고 하였다(눅 22:42; 요 12:27). 예수님의 죽음과 부활을 통하여 하나님의 언약적 약속들이 성취되어지고 하나님의 구원이 예수님의 죽음과 부활을 통하여 실재가 되었다 (행 13:33).

그리고 성도의 삶 안에서 우리의 현실을 살펴보면, 현실은 예수는 부활하셨고 예수님의 부활하심 안에서 하나님께서 세우신 새 시대가 시작되었으나 성도들의 승천적 부활은 아직 실현되지 않고 있다. 곧 "이미와 아직"이라는 종말론적 구조를 가지고 있는 것이다. 그러므로 예수님의 부활도 재림으로 이루어지는 최종적인 부활사이에 간격과 긴장을 내포하고 있다. 예수님의 십자가의 죽으심과 부활하심으로 새 시대가 시작되었으나 아직은 완성되지 않았다.[3]

갈라디아서에 나타난 기독론적 구원관이 이와 같은 구조 속에서 설명되고 있다. "죽음과 부활," "이미와 아직" 그리고 최종적 열매로서의 그리스도의 형상이다. 이처럼 갈라디아서의 기독론적 구원론은 철저하게 그리스도로부터 시작하여 그리스도로 말미암아 그리스도의 형상을 가진 갈라디아 교회로 마치고 있다.

1. 십자가와 부활

예수의 십자가를 통하여 실현된 갈라디아서의 삼위일체 하나님의 구원관을 "이미와 아직" 그리고 실현된[4] 종말론적 구조 속에서 설명하고자 한다. 이는 그리스도 예수의 부활이 있었기 때문에 그 근거를 가질 수 있다. 그렇지 않다면 십자가는 그저 죄인을 처형하는 형틀일 뿐이다. 죽음을 말하는 십자가가 부활이 있음으로 하나님의 진정한 승리가 되었고, 새로운 세대의 세워짐으로 인하여 성령으로 삶을 사는 진정한 인생이 나타날 수 있게 된 것이다. 이를 설명하는 것이 삼위일체 하나님의 관계 안에서 순종하셨던 예수의 십자가의 죽음과 부활이다. 그러므로 이를 기독론의 관점에서 설명하고자 한다.

1) 예수의 십자가의 죽음(갈 1:4; 2:19-20; 3:1, 13; 5:24; 6:14-15)

바울신학의 구심점은 예수의 죽음과 부활에 있다. 바울은 로마서에서 고발문서(1:18-3:20)를 끝낸 후에 예수의 생애나 가르침이 아니라 "화목 제물"(갈3:25)로서의 예수의 역할에 주목하였다. 이와 같이 갈라디아서에서는 십자가에서 저주받으신 그리스도(갈 3:13-14)가 아브라함의 복이 어떻게 그 의도대로 이방인들에게 이를 수 있는지에 관한 문제에 대한 결정적인 해법으로서 이와 동일한 역할을 한다.[5] 바울의 복음 및 그의 신학은 십자가와 부활에 그 초점이 맞추어져 있다.

구원론은 기독론에 확고하게 결합되어 있기 때문에 기독론과 구원론을 분리할 수 없다. 기독론과 구원론은 하나로 묶여 있으며 둘은 예수 그리스도를 통해 자기 백성을 구원하시는 하나님이라는 내러티브로 묶여 있다. 바울의 기독론이 예수에 관한 네러티브 전체를 포괄하고 있는 대목에서조차도, 그 전체 이야기가 의미를 지니는 것은 주로 그것이 십자가 및 부활이라는 구원 사건의 의미를 좀 더 온전하게 드러내 주기 때문이다.

바울 당시 유대인들에게 있어서는 십자가에 못 박힌 자는 하나님의 저주 아래 있다는 것이 일반화되어 있었다. 특히 신명기 2장 23절은 사형 선고를 받는 죄수에게 적용되었다. 그러므로 유대인에게 있어서 메시야가 율법의 저주를 받아 십자가에 못 박혀야 했다는 것은 용인될 수 없는 소리였다. 이것은 옳다. 이는 하나님이시며 하나님께로부터 오시는 분이 아니면 가르칠 수 없고 성취할 수 없는 일이 있기 때문이다. 이것이 구약과 신약의 긴장 관계라 할 수 있다. 구약은 말하고 있으나 보여주지 않고 가리고 있으며, 신약은 보여주고 있지만 성령으로만 깨닫게 하고 있다. 이러한 이유 때문에 "이미와 아직"이 있는 것이며, 갈라디아서 3장 3절에 "성령으로 시작되었다"고 사도는 말하고 있다. 그러므로 예수의 죽음은 밝히 밝혀야 할 하나님의 작정과 경륜을 위하여 필연적으로 열려야 할 구원의 문이다. 십자가의 도이다. 이를 바울은 갈라디아서 3장 1절에 "어리석도다! 갈라디아 사람들아"라고 반어법적으로 탄식한 것을 보면 이 십자가의 도가 구원을 얻는 사람들에게는 복음이자 기쁜 소식이었던 것이다. 그래서 갈라디아 사람들은 유대인들이 빠져버렸던 그 함정에 빠져 있는 것이었다. 그들은 죽음으로서 열어주신 구원의 문을 인정하지 않고 율법아래 살고자 한 것이다. 한마디로 그들은 십자가의 원수가 되기를 자처한 것과 같다. 그러나 바울은 예수께서 메시아로서 십자가에 못 박히셨고, 십자가에 못 박히신 것이 예수의 메시야적 역할의 핵심이자 정점이었다고 주장하였다.[6] 바울이 갈라디아서 3장 1절에 "십자가에 못 박힌 그리스도"를 증거한 것은 이방인들에게도 어리석은 것이었다. 왜냐하면 이는 십자가의 처형은 로마의 처형 방법들 중에서 가장 치욕적인 사형 방식으로 여겨졌기 때문이다. 이에 대응하여 초기 그리스도인들은 십자가에 못 박히신 예수의 그리스도 되심을 적극 증거했고 바울도 "십자가에 못 박히신 그리스도"를 바울이 알고 있는 유일한 그리스도로 증거하였다(고전 1:23; 2:2).

갈라디아서에서 바울은 "십자가를 자랑한다"(갈 6:14)고 감탄한다. 그러나 '십자가'는 죄인들을 형벌하는 나무로 만든 형틀이다. 이러한 십자가에 예수께서 달려 고통을 받으시며 돌아가셨다. 그러므로 십자가는 유대인에게는 거리끼는 것이요, 이방인에게는 미련한 것이었다(고전 1:23). 바울은 갈라디아서 3장 13절에서 인용한 신명기 21장 23절의 말씀과 같이 "나무에 달린 자는 하나님의 저주 아래 있는 자"라 하는 말씀을 통해 율법에 정통한 바리새파 유대인으로서 십자가의 의미를 충분히 잘 알고 있었다. 그러므로 처음에는 십자가에 못 박히신 그리스도를 박해하였으나 부활하신 그리스도를 만나고 나서는 십자가에 못 박히신 그리스도를 증거하게 되었다. 예수님의 십자가의 죽음이 아버지의 이름의 영광을 위하여 죽기까지 순종하신 아들로서의 사랑과 겸손이었음을 알게 되었기 때문이다(빌 2:6-11). 그러므로 십자가의 도는 인간을 구원하는 하나님의 능력이요 지혜임을 고백한다(고전 1:18). 이런 맥락에서 갈라디아서는 여기에 대한 바울의 감탄을 기록한다.

갈라디아서 2장 19절에 바울은 "하나님을 향하여 살게 하셨다"라고 감격한다. 이는 십자가의 죽음이 가져다주는 율법으로부터의 해방이다. 율법아래 살고자 하는 자는 하나님을 향하여 살 수 없다는 것이다. 그러므로 그리스도의 부활에서 자세히 말해야 하겠지만 예수의 죽음은 새로운 시작을 알리는 죄인을 향한 희년의 선포이다. 예수의 십자가의 죽음이 없었다면 이러한 하나님을 향한 인생의 새로운 시작은 존재할 수 없다. 하나님을 향하여 과거의 모든 묶은 때를 벗어 버리되 그리스도 안에서 하나님을 향하여 새롭게 태어나는 것이 곧 십자가이다. 예수의 죽음은 우리로 하여금 그리스도 안에서 하나님을 향하여 새롭게 순종하겠다는 십자가의 고백이다. 마치 성전 뜰에서의 절규를 지성소에서는 보지도 듣지도 못하는 것처럼, 전혀 새로운 하나님을 향한 삶이 되는 것이다. 갈라디아서 5장 5절은 "성령으로 믿음을 따른다 그리고 의를 소망한다" 하였다. 전혀 새로운 삶이다. 창조 이후로 이러한 새로운 삶은 없었다. 이 모든 것이 예수의 죽음으로 그 위대한 문이 열리게 되었기에 십자가의 도라 하였고 십자가 달리신 분이 메시야라고 담대하게 목숨을 걸고 선포하는 것이다.

그리스도의 십자가는 후기 바울서신에서는 속죄의 수단으로 고려된다(골 1:20; 2:14; 엡 2:16). 하나님과의 화해의 근거는 십자가에서 흘리신 예수의 보배로운 피이다. 또한 그리스도의 십자가는 법조문으로 된 계명의 율법을 폐하심으로(엡 2:15) 원수된 것 곧 중간에 막힌 담을 허시고 자기 안에서 한 새 사람을 지어 화평하게 하셨다(엡 2:16). 이러한 바울의 십자가에 대한 체험은 다메섹에서 부활하신 그리스도를 만나고서 깨닫게 되었다. 율법에 의하여 하나님의 저주를 선언받고 십자가에 못 박힌 바로 그 예수가 바로 메시아요, 하나님의 아들이시오, 그가 십자가에 못 박혀 죽으심과 부활하심을 통해 하나님께서 온 세상의 종말론적 구원을 이루셨다는 것을 알게 된 것이다. 동시에 자신의 율법과 율법에 근거한 의에 대한 열성이 그를 메시아와 하나님과 하나님께서 보내신 메시아를 적대하는 무서운 죄로 인도하는 것을 알게 되자, 바울은 사람이 율법을 지킴으로써 의롭게 될 수 없다는 것을 깨닫게 되었다고 한다.[7]

그렇다. 바울의 사상의 본질적 특징은 '종말론적' 성격을 갖는다. 새 관점주의자들도 종말론적 바울 이해는 사회학적 관점의 연구들과 더불어 설명되고 있다. 갈라디아서를 사실상 "이미와 아직"이라는 구도 속에서 '실현된 종말론'으로 이해할 수 있다. 종착점이 있는 현실이라는 현재의 시간 안에 영원한 시간의 전령사와 같은 부활이 와 있는 것이다. 하나님의 나라가 현세대 안으로 침노하고 있는 것이다. 새관점학파의 주장처럼 사회학적 관점에서 접근될 수 없는 이유가 여기에 있다. 이러한 종말론적 성격의 구원론은 갈라디아서 5장 17절의 선포처럼 옛 것이 되어버린 현 세계를 위하여 무엇을 하겠다는 식의 사회학적 관점에서 접근될 수 없다 오히려 이는 하나님의 새로운 성격을 가진 창조라 하여야 할 것이다. 그러기에 율법을 지킴으로서가 아니라 율법을 더하신 중보자이신 그리스도 예수께 사로잡힌 진리의 사람이 되라고 한 것이다(갈 5:7). 믿음은 율법에서 나오지 않았다(갈 3:12). 그렇다. 율법과 믿음이 한 뿌리가 아닌 것처럼 바울은 종말론적 구조 안에서 갈라디아서는 기록하고 있다. 그러므로 갈라디아서의 구원론은 삼위일체적 관점에서 접근되어야 한다. 또한 갈라디아서 2장 20절의 말씀처럼 "새 사람의 본이 되시는 그리스도만이 사는 것이다" 하였다. 이는 전율하지 않을 수 없는 일이다. 하나님을 사랑하고 영혼을 사랑하는 성도라면 목숨을 걸고 전해야 하는 존귀한 일이다. 바울은 "내게 예수의 흔적이 있다"고 갈라디아서 6장 17절에 말한다. 찐하게 느껴지는 종말론적 소망이다. 루이스 마틴은 다음과 같이 주장한다:

> 우리가 갈라디아서에서 보다시피, 바울의 종말론적 기원은 하나님께서 그리스도와 하나님의 영을 보내사 이 악한 세대를 침범하심으로(invade) 인하여 성취된 자신의 사도됨의 확신성에 있다. 우리가 속박되어 있고 갇혀 있던 시간인 '이전'이 있었다. 그리고 우리가 구출된 시간인 '이후'가 있다. 이 둘 사이의 차이는… 그리스도와 그 영의 도래로 인해 촉발된다…. 결정적 의미에서, 우주적 속박의 시간은 이제 지나간 일이 되었으며, 이것이 지난 일이 되었다는 사실이 바로 이 서신 전체의 중심 모티브가 된다고 한다.[8]

갈라디아서 3-4장은 시작된 종말론으로 볼 수 있다. 5-6장도 "이미"와 "아직"이라는 종말론적 구조에서 해석할 수 있다. 그러나 바울의 주된 관심이 그리스도의 사건을 통해 이미 실현된 상황이 아니라 그리스도 사건에 기초하지만 여전히 추구되어야 할 미래적 목표들에 놓여져 있다고 하는 견해도 있다.9) 즉 갈라디아서에서 바울의 그리스도 사건 해석은 실현된 종말론적 의미를 드러내려는 의도 보다는 율법과 복음, 그리고 율법과 갈라디아인들과 관계를 단절하려는 목회적 의도에 의해 이끌리고 있다고 한다.

예수 그리스도의 십자가는 이미 옛 세계인 율법 아래서의 삶을 마감시키고 새 세계인 진리의 은혜 세계 안에서의 삶이 오게 한 것이다. 그래서 미래 종말론적인 관점에서 이해하는 것보다 "이미" 실현된 종말론적인 입장과 "아직"은 미래적인 종말론 입장에서 함께 고려하여 이해되어야 한다고 생각한다.

바울의 종말론은 유대교의 유산을 물려받아 '현 세대'와 '오는 세대'를 상정하는 두 세대의 이론의 틀 안에서 제시된다. 그리고 '현 세대'가 '오는 세대'로의 이행되는 관건은 "율법의 행위"가 아니라 "예수 그리스도의 믿음 안에서 예수를 믿음으로" 가능하다고 유대교적 종말론에 수정을 가하였다. 이와 같은 바울의 기독론적 수정은 종말론적 수정을 내포하고 있다.

예수 그리스도의 십자가의 죽음으로 "옛 세대"가 마감되고 미래적인 "새로운 세대"가 이미 도래했다. 그러나 아직은 "현 세상"이 존재하고 장차올 하나님의 나라는 아직 완성되지 않았다.

바울이 의도적으로 십자가를 강조한 것은 실현된 종말론적 논증을 위한 기독론적 기반을 확보하는 것으로 볼 수 있다. 이미 실현되었다는 것은 예수의 사건이기 때문이다. 바울은 갈라디아서 1장 1절에서 "우리 주 예수 그리스도를 죽은 자 가운데서 살리신 하나님 아버지"라고 고백함으로 갈라디아 서신을 "그리스도를 살리신 하나님 중심"에서 서술한다. 곧 그리스도의 부활을 전제로 십자가 사건을 이야기한다. 예수 그리스도의 십자가 사건을 통해 하나님이 다시 살리는 부활이 시작되었고 성령으로 말미암아 신자들 안에 부활이 시작되었음을 말하고 있는 것이다. 여기서 사도 바울은 부활의 사건을 통해 사도로 부르심을 받았다는 것을 고백하고 있다. 이처럼 십자가는 예수의 사건으로 철저하게 기독론적인 의미이다. 이로써 실현된 종말론적 논증이 기독론적 기반을 가지고 있음을 십자가는 우리에게 말하고 있다.

바울은 다메섹에서 부활하신 그리스도를 만나고서 십자가에 대한 새로운 해석을 할 수 있었던 것처럼 그리스도의 부활하심 안에서 과거의 십자가의 사건을 현재의 사건으로 체험할 수 있었던 것이다. 그러한 체험 속에서 바울은 갈라디아서 3장-6장까지는 새로운 생명의 삶을 살게 하시는 성령의 역할을 강조하고 있다. 그러므로 십자가에 대한 바울의 관심이 실현된 종말론적 의도의 표현으로 해석될 수 있다고 생각한다. 그는 갈라디아서 끝에서 "자랑할 것은 십자가 밖에 없다"고 감사한다. 이는 자신에게 "이미" 실현된 종말론적 삶이 주어졌기 때문이다. 이는 또 다른 감격인 "새로 지으심을 받은 것만이 중요하다"(갈 6:15)고 고백함으로 종말론적 존재가 된 자신을 기뻐하고 있다.

(1) 갈라디아서 1장 4절

τοῦ δόντος ἑαυτὸν ὑπὲρ τῶν ἁμαρτιῶν ἡμῶν, ὅπως ἐξέληται ἡμᾶς ἐκ τοῦ αἰῶνος τοῦ ἐνεστῶτος πονηροῦ, κατὰ τὸ θέλημα τοῦ θεοῦ καὶ πατρὸς ἡμῶν,

이 구절은 예수 그리스도의 자기희생과 그 목적에 대해 말하고 있다. "우리 죄를 위하여 자기 몸을 드리셨다"(τοῦ δόντος ἑαυτὸν ὑπὲρ τῶν ἁμαρτιῶν ἡμῶν)는 것은 예수께서는 자기 생명을 자발적으로 드리신 것을 말한다. 즉, 바울은 그리스도의 구속적 사역의 직능적 관점에서 생각하고 있는 것이다. "자기 몸을 드리셨다(δόντος ἑαυτὸν 돈토스 헤아우톤)"는 말은 "그리스도께서 우리 죄를 위하여 죽으셨다"는 말이다. 그리스도의 희생의 목적은 "이 악한 세대에서 우리를 건지시려고"(ὅπως ἐξέληται ἡμᾶς ἐκ τοῦ αἰῶνος τοῦ ἐνεστῶτος πονηροῦ)이다. 여기서 "이 악한 세대"(ἐκ τοῦ αἰῶνος τοῦ ἐνεστῶτος πονηροῦ)는 "현재의(ἐνεστῶτος) 악한 세상에서"라는 말이다. "αἰών(아이온)은 세상"이란 말로 "세대"란 말이다. 이 현세상은 "악하다"(πονηρός 포네로스)는 것이 특징이다. "이 세대"와 "오는 세대"의 구분은 제2성전 유대교에서 일반적인 것이었다.10)

갈라디아서 1장 4절은 실현된 종말론을 위한 결정적 근거가 된다. 여기서 십자가는 '현 세대'로부터의 구출을 의미한다. '새로운 세대'가 이미 와 있기에 "세대의 변환"이 가능한 것이다. 그러나 베츠(H. D. Betz)는 '악한 세대로부터의 해방이지 세대 자체의 전환은 아니다'고 한다.11) 권연경 교수도 '현재의 악한 세대'라는 강한 표현은 실현된 종말론적 의도를 자연스럽게 배제한다고 한다. '현존하는 악한 세대'라는 표현 자체는 이 구절에만 나타나고 현 세대의 악한 속성을 강조하기에 바울은 결코 새 세대의 도래를 말한 것이 아니라고 한다.12) 그러나 예수 그리스도의 십자가는 '현재의 악한 세대'를 이미 심판한 것이고, 아직은 '현재의 악한 세대'가 강력한 힘을 발휘하고 있으나 이미 '새로운 생명의 세대'가 성도들 안에서 시작된 것이다.

그러나 필자는 이를 다른 각도로 본다. 갈라디아서 6장 15절의 선포처럼 바울은 "새로 지으심"을 고백하고 있다. 이는 현재의 악한 세대로부터의 해방이 아니라 이미 부활하신 그리스도 예수에게 복종되고 있는 새로운 세상의 출현을 고백하는 것이다. 곧 육체와 관계된 세상이 아니라 부활하신 주의 영과 관련된 새로운 세계를 지으셨다 하셨다. 이는 변화 받은 인생이 아니라 "지으심"을 받은 것이 있다는 새로운 세상을 말하고 있다. 뿐만 아니라 14절은 "세상이 바울에 대하여 십자가에 못 박혔다"고 선언한다. 이는 바울이 전혀 성격이 다른 세상에 속하였다는 것이다. 못 박힌 자를 심히 경멸하는 십자가의 의미상 전혀 그 속성이 다른 세상을 하나님께서 지으셨다는 뜻이다. 이로 보건데 거듭난 자들뿐만 아니라 주의 영과 상관된 세상의 나타남도 갈라디아서는 말하고 있다. 그리고 바울은 골로새서 1장 13절에서 우리를 흑암의 권세에서 건져내어 사랑의 아들의 나라로 옮겼다고 고백한다. 여기서 '우리'는 사도 바울과 골로새 성도들을 말하고 있다. 육체는 흑암의 권세 아래 있으나 거듭난 영혼은 하나님의 나라의 통치를 받고 있는 것이다.

바울은 에베소서에서 교회 안에 이미 '새로운 세대'가 시작되었기에 만물을 충만케 하고 만물을 복종시킬 수 있다고 고백한다. "이미와 아직"의 실현된 종말론이라는 바울의 구조는 예수의 죽음과 부활의 사역이 얼마나 강력한가를 보여주고 있다. 뿐만 아니라 그 사역의 힘은 완성을 향하여 중단 없이 역사하고 있다는 것이다.

(2) 갈라디아서 2장 19-20절

19절 ἐγὼ γὰρ διὰ νόμου νόμῳ ἀπέθανον ἵνα θεῷ ζήσω.

20절 Χριστῷ συνεσταύρωμαι· ζῶ δέ, οὐκέτι ἐγώ, ζῇ δὲ ἐν ἐμοὶ Χριστός· ὃ δὲ νῦν ζῶ ἐν σαρκί, ἐν πίστει ζῶ τῇ τοῦ υἱοῦ τοῦ θεοῦ τοῦ ἀγαπήσαντός με καὶ παραδόντος ἑαυτὸν ὑπὲρ ἐμοῦ.

갈라디아서 2장 19절은 헬라어 원문에서는 "왜냐하면 내가"(ἐγὼ

γὰρ 에고 가르)로 시작된다. '내가'(ἐγὼ 에고)라는 대명사로 쓴 것은 바울이 자신의 개인적인 경험을 강조적으로 전달하기 위함이다. 그리고 '가르' 즉 "왜냐하면"이란 접속사는 18절의 내가 범법자가 되지 않았음에 대한 설명이다. '율법의 행위'는 인간을 의롭게 하거나 생명을 줄 수 없기에 율법의 행위로부터 자신을 단절시키는 행위를 율법에 대하여 '죽었다'는 말로 묘사하고 있다. 여기서 죽었다는 말은 기독교인의 양심 안에 있는 윤리적 관점에서의 객관적인 체험을 언급하는 것이 아니라, 그리스도를 믿는 자들의 주관적인 입장과 관계된 것이다. 그리스도 안으로 연합(incorporation)과 그리스도의 죽음에의 참예 덕분에, 바울은 율법과 관계된 죽음을 치렀는데 단호하게 혹독한 것이었고 율법은 그에게 청구권을 상실했다는 것이다(롬 7:4, 6).[13]

예수 그리스도의 십자가는 율법 아래 있는 자들을 속량하고 율법의 저주에서 해방시키는 효력이 있다. 바울은 예수와 함께 십자가의 못박힘을 통해서 그러한 율법에 대하여 죽었다고 고백하는 것이다. 그러나 예수님의 십자가는 "율법에 대하여 죽는 것"이 주된 목적이 아니라 "하나님을 향하여 살게 하려 함이라"가 목적이다. 바울이 율법을 향하여 죽었던 분명한 목적은 죄의 무거운 짐에서 벗어나서 하나님께서 주시는 무궁한 생명의 능력을 따라 진리 안에서 사는 것이었다. 예수 그리스도의 십자가는 율법 아래서 죄에게 종노릇하던 삶에서 벗어나서 은혜 아래서 하나님께 종노릇하는 삶을 살게 하는 능력이다. 예수 그리스도의 십자가의 죽음과 연합한 사람은 율법의 저주에서 벗어나고 예수 그리스도의 부활과 연합하여 그리스도 안에서 자유를 체험한다. 이 자유는 하나님을 향하여 사는 삶으로 나타난다. 바울의 용법에서는 어떤 것에 "대하여 죽는다"는 그것과 더 이상의 관계를 가지는 것을 중지한다는 것이다. 역으로 어떤 사람에 "대하여 산다"는 그 사람과 개인

적이며 제한 없는 관계를 가지는 것을 의미한다.[14]

　로마서 6장 11절에 "너희 자신을 죄에 대하여는 죽은 자요, 그리스도 예수 안에서 하나님께 대하여는 살아 있는 자로 여길지어다"라고 바울은 '죄에 대하여 죽은 것'과 똑같이 "율법에 대하여 죽었는데" 그 목적은 모두 하나님께 대하여 살기 위함이라는 것이다. 예수 그리스도의 십자가는 죄에 대하여, 자신에 대하여, 세상에 대하여, 율법에 대하여 죽게 되는 즉 관계를 단절하는 효력을 발휘할 뿐만 아니라 하나님께 대하여, 의에 대하여 살게 되는 즉, 관계를 맺게 되는 효력을 발휘한다. 그래서 바울은 "십자가의 도"가 "구원하는 능력"이 되고 십자가 외에는 자랑하지 않겠다고 고백하는 것이다. 사도 바울의 '십자가'는 항상 부활이 전제되어 있고 예수 그리스도의 부활하심 안에서 우리가 예수 그리스도의 십자가를 체험할 수 있는 것이다. 바울이 십자가를 자랑한다는 것은 부활을 제외시킨다는 말이 아니라 예수 그리스도의 부활하심으로 오히려 예수 그리스도의 십자가가 빛나는 것이라 한 것이다.

　갈라디아서 2장 20절은 19절의 내용을 더 자세히 설명해준다. 즉, 바울은 자신이 율법에 대하여 죽은 것을 다른 측면에서 "내가 그리스도와 함께 십자가에 못 박혔다"라고 설명한다. 바울은 그리스도와 함께 십자가에 못 박힌 신비의 체험을 통하여 율법 아래서 죄에게 종노릇하던 저주의 삶을 벗어버리고 자신 안에 부활하신 그리스도가 사시는 삶을 경험하게 되었다는 것이다. 동시에 바울은 그리스도와 함께 십자가에 못 박힌 결과를 통하여 19절의 "하나님을 향해 살았다"는 말씀처럼 자신 안에 그리스도가 사시는 것을 알게 되었다고 고백한다. 예수님의 십자가의 죽음과 부활하심을 통하여 율법의 저주로부터의 자유함을 얻은 바울이 자신 안에 계신 그리스도를 따라 산다는 것이다. 그리고 "이제 내가 육체 가운데 사는 것은… 하나님의 아들을 믿는 믿음 안에서 사는 것이라"고 그는 고백한다. 이 말씀을 통해 바울은 자신의 삶의 목적을 분명히 밝힌다. 여기서 "믿음 안에서 산다"는 말은 하나님의 아들의 믿음(신실하심) 안에서 믿음으로 산다는 말로 예수님이 아버지의 계명을 지켜 아버지의 사랑 안에 거하셨던 것처럼 바울도 예수님의 말씀에 순종하여 살겠다는 선언이다. 이런 맥락에서 그리스도의 죽음과 부활의 케리그마가 초대 기독교의 가르침의 초점이었음을 이해하게 된다.

특히 갈라디아서 전체에서도 마찬가지이다(갈 1:4; 2:19, 20; 3:1, 13; 6:12, 14). 바울은 그리스도의 죽음이 우리를 율법의 저주(갈 3:13)와 세상(갈 6:14)으로부터 구원한 것이라고 갈라디아서에서 말한다. 로마서에서는 우리의 죄(롬 3:23-26; 5:9-10, 18-19)와 우리 자신(옛사람 롬 7:14-25)에게서 구원한 것을 강조한다. 동사 συνεσταύρωμαι(쉬네스타우로마이)의 σύν(쉰) 접두사는 그리스도의 십자가에 못 박히심에의 신자의 그 분과의 동참을 강조한다.15) 바울은 여기서 문자 그대로의 육체의 죽음이 아니라, 그리스도의 십자가상의 죽음과의 영적인 일체됨을 말하고 있다. 그 동사의 완료 시제는 신자의 한 번에 모든 것이 결정되는 의탁행위를 나타내는데 그 행위는 현재를 위한 결과와 함의들을 수반한다. 예수 그리스도의 십자가는 율법 아래, 율법의 저주의 삶을 끝내고 은혜 아래, 아브라함의 복의 삶을 살게 했다. 그러나 안디옥에서 베드로는 이방인과의 식탁교제에서 다시 율법 아래의 삶으로 되돌아가는 듯한 행동을 하였다. 그때 바울은 베드로의 위선적인 행동에 대하여 "왜? 복음의 진리를 따라 행하지 않느냐?"고 책망하였다. 이미 예수 그리스도의 십자가를 통하여 은혜 아래서 진리를 따라 사는 삶이 종말론적으로 실현되었음에도 불구하고 복음의 진리를 따라 살지 않는 베드로를 강하게 꾸짖은 것이다.

갈라디아서 2장 20절에서 바울은 십자가상에서의 그리스도의 죽음에 참예함의 결과로써, 이제 그가 지금 사는 것은 그가 사는 것이 아니라 부활하시고 승천하셔서 자기 안에 거하시는 그리스도가 사는 것이라고 고백하고 있다. 바울은 옛사람이 죽었기 때문에, 그의 세속적인 존재는 더 이상 그 자신이 주체가 되는 독립적인 삶이 아니요, 그를 사랑하고 그를 위하여 목숨을 내어주신 하나님의 아들을 의지하고 믿는 삶이다란 말이다. 이는 믿는 자들의 새로운 삶을 의미하는데, 그것은 그리스도를 믿는 믿음과 그리스도의 내주하시는 임재에 의해 특징되어지고, 그가 의롭게 된 시점에서부터 시작한다.16)

바울은 19절에서 예수 그리스도의 십자가의 죽음이 자신의 죽음임을 동일시하고 있다. 예수 그리스도의 희생은 바로 바울 자신의 죽음이라고 선언한 것이다. 그리고 율법에 대한 죽음은 곧 하나님을 향하여 살기 위함이라고 본다. 율법 아래에서는 하나님을 향하여 살 수가 없다. 베드로의 율법 아래로 회귀하려는 행동에 대해 바울이 단호한 이유는 예수 그리스도의 십자가의 효력을 무력화시켜 버리는 결과를 낳기 때문이다. 율법을 향한 자신의 죽음을 무력화시킨다면 하나님을 향한 삶을 사는 것이 불가능해지는 결과를 가져오게 된다. 그러므로 바울은 단호하게 하나님의 은혜를 폐할 수 없다고 고백한다(21절).17)

우리는 믿음으로 예수 그리스도의 죽음과 부활에 참여한다. 예수 그리스도의 죽음에 참여함으로 율법에 대하여 죽고 예수 그리스도의 부활에 참여하여 하나님을 향하여 살 수 있는 자로 새롭게 거듭난다. 즉 우리가 그리스도와 함께 십자가에 못 박혔기에 우리가 사는 것이 아니라 우리 안에 그리스도가 사시는 것이다. 이와 같이 예수 그리스도의 십자가는 우리의 삶과 정체성을 바꿔버린 것이다. 예수 그리스도의 십자가로 자신의 죽음과 율법에 대한 죽음을 동시에 가져오고 또 자신 안에 그리스도가 사심으로 하나님을 향하여 사는 삶을 갖게 된다. 그러므로 바울은 예수 그리스도의 십자가를 제시하며 우리의 삶이 율법 아래에서의 삶이 아니고 은혜 아래에서 하나님을 향하여 사는 이미 실현된 종말론적인 삶이며 아직 완성을 향하여 달려가는 미래적 소망의 삶이라는 것을 말하고 있는 것이다.

(3) 갈라디아서 3장 1절, 13절

1절 Ὦ ἀνόητοι Γαλάται, τίς ὑμᾶς ἐβάσκανεν, οἷς κατ᾽ ὀφθαλμοὺς Ἰησοῦς Χριστὸς προεγράφη ἐσταυρωμένος_

13절 Χριστὸς ἡμᾶς ἐξηγόρασεν ἐκ τῆς κατάρας τοῦ νόμου γενόμενος ὑπὲρ ἡμῶν κατάρα, ὅτι γέγραπται· ἐπικατάρατος πᾶς ὁ κρεμάμενος ἐπὶ ξύλου,

"어리석도다 갈라디아 사람들아"(Ὦ ἀνόητοι Γαλάτα - 오 아노에토이 갈라타이)와 3절에서 "어리석도다"(ἀνόητοι)를 두 번 반복하고 있다. 이는 바울의 호칭의 격렬함을 강조한다. 이는 날카롭고 공격적인 어조다. 하지만 그것은 단순한 질책이라기보다 바울의 깊은 염려, 분노 그리고 당황을 표현한다.[18] 몇몇 헬라어 사본들에서 "꾀더냐"(ἐβάσκανεν) 뒤에 "진리를 순종치 않게"(τῇ ἀληθείᾳ μὴ πείθεσθαι)라는 말이 있다. 이는 갈라디아서 5장 7절에도 있는 말씀으로 예수께서 십자가에 못 박히신 이유가 우리로 진리에 순종케 하려 하심임을 분명하게 나타내 준다. 지금 갈라디아 교회의 위기는 진리에 순종하는 데서 떠나고 있는 것이다. 이를 바울은 성령으로 시작했다가 육체로 마치는 일이라고 말하고 있다.

바울은 그리스도의 십자가와 율법의 저주를 연결시켜서 그리스도의 십자가의 죽음이 우리를 율법의 저주에서 속량했다고 묘사한다. 아브라함의 복이 율법의 행위를 통해서가 아니라 예수 그리스도의 믿음 안에서 그리스도 예수를 믿음으로 이방인들에게도 미치게 되는데, 이는 친히 앞서서 그리스도 예수께서 십자가에서 율법의 저주를 담당하셔서 율법의 저주로부터 해방되셨기 때문이다. 여기서 율법의 저주와 그리스도의 속량이 서로 비교가 된다. 여기서 바울이 그리스도의 십자가의 죽음을 말하는 것은 그리스도의 속량이 율법의 저주의 속량을 포함하고 있음을 논증하기 위함이다. 바울은 신명기 21장 23절 "나무에 달린 모든 자는 저주를 받았느니라"를 인용하여 그리스도의 십자가의 죽음과 율법의 저주를 연결시켜 설명하고 있다.

예수 그리스도의 십자가는 율법 아래서의 저주의 삶에 종지부를 찍고 은혜 아래서 새 생명의 삶을 시작하게 한 종말론적인 사선으로 볼 수 있다. 이미 예수 그리스도의 죽음과 부활에 연합하고 있는 성도들은 율법의 저주에서 속량되어 아브라함의 복인 성령의 약속을 받고 있는 것이다.

갈라디아서 3장 13절에 "그리스도께서 그 율법의 저주에서 속량하셨다"고 했는데 여기서 "그 율법의 저주"(ἡ κατάρα τοῦ νόμου)는 소유격 τοῦ νόμου를 주어적 속격으로 보고 그것은 "율법에 의해 선언된 저주"라고 본다. 갈라디아서 3장 10절에 "무릇 율법의 행위에 속한 자들은 저주 아래 있나니"(Οσοι γὰρ ἐξ ἔργων νόμου εἰσίν, ὑπὸ κατάραν εἰσίν)에서 "율법의 행위"(νόμου εἰσίν)를 많은 학자들은 "율법에 대한 율법주의적 오해"로 이해한다. 그러나 던(Dunn)은 유대인의 "정체성

Ⅳ. 갈라디아서에 나타난 기독론적 측면의 구원   193

의 표시물"(할례, 음식법 등)로 본다. 이 어구가 전통적으로 이해된 것처럼 율법의 요구에 순응하는 행위들을 가리킨다고 볼 수 있다. 그러므로 율법에 대한 순종 행위들에 신뢰를 두는 모든 사람들은 저주 아래 있다는 뜻이라고 이해할 수 있다.[19]

예수 그리스도의 십자가 사건에 대하여 마틴(Martyn)은 이 십자가의 사건이야 말로 율법의 저주라는 그 우주적 능력을 빼앗기게 된 사건이라고 말한다.[20] 갈라디아 성도들은 예수 그리스도의 십자가의 사건을 통하여 율법의 저주에서 해방되어 성령을 받고 성령으로 행하는 종말론적인 삶을 체험하고 있다. 여기에 대하여 갈라디아 교회의 상황은 우리가 율법으로부터 '이미' 해방되었다거나 율법이 '이미' 무용지물이 되었다는 식의 실현된 종말론적 선언으로 이해될 수 없다. 권연경은 이러한 견해를 지지한다. "갈라디아 교회의 상황은 바울이 기독론적 기초에서 선포한 종말론적 선언을 취소해 버릴 수 있기 때문에 여기서 실현된 종말론적 관점을 읽어내는 것은 갈라디아의 실재 상황을 무시한 사변적 해석의 결과다."[21]

그러나 바울이 갈라디아서를 구성할 때 흥미로운 부분은 단순히 서술적 형식이 아니라 종말론적 구조의 형식으로 전개한다는데 있다. 다시 말해, 종말론적 구조를 이해한다. 이것은 이미 율법의 저주에서 해방되었으나 아직은 율법의 저주로 돌아갈 수 있는 여지가 있으며 이미 은혜 아래서 새 생명의 삶으로 자유를 누리고 있지만 아직은 우리의 몸의 구속이 완성되지는 않는 구조 속에 살고 있는 것을 보여준다. 이미 종말이 실현되었으나 아직은 완성되지 않는 틀 속에 갇혀 있기에 갈라디아 교회와 같은 상황이 발생한 것이다. 우리는 갈라디아서 6장 8-9절에서의 바울의 고백처럼 예수의 십자가가 주는 새로운 생명의 삶이 완성되어질 때까지 인내하는 자가 되어야 한다. 바울의 종말론적 구조 안에서의 구원론은 삼위일체 하나님의 관점의 구원론을 확실하게 하는 이유가 된다.

(4) 갈라디아서 5장 24절

24절 οἱ δὲ τοῦ Χριστοῦ Ἰησοῦ τὴν σάρκα ἐσταύρωσαν σὺν τοῖς παθήμασιν καὶ ταῖς ἐπιθυμίαις.

바울은 "그리스도 예수의 사람들은 육체와 함께 정욕과 탐심을 십자가에 못 박았다"라고 진술한다. 예수 그리스도께서 십자가에 못 박히실 때 우리도 함께 육체와 정욕이 못 박혔다. 이는 '과거의 완성된 사건'이다. 그러나 그 육체와 정욕의 효력은 여전히 우리에게 지금 미치고 있는 사건이다. 이미 우리의 육체는 그리스도와 함께 십자가에 못 박혔으니 그리스도의 형상, 부활의 형상으로 옷 입기까지 아직은 싸움의 과정에 있다. 최후의 승리가 이루어지기까지 아직은 완성되지는 않는 것이다.

신자들이 자신들의 육신과 함께 정욕과 탐심을 십자가에 못 박는 윤리적 의무를 이행할 수 있는 것은 그리스도의 십자가라는 역사적 사건에 대한 영적참여라는 기초 위에서이다. 펑(Fung)은 이러한 일을 다음과 같이 설명한다. :

"십자가에 못 박혔다(have crucified)고 하는 동사의 부정과 거형 시제는 예수가 십자가에 못 박힌 것이 분명히 과거에 있었음을 나타낸다. 이것은 바로 그 'crucified'라는 용어와 함께, 예수가 십자가에 못 박혀 죽은 것에 대한 신자들의 참여를 나타낸다. 이러한 언급은 그들의 회심이나 침례이고 그것은 예수로의 연합을 상징한다. 동시에 갈라디아서 2장 20절에 나오는 'I have been crucified'라는 수동태와 대조적으로 동사의 능동태는 그의 몸의 지체가 되려는 신자들의 행동을 강조를 하려는 것처럼 보인다. 그들은 급진적으로 육체와 그들의 범죄와의 유대관계를 끊어버렸다."22)

펑(Fung)은 "신자들이 그들의 육신을 정욕과 탐심과 함께 십자가에 못 박는 윤리적 의무를 이행할 수 있는 것은 그리스도의 십자가라는 역사적 사건에 대한 영적참여라는 기초 위에서이다"라고 한다.23)

던(Dunn)은 여기서 능력을 부여하는 하나님의 주도권과 인간의 응답과 헌신사이에 '신비적 결합'이 생겨난다고 한다.24) 그러나 신자들의 "못 박음"과 그리스도의 "못 박힘"을 하나로 섞어 역설적인 '이미와 아직'의 도식을 만들어 내는 것은 현 문맥에서 바울이 가진 의도와 어긋난다고 하는 견해가 있다.25) 럴(Lull)도 같은 견해로서 이 구절은 육체가 못 박히는 것이 아닌 현재 강력한 힘을 발휘하고 있는 것으로 나타나는 16-23절과 함께 읽혀져야 한다고 한다.26) 던과 럴의 견해는 육체에 그 관점의 초점을 맞추고 있으나, 필자의 견해는 성령이 주시는 삶의 모습인 그리스도의 형상에 그 초점이 있기에 육체와 정욕은 십자가에 정리되었다고 선포하는 것이다. 갈라디아서 4장 19절에 바울은 중요한 주장을 한다. "우리 안에 세워져야 할 그리스도의 형상"은 절대적으로 필요한 구원이라고 하였다. 이러한 바울의 선포가 우리로 하여금 갈라디아서 5장 24절의 고백을 '이미 십자가에 못 박혀버린 육체'로 그리게 한다. 여전히 영향을 미치고 있으나 십자가의 복음이 주는 은혜가 "십자가에 못 박혀버린 육체"라고 승리자의 감탄을 고백시키고 있다. 베드로 사도의 고백을 빌리자면, 베드로전서 3

장 21절에 "육체의 더러운 것이 제하여지지 않았다" 그러함에도 "선한 양심, 겉과 속이 같은 진리의 마음이 하나님을 찾아 간다" 하였다. 육체와 정욕이 역시 영향을 미치고 있으나 그리스도의 형상, 십자가의 역사에 의한 새로운 삶이 주는 선한 양심은 승리를 한다. 그러므로 "육체가 십자가에 못 박혔다" 단호하게 선포하는 것이다. 이는 종말론적 구조가 아니고서는 설명할 수 없다. 삼위일체 하나님의 구원관이 갈라디아서에 승리를 선포하게 하는 것이다. 바울이 여기서 "육체의 소욕은 성령을 거스리고 성령은 육체를 거스려 둘이 서로 대적함으로 너희가 원하는 것을 하지 못하게 하려 함이니라"(갈 5:17)는 절망스러운 표현을 하고 있어 육체의 '이미'와 '아직'을 말하고 있지 않는 것처럼 보이나 이미 십자가를 통한 새로운 삶이 시작되었기에 육체의 소욕대로 사는 옛 삶과의 투쟁이 있다고 본다. 성도는 육체와 성령의 투쟁을 경험하나 결국 승리하였고, 승리를 체험하게 됨으로 육체에 대한 종말론적 승리를 말한다고 볼 수 있다.

(5) 갈라디아서 6장 14-15절

14절 ἐμοὶ δὲ μὴ γένοιτο καυχᾶσθαι εἰ- μὴ ἐν τῷ σταυρῷ τοῦ κυρίου ἡμῶν' Ιησοῦ Χριστοῦ, δι' οὗ ἐμοὶ κόσμος ἐσταύρωται κἀγὼ κόσμῳ.

15절 οὔτε γὰρ περιτομή τί ἐστιν οὔτε ἀκροβυστία, ἀλλὰ καινὴ κτίσις

14절에서는 십자가가 두 세상을 철저히 갈라놓음으로써 바울 사도를 그가 처음에 속했던 세상에서 떼어 내어 다른 세상으로 옮겨 놓았다고 표현한다. 여기서 갈라진 두 세상은 공통된 관심사를 가질 수가 없었다. 바울 사도는 여기서 기독론-종말론 배경을 십자가의 효과로 설명하고 있다. 즉 예수 그리스도의 십자가의 효력은 현 세상이 바울에 대하여 십자가에 못 박혔을 뿐 아니라, 바울도 현 세상에 대하여 십자가에 못 박혔다는 것이다. 십자가를 통해 일어난 예리한 단절은 그리스도 및 세상과 관련되어 있다. 십자가는 예수 그리스도의 죽음을 말하는데 십자가는 일정한 기간 동안 그리스도를 세상과 묶어 놓았던 끈을 잘라 놓았다.27) 십자가는 그리스도를 이 세상을 떠나 다른 세상(하늘 성소)으로 들어가게 하였다(요 16:28; 히 9:12). 그리스도는 한 세상에서 다른 세상으로 들어가신 덕분에 "새로운 피조물"이 아니라 "새 창조"의 참된 시작이 되셨다. 사도 요한은 예수 그리스도를 하나님의 창조의 시작(ἡ ἀρχὴ τῆς κτίσεως τοῦ θεοῦ)이라 증거하고 있다(계 3:14). 부활하신 그리스도를 하나님의 창조의 시작이라 한 것은 그리스도는 하나님의 새 창조의 시작(καινὴ κτίσις 카이네 크티시스)이라는 말이다.

여기서 바울은 자신의 체험과 연결시켜서 세상이 그에 대하여 못 박힌 것처럼 자신도 세상에 대하여 십자가에 못 박혔음을 강조하고, 더 나아가 그런 이유 때문에 새 창조(καινὴ κτίσις)가 그의 실존 영역에서 결정적이고 지극히 중요한 요인이 되었다고 강조한다.28)

신자들이 자신들의 육신과 함께 정욕과 탐심을 십자가에 못 박는 윤리적 의무를 이행할 수 있는 것은 그리스도의 십자가라는 역사적 사건에 대한 영적참여라는 기초 위에서이다. 펑(Fung)은 이러한 일을 다음과 같이 설명한다.:

십자가에 못 박혔다(have crucified)고 하는 동사의 부정과 거형 시제는 예수가 십자가에 못 박힌 것이 분명히 과거에 있었음을 나타낸다. 이것은, 바로 그 'crucified'라는 용어와 함께, 예수가 십자가에 못 박혀 죽은 것에 대한 신자들의 참여를 나타낸다. 이러한 언급은 그들의 회심이나 침례이고 그것은 예수로의 연합을 상징한다. 동시에 갈라디아서 2장 20절에 나오는 'I have been crucified'라는 수동태와 대조적으로 동사의 능동태는 그의 몸의 지체가 되려는 신자들의 행동을 강조를 하려는 것처럼 보인다. 그들은 급진적으로 육체와 그들의 범죄와의 유대관계를 끊어버렸다.29)

갈라디아서 6장 15절 "할례나 무할례나 아무것도 아니로되 오직 새로 지으심을 받는 것만이 중요하느니라"에서 개역성경에서는 καινὴ κτίσις를 "새로 지으심 받는 것"으로 번역하였으나 "καινὴ κτίσις"는 새 창조라는 말이다. 여기에도 만물의 새로운 마지막 질서가 영원히 평등하게 하는 성격을 지닌 새 가치를 지녔다는 생각이 존재한다.30)

15절에서 바울이 갈라디아서를 쓴 목적과 핵심을 알 수 있다. "그리스도 안에서는 할례나 무할례나 아무런 가치가 없다"는 금언을 활용하여 실제로 중요한 것은 "새로 지으심을 받은 자(καινὴ κτίσις)"라는 것을 강조한다. 이는 하나님께서 그리스도의 사역을 통하여 새 일을 행하셨기 때문이다(사 48:7). 그리스도 안에서의 삶은 율법 아래서의 삶이 아니라 '성령'의 능력을 좇아 사는 삶이다. 하나님이 그리스도 안에서 성령으로 이루시는 일은 첫 창조로 되돌려 놓는, 단지 재창조(re-creation)가 아니라 새 창조(καινὴ κτίσις)의 일이다. 인생이 첫 아담으로 회복되는 것이 아니라 둘째 아담이신 그리스도에게 참여하여 새 창조의 작품이 된다. 이런 의미에서 예수 그리스도의 십자가는 분명하게 종말론적이다.

Ⅳ. 갈라디아서에 나타난 기독론적 측면의 구원 **199**

갈라디아서 6장 14절에서 "세상"은 κόσμος(코스모스)라는 말로 '하나님이 창조하신 조화로운 세계'가 아니라 하나님의 뜻에서 벗어난 세속적인 모든 것으로 본다(고전 4:16). 롱에네커는 "κόσμος"(코스모스: 세상)는 물질세계, 인간세계 또는 심지어 하나님과 단절된 죄된 인간세계가 아니라 의에 대한 장애물로 여겨지는 세상적 우월성들로 특징지어지는 생활양식을 함의한다고 한다.[31] 즉 바울은 그리스도의 십자가와 연관됨이 한 개인의 물질세계 또는 인류의 일반과의 관계를 끝나게 한다고 말하지 않는다. 이는 바울이 예수 그리스도의 십자가의 죽음을 통하여 하나님을 거스르는 세상의 모든 죄악과 육신의 욕심으로부터 완전히 갈라섰다는 것을 뜻하는 동시에 율법 아래서 죄의 종노릇하던 자신의 옛 사람을 십자가에 못 박고 이제 은혜 아래서 그리스도의 종으로서 살겠다고 하는 고백이다. "십자가에 못 박히고"(ἐσταύρωται 에스타위로타이)란 말은 미완료형으로 이는 바울이 세상에 대하여 십자가에 못 박혀 세상으로부터 분별된 상태가 예수께서 십자가에 못 박히신 그 순간부터 지금까지 계속된다는 사실을 고백하고 있는 것이다.

갈라디아서 6장 5절에서 사람이 의롭게 되는 것은 할례나 무할례로 되는 것이 아니라 사랑으로 역사하는 예수 그리스도 안에서 믿음으로 되어진다고 하였다. 이것을 기초로 15절에서는 갈라디아 교회 안에서 논쟁이 되고 있는 할례의 문제는 무익한 일이고 오직 새로 지으심을 받은 것 곧 새 창조가 중요하다는 것을 강조하고 있다. 바울은 "사랑으로 역사하는 믿음"으로 살고 있는 자들이 새로운 피조물 곧 새 창조의 작품이요 그것만이 중요하다는 것을 역설한다.

여기서 "새로 지음을 받은 자"는 고린도후서 5장 17절에서 언급하고 있는 '새로운 피조물'이란 말과 같은 의미로 이는 십자가의 죽음을 통하여 옛 것을 못 박고 예수 그리스도의 부활을 통하여 믿음으로 새로 창조된 사람을 말하는 것이다. 오히려 십자가에 못 박히신 그리스도와 연결되는 일이 수반하는 것은 더 이상 세상적이거나 육체적인 우월성들이 생각과 삶을 지배하지 않도록 하는 일이다.

고린도후서 5장 17절에 "누구든지 그리스도 안에 있으면 '새로운 피조물'(καινὴ κτίσις 카이네 크티시스)이라" 한다. "새로운 피조물"은 그 개인의 주관적인 상태가 바뀌는 데서 그치지 않고, 거기서 더 나아가 완전히 새로운 환경, 완전히 새로운 세상이 창조되었으며, 바울이 고린도서신에서 이야기하는 사람은 그 세상에 거주하는 사람이요 그 세상에 참여한 사람이다.32)

부활은 신자가 경험하는 구원의 전 영역을 놓고 볼 때 가장 철저하고 모든 것을 망라하는 변화사건을 의미한다. 부활은 '새 창조가 되는 것'과 같다. 그리스도 안에서 옛 것은 지나갔고, 그 시점부터 만물은 새 것이 되었다. '새로운 피조물'에서 κτίσις(크티시스)는 '피조물' 못지않게 "창조"를 의미하는 경우도 빈번하다. 문맥은 바울이 실제로 말하는 관점을 '새 창조'로 번역하는 것이 더 낫다고 한다.33) 그리스도인은 하나님이 그리스도 안에서 제공하신 구속을 통해 "그리스도 안"이라는 새로운 세계로 옮겨진 것이다. 이 새 세계는 그 모든 성격, 그 모든 환경이 이 세계와 완전히 다르다.

바울은 14절에서 그리스도의 십자가(σταυρός 스타우로스)를 강조함으로 '세상적 우월성'들로 특징지어지는 생활양식을 폐했다는 것을 분명히 선언하고 있다. 14절에서 강조되는 것은 "그리스도의 십자가"이다. 바울은 고린도전서 1장 23절에서 "십자가에 못 박히신 그리스도"는 유대인에게는 거리끼는 것(σκάνδαλον 스칸달론: 분개의 원인)이요 이방인에게는 미련한 것(μωρίαν 모리아: 무분별한 것)이었다. 그러나 바울에게 기독교 복음의 중심 특징과 복음 선포의 초점은 "십자가에 못 박히신 그리스도"였다. 바울은 '환유'로서 "십자가"와 '죽음' 같은 연관된 용어들은 그에 의해 기초적인 기독교의 케리그마를 나타내는데 사용되었다(고전 1:17-18; 15:3; 빌 2:8; 3:18; 골 1:20; 2:14-15).34)

바울의 "십자가에 못 박히신 그리스도"는 모든 율법주의, 율법의 행위로 의롭게 되려는 시도를 무력화시키는 도구였다. 그래서 바울은 "우리 주 예수 그리스도의 십자가"(ὁ σταυρὸς τοῦ κυρίου ἡμῶν' Ἰησοῦ Χριστοῦ, 호 스타우로스 투 퀴리우 헤몬 이에수 크리스투)라는 구를 자랑한다고 표현한다. 이는 바울 자신이 십자가로 인해 옛사람을 벗고 새 사람을 입은 부활로 나아갈 수 있었기 때문이다. "그리스도의 십자가"를 삶 가운데서 체험하는 일의 결과가 바울은 세상에 대하여 못 박히고 세상이 바울에 대하여 못 박혔다는 것으로 고백된다. 동사 십자가에 못 박다(σταυρόω 스타우로오)의 완료직설법 형태는 현재적 결과들을 수반하는 과거의 행위를 강조한다.

바울은 갈라디아서 6장 14절에서 왜 그리스도의 십자가 외에는 자랑할 것이 없다고 하는가? 당시 갈라디아 교회에 거짓선생들이 가만히 들어와서 율법의 행위를 강조함으로 십자가의 능력을 부인하여 그리스도의 복음의 진리를 훼손시키고 있었기 때문이다(갈 1:7; 5:10). 바울은 이러한 갈라디아 교회들의 선동자들을 가리켜 할례를 받음으로 "그리스도의 십자가"로 말미암아 박해를 면하려 하는 자들이라 한다(갈 6:12). 그리스도인들은 "그리스도의 십자가"로 말미암아 핍박을 받는 자들이었다. 이방 그리스도인들에게 할례를 자랑하는 그들은 육체로 자랑하는 자들이요 바울의 적대자들이었다(갈 6:13). 그러므로 바울은 적대자들을 향하여 "내게는 우리 주 예수 그리스도의 십자가 외에 결코 자랑할 것이 없으니"라고 하였다.

갈라디아서 6장 14절에서 "십자가(σταυρός)"는 12절에서 똑같은 단어의 사용을 반복하며 율법의 행위와 상관없이 믿음으로 의롭게 됨의 길을 열어놓은 그리스도의 대속의 죽음을 나타내면서, 그 절에서 언급한 것처럼 똑같은 중요성을 가지고 있다. 그러므로 바울은 "십자가로 말미암아 세상이 그를 대하여 십자가에 못 박히고 그도 또한 세상을 대하여 그러하니라"라고 말하면서 십자가만이 그의 유일한 자랑의 대상이라고 이유를 밝힌다.35)

사도 바울은 '자랑'이라는 단어를 다시 재 정의하면서, 율법주의자들이 말하고 있는 자랑과는 다른 의미로 말한다. 사도 바울이 하는 자랑에 대한 근거는, 그 자신이 이룩한 어떤 성취물이 아니다. 그 근거는 오히려 그가 가지고 있는 것과 별개로 일어난 어떤 사건, 즉 그리스도가 못 박히신 것을 말한다.36) 바울에게 있어서 '십자가'는 복음의 핵심인 예수 그리스도의 죽음과 부활을 나타내는 말로 하나님의 구원 사건의 한 과정으로 종말론적으로, 과거에 일어난 사건이 지금 현재 신자들 안에 실존적 실체로서 적용되고 있고 미래의 구원의 완성을 미리 체험케 한다.

갈라디아 교회에 가만히 들어온 선동자들은 여전히 예수 그리스도의 십자가를 인정하지 않으며 육체의 할례라는 개종 의식을 구원의 조건으로 삼고 육체를 자랑하고 있다. 그러나 예수 그리스도의 십자가를 인정함으로 유대인이든 이방인이든 예수 그리스도 안에 있는 믿음으로 말미암아 의롭게 된다는 그리스도의 복음위에 서있는 바울은 단호하게 "나는 결코 그리스도의 십자가 외에는 자랑하지 않겠다"고 선언한다(14절). 여기서 자랑한다는 말은 신뢰하고 "따라 산다"는 말이다 바울은 십자가를 신뢰하고 십자가를 따라 산다는 것이다.

이는 십자가로 말미암아 이미 새로운 삶의 방식이 왔기에 가능한 것이다. 그러므로 바울은 자신 있게 십자가를 통해 '세상'은 바울에 대하여 못 박혔고 또한 바울은 '세상'에 대하여 못 박혔다고 고백하고 있다. 그 결과 바울은 새로 지으심 받은 것(새 창조)만이 중요하다는 것이다. 새 창조의 입장에서 보면 지금 갈라디아 교회 안에서 크게 논쟁이 되고 있는 할례냐 무할례냐가 아무 소용이 없게 된다.

바울은 예수 그리스도의 십자가가 세상에 대한 관계의 단절뿐만 아니라 새 창조의 역사를 가져오게 했다고 말하고 있다. 그러므로 이러한 바울의 고백은 '새 창조' 개념과 더불어 바울의 실현된 종말론적 관점의 좋은 증거가 되는 것이다. 던(Dunn)은 이것을 그리스도와 세상의 상호 못 박는 것이라 한다.37) 마틴(Martyn)도 여기서 바울이 '한 세계의 죽음과 새로운 세계의 탄생, 곧 그리스도의 십자가로 현실이 된 새 세대의 도래'에 관해 말한다고 하였다.38) 또한 바울이 여기서 십자가라는 그림언어를 사용한 것은 '자기 자신이 이전의 소중하고 자랑스러운 신분과 완전히 결별했다는 사실을 강조하기 위해서'이다.39)

예수 그리스도의 십자가의 죽음과 부활은 옛 창조를 끝내고 새 창조를 시작하였으므로 이미 종말이 우리 안에 실현되기 시작한 것이다. 마틴(Martyn)은 또한 바울이 여기서 십자가라는 그림언어를 사용한 것은 '자기 자신이 이전의 소중하고 자랑스러운 신분과 완전히 결별했다는 사실을 강조하기 위해서'라 한다.40) 즉, 십자가의 사건으로 사도 바울은 율법의 옛 세상에서 알려진 그 자신의 입지(지위)를 기초로 둔 것으로부터 끊어졌다.

펑(Fung)도 갈라디아 인들이 새 창조의 원리를 따라 살아가야 한다는 것을 다음과 같이 설명한다.:

할례나 무할례의 반대말은 "새로운 창조이다." 여기서 "창조"(κτρισισ)는 로마서 1장 20절에 나오는 창조 행위가 아니고 로마서 8장 20-22절에 나오는 창조적 행위(κτισμα)이다. 여기서 "새로운 창조"라는 표현에서, 갈라디아서 5장 6절에 나오는 "사랑으로 역사하는 믿음"과는 대조적으로, 그 생각은 객관적으로 전환되고, 그러한 근본적인 생각은 "실제의 새로운 시스템으로의 통합, 그리스도 십자가에서 하나님의 구원행위로 나타난 하나님의 나라의 실제"인 것처럼 보인다. 그리스도께의 십자가는 새로운 창조를 시작하고 새로운 세상과 옛 세상 사이의 절대적인 단절을 표현한다. 그러므로 지금 중요한 것은 더 이상 할례나 무할례가 아니라 존재의 새로운 질서에 참여하는 것이다. 이러한 새로운 질서는 그리스도에 한정되어 있고 믿음에 의하여 수용되어야 하는 하나님과의 새로운 관계로 특징지을 수 있다.[41]

사도 바울이 십자가를 전파하는 이유는 "십자가"는 모든 만물에 영향을 끼치는 온 세상을 위한 중요한 변화를 나타내는 분수령이 되기 때문이다. 바울은 개인적으로 온 세상에 대하여 죽음을 경험했고 그는 하나님께서 새롭게 창조하신 세상에서 태어남을 보았다.[42]

바울이 예수 그리스도의 십자가만을 자랑하는 이유는 '새 창조'만이 중요하기 때문이다. 예수의 십자가는 '옛 창조'를 끝내고 새 창조의 시작을 가져왔다. 십자가에 못 박히신 그리스도는 하나님의 의해 일으켜짐을 받음으로 새 창조의 시작이자 첫 열매가 되셨다. 율법의 행위가 아닌 그리스도의 십자가와 부활을 통해서만이 새 창조가 일어난다. 그러므로 '새 창조'의 개념은 바울의 실현된 종말론에 대한 강력한 증거의 하나가 된다. 믿음으로 말미암아 성령을 따라 사는 삶이 새 창조의 삶이다. 바울은 할례나 무할례가 중요한 삶의 방식이 아니라 바울이 갈라디아서에서 제시하고 있는 규례를 따라 사는 새 창조의 삶이 중요하다는 것이다. 즉 바울이 원하는 것은 갈라디아 인들이 새로운 존재의 질서에 참여해야 된다는 것이다. 즉 갈라디아 인들의 새 창조의 원리를 따라 살아가야 한다는 것이다.43)

2) 예수의 부활로 인한 약속의 성취

예수님의 십자가와 부활은 함께 구원사건을 완성한다. 모든 복음서 내러티브의 결말은 부활이다. 십자가의 죽음만으로는 죄사함을 보증하기에 부족하다. 그래서 바울은 "만일 그리스도의" 부활이 없다면 우리의 믿음도 헛것이고 우리 죄가 그대로 있을 것이라 한다(고전 15:17) 예수님의 십자가의 죽음과 부활은 뗄 수 없는 동전양면과도 같다. 사도 바울은 부활을 전제로 한 십자가를 전한 것이었다. 십자가는 영광의 부활로 가는 통로인 것이다.

예수님의 부활은 하나님께서 아브라함과 그의 자손에게 하신 약속의 성취였다. 부활은 오는 시대의 약속이며 예수 그리스도의 부활은 역사의 중심이다. 유대사상에서 장차 올 시대는 부활과 함께 시작된다. 따라서 예수님의 부활은 새 시대가 도래 했다는 신호이며 하나님의 구원 약속들이 실현되었다는 확증이다.

바울은 비시디아 안디옥 회당 설교에서 시편 2장 7절을 인용하여 하나님이 예수님을 죽음에서 살리셔서 시편 27편이 그리스도 예수를 예언하는 것같이, 예수님을 "낳으셨다"(begotten)고 말하고, 하나님이 예수를 일으키사 우리 자녀들에게 이 약속을 이루셨다고 한다(행 13:33). 예수 그리스도의 부활은 바울신학의 근본적 요소다(갈 1:1). 바울신학에서 "칭의"의 토대는 그리스도의 죽음만이 아니다. 죄사함과 하나님과의 올바른 관계는 예수 그리스도의 죽음과 부활 모두에 기초하고 있다(롬 4:25). 구원은 십자가에 못 박히시고 부활하신 주님으로 인해 보장된다. 부활하신 주님은 대제사장, 새 언약의 중보자로서 하나님 우편에서 십자가에서 자신이 하신 일에 기초하여 신자들을 위해 간구하시고 중보 하신다(롬 8:34). 그리스도의 부활은 그리스도가 현시대와 오는 시대의 모든 권세를 지배하신다는 것을 입증한다(엡 1:20-23).44)

예수의 십자가가 바울신학의 중심에 있다면, 예수의 부활도 마찬가지이다. 십자가에 못 박히신 그리스도는 하나님에 의해 죽은 자로부터 일으키심을 받은 분이시다. 부활이 없다면 십자가는 절망의 사건이 되고 말 것이고, 십자가가 없다면 부활은 현실도피가 되고 말 것이다.

게하더스 보스(Geerhardus. J .Vos)는 종말론을 구원론의 왕관으로 생각하면서 바울의 가르침에는 구조상 네 가지 중요한 가닥이 있다고 한다. 즉, 부활의 개념, 구원사상, 심판과 칭의 교리, 성령개념이 있는데 그 가운데 첫 번째인 부활의 개념을 맨 앞에 놓는 것이 자연스럽다고 한다. 바울의 가르침에서는 종말론이 가장 먼저 생겨났으며 이 종말론이 구원론에 영향을 주었기 때문이라고 한다.45) 부활은 종말론적 성격을 갖는다. 왜냐하면 부활은 새로운 삶의 시작이기 때문이다. 예수의 십자가의 죽음으로 옛사람이 장사되고 예수의 부활하심으로 말미암아 거듭난 새사람은 종말론적 존재이다. 장차 올 그리고 이미 와 있는 하나님의 나라에서 왕 노릇 할 자들이 이미 탄생된 것이다. 그리스도 예수 안에 있는 체험은 새로운 피조물이 시작되었음을 알게 한다. 예수의 부활은 하나님의 새로운 창조의 시작인 것이다. 이미 성도들 안에 부활이 시작되었고 보증으로 성령이 와 계시는 것이다.

사도 바울은 갈라디아서에서 1장 1절 외에는 직접적인 부활을 언급하지는 않지만 그리스도의 부활을 전제로 서신의 내용을 적고 있다.

부활을 제쳐두고 갈라디아서의 전반적인 논증이나 세부적인 내용을 설명할 수가 없다. 갈라디아서 1장 1절에서 "예수를 죽은 자 가운데서 살리신 하나님 아버지"라고 함으로 예수의 부활을 명시적으로 언급한다. 갈라디아서 1장 4절에서 "이 악한 세대에서 우리를 건지시려고"에서 예수의 죽음은 이 악한 세대에 종지부를 찍었고 예수의 부활은 새로운 세대의 문을 열게 되었음을 말하고 있다. 바울은 유대인들의 종말론적인 범주 안에서 장차 올 세상이 현세상 안으로 침투해 들어왔다고 고백하는 것이다. 예수의 죽음과 부활은 "이 악한 세대"로부터 구원받을 수 있는 하나님의 나라가 이미 돌입했다는 것이다. 예수의 죽음과 부활은 하나님의 약속의 성취이며 약속된 새 시대가 시작된 것이다. 예수를 통한 하나님의 구원 사역은 모든 사람을 위한 것이고 유대인이나 이방인이나 모두를 이 악한 세대로부터 건지는 것이다.46)

바울은 갈라디아서 2장 19절에서 "율법에 대하여 죽었나니 이는 하나님께 대하여 살려함이라"고 말함으로 자기가 안디옥에서 베드로와 어떤 식으로 대면하였는지를 서술한다. 바울은 자신이 예수 그리스도의 십자가를 통하여 옛 방식에 대하여 죽었고 이제는 새로운 방식으로 살아 있다고 고백한다. 예수의 죽음과 부활을 통하여 탄생된 새 사람들은 유대인이나 이방인이나 구별 없이 동일한 식탁에 속해 있다는 것이다. 예수의 죽음과 부활이라는 구체적인 사건으로 인하여 새로운 피조물이라는 정체성을 가진 바울이 "죽었다가 다시 살아난" 모든 자들과의 식탁 교제를 갖는 것은 너무 당연하다. 이 "죽음"의 반대편에서 주어진 새로운 삶은 "하나님에 대하여 사는 것"과 "그리스도의 생명을 소유하는 것"으로 묘사될 수 있다.47)

바울은 갈라디아서 3장 1절에서 자기가 갈라디아 교인들에게 전한 복음은 예수 그리스도가 십자가에 못 박히신 분이었다는 것이었음을 상기시키고 있으나 갈라디아서를 시작하는 부분에서 바울은 이미 "예수 그리스도를 죽은자 가운데서 살리신 하나님 우리 아버지"라고 표현함으로 그리스도의 부활을 구속과정의 중심에 놓고 있다. 갈라디아서 1장 16절 "그의 아들을 이방에 전하기 위하여 그를 내 속에 나타내시기를 기뻐하셨을 때"에서 "하나님의 아들"을 내 속에 나타내신다고 볼 때 여기서 하나님의 아들은 부활하신 그리스도를 말한다. 부활하신 그리스도가 성령으로 우리 안에 임하시는 것을 말한다. 갈라디아서 2장 20절에서 "오직 내안에 그리스도께서 사시는 것이라"에서도 내안에 사시는 그리스도는 부활하신 그리스도를 말한다.

갈라디아서 3장부터 6장까지의 "성령"에 대한 언급은 그리스도의 부활을 전제로 하고 있다. 그리스도께서 부활하심으로 아버지께로 가셔서 성령을 보내주신 것이다(행 2:33). 성령은 예수께서 부활하심으로 우리에게 임하시는 영이시며 우리를 부활에 이르게 하시는 영이시다(롬 8:11). 갈라디아서 3장 10-14절에서 하나님께서 아브라함에게 약속한 복은 유대인이든, 이방인이든 그리스도 안에서 믿음으로 성령의 약속을 받는 것이었다. 여기서 바울이 약속들이 성취되었다고 선언할 수 있었던 이유는 예수의 죽음과 부활이었다. 예수의 부활하심으로 성령이 믿는 자들에게 임하고 성령으로 말미암아 하나님의 아들로 거듭나고 하나님의 나라에 상속자가 되는 것이다.

갈라디아서 4장 1-7절에서는 바울이 부활을 명시적으로 언급을 하지 않지만 출애굽이라는 이야기를 활용하여 부활이라는 뉘앙스를 준다. 즉, 성령의 사역을 통해서 노예들을 속박에서 자유롭게 하여 하나님의 자녀와 상속자로서의 지위를 확인시켜준다. 바울은 갈라디아서에서 자신의 특정한 관심사를 말하고 지시하기 위하여 그 근저에 있는 부활의 관념을 활용해온 것이다.[48] 갈라디아서 4장 19절에서 "그리스도의 형상을 이루기까지"는 예수 그리스도의 부활에 동참한 자들이 마지막 나팔에 그리스도의 영광의 형상으로 변화되는 최종적인 부활의 완성을 말하고 있다. 갈라디아서 5장 5절의 "의의 소망"은 "부활의 소망"이라는 단어와 바꾸어 표현할 수 있다. 21절에서 "하나님의 나라를 유업으로 받지 못한다"에서도 이는 주후 1세기의 바리새인이라면 누구나 부활의 소망과 하나님의 나라의 유업을 동일시했다고 볼 수 있다. 성령의 능력 안에서의 현재의 삶은 장래 유업에 대한 보장이 된다.49) 갈라디아서 6장 14절에서 "세상이 나를 대하여 십자가에 못 박혔다"는 것은 바울에게 있어 옛 세상이 폐하고 새로운 세상이 임했다는 것이다. "십자가-새 창조의 흐름은 부활의 모든 표지들을 그 속에 지니고 있고, 부활은 정확히 새 창조로 보여지고 있다.50) 갈라디아서 6장 15절에서 "새로 지으심을 받는 것"은 하나님의 새로운 창조의 작품이다. 예수의 부활은 하나님의 새 창조의 시작이다. 구원은 하나님의 새로운 창조이다(계 3:14). 16절의 "하나님의 이스라엘"도 예수의 부활로 말미암는 새 창조의 작품이다. 바울은 그리스도의 희생제사적 죽음의 효과가 그 자체로 완결된 것이라고 보지 않았다. 첫 번째 부분인 십자가는 두 번째 부분인 부활이라는 인준(認准)이 필요했다.51) 십자가는 부활이라는 새로운 창조를 일으키는 기초였다.

고린도전서 15장 17절에서 "그리스도께서 다시 살아나신 일이 없으면 너희 의 믿음도 헛되고 너희가 여전히 죄 가운데 있을 것이요"라고 바울은 부활의 복음을 강조한다. 복음에 관한 그리스도의 죽음만이 복음인 것이 아니라는 것을 이보다 더 분명하게 말하는 구절은 없다. 부활이 없이 죄인을 멸하는 것만으로는 복음이 아니라고 말할 수 있다. 그러므로 바울에게 예수의 부활, 하나님의 역사(役事)로서의 예수의 부활의 중심성은 의심의 여지가 없다. 이것은 바울 자신의 신학

에만 해당되는 것은 아니었다. 하나님에 의한 그리스도의 부활은 그 모든 것들이 시작된 곳이었다.52)

예수의 부활은 죽은 몸의 신체적인 생명을 회복하는 것이 아니다. 그것은 새로운 생명의 질서의 출현이다. 그것은 영생이 시공간 속에서 나타나는 것이다. 그것은 종말론적인 부활의 시작이다.53) 갈라디아서 6장 8절은 성령으로 심어서 영생을 거두는 법을 설명하고 있다. 영생은 성도들이 몸의 부활을 통하여 온전히 누리게 된다. 예수의 부활은 종말론적인 부활의 첫 열매이다(고전 15:20). 첫 열매는 추수 자체가 아니고 추수의 보증과 약속 이상의 것이다. 그것은 추수의 실제적인 시작을 의미하듯이 예수의 부활은 사람들에게 장래의 부활의 확신과 소망을 든든하게 약속해주는 고립된 사건이 아니다. 그것은 종말론적인 부활 자체의 시작이다. 예수의 부활이 역사 속에 발생하였으며, 기독교회를 탄생시킨 종말론적 사건이라 결론지을 수 있다.54)

죽은 자의 부활은 이 세대의 종말에 속하며, 죽은 의인(義人)들을 오는 세대의 영생으로 인도할 것이다. 부활은 두 세대 사이를 구분 짓는 지점에 서 있다. 예수의 부활은 새로운 시대- 메시야시대-를 맞아들이지만 오는 세대는 미래에 남아 있다. 죽은 자의 부활은 마지막 날에 일어날 사건이지만, 이 종말론적인 사건은 그리스도의 부활을 통하여 이미 전개되기 시작했다.55)

2. 예수 그리스도 안에서 믿는 믿음

예수 그리스도를 믿는 믿음은 확실한 기초가 필요하다. 그 반석이 예수 그리스도의 믿음이다. 이는 갈라디아서의 구원론이 삼위일체 하나님의 관점에 기초한 기독론적인 내러티브이기 때문이다. 갈라디아서 3장의 아브라함의 복도 그리스도 안에 있는 이방인에게로 흘러가고 있다. 하나님과 아브라함의 약속으로 표현되었지만, 이는 그리스도 안에서 약속되어진 사건이다. 곧 예수의 사건이다. 바울은 갈라디아서 2장 19절에서 "율법에 대하여 죽었으니 하나님을 향하여 살려함이라" 고백함으로, 그리스도 예수로 인하여 믿는다 하였다. 창조주와 아브라함의 관계는 약속의 당사자가 될 수 없는 죄인이 그 한 축을 형성하고 있다. 이는 그리스도 예수께서 인자가 되셨다는 이유를 설명한다. 그리스도 안에서 인생은 약속의 당사자가 되는 것이니 은혜로 말미암은 결과이다. 이는 본질적으로 하나님의 아들과 성부 하나님의 약속이니, 그리스도 예수 안에서의 약속은 우리를 하나님의 자녀들로 인도하고 있다. 그러므로 율법은 그리스도 예수 안에서 상속자가 되게 하시는 하나님이 첨가하신 몽학선생인 것이다. 그리고 예수 그리스도의 믿음이 없다면 우리의 믿는 믿음은 그 목적지가 어디인지 알 수 없게 된다. 이는 하나님의 뜻이 그리스도 예수 안에 계시되어 있기 때문이다. 그러므로 여기서는 그리스도 예수의 믿음이라는 주어적 속격적 해석과 그리스도 예수를 믿는다는 목적어적 속격을 함께 말하고자 한다. 뿐만 아니라 종말론적 구원론의 구조 안에서 부활하신 그리스도 예수 안에서 예수를 믿는 새로운 피조물이 된다. 우리는 부활의 그리스도 안에서 믿음을 얻은 것이다.

1) 바울의 πίστις Χριστοῦ에 대한 이해

πίστις Χριστοῦ 구문을 어떻게 해석할 것인가는 지난 반세기동안 세계 신약 학계의 열띤 토론의 논제였다. 한국 학자들도 πίστις Χριστοῦ 의 해석에 대한 연구를 많이 하였지만 πίστις Χριστοῦ를 통한 의롭게

됨의 의미와 중요성에 대한 연구가 갈라디아서를 중심으로 최근에 이야기되고 있다.

바울 서신 서들에서 "믿음"(πίστις)은 하나님의 복음. 구원과 관련하여 사용한 용어들 중에 가장 중요한 용어이다. 구약에 있는 "믿음"은 창조주에 대한 피조물의 태도를 표현했다. 율법과 선지자들을 통해 하신 말씀을 듣고 행하는 것이 믿음이었다. 하나님의 은혜에 순종하는 태도를 표현한 것이 믿음이었다. 믿음은 무엇보다도 하나님의 약속들에 대해 확고하고 흔들리지 않는 신뢰와 순종이었다. 바울은 구약의 믿음에 대한 대부분의 전통적인 이해를 공유했으나, 예수 그리스도의 죽음과 부활을 통하여 성령으로 주어지는 믿음을 "πίστις Χριστοῦ"이라 지칭했다.

바울 서신서들에서 πίστις Χριστοῦ의 번역 문제가 50년대에 처음 제기되었을 때 토랜스(Torrance)는 "그리스도의 믿음"과 "믿는 자의 믿음" 둘 다 의미힐 수 있으나, '그리스도의 믿음'을 강력히 주장하는 논의를 전개했다.[56] 여기에 대하여 Moule은 그리스도의 믿음을 지칭할 수도 있다고 동의하면서 "그리스도에 대한 믿음"을 옹호했다. 1980년대 윌리암스(S. K. Williams)가 그리스도의 믿음은 철저하게 그리스도 자신의 믿음만을 지칭하지 않고 믿는 자의 믿음도 포함되기 때문에 "그리스도-믿음"(Christ-Faith)으로 번역해야 한다고 제안함으로써 논의가 재개되기 시작했다.[57]

신약성서의 현대 번역들은 한결같이 πίστις Χριστοῦ를 "그리스도를 믿는 믿음"으로 해석하고 대부분 주석가들도 그렇게 이해하고 있으나 최근에 πίστις Χριστοῦ를 목적어적 속격으로 해석하기보다는 주어적 속격으로 이해하여 "예수 그리스도의 믿음," "그리스도 자신의 믿음/충성," "그리스도의 신실성"으로 이해해야 한다고 주장하는 학자들의 수가 영미의 신약학계에 증가하고 있다. 헬라어 문법으로만 보면 목적어적 속격이나 주어적 속격 둘 다 번역이 가능하기 때문에 쉽게 결론을 내리기가 어렵다.

πίστις Χριστοῦ를 "그리스도의 믿음" 혹은 "그리스도의 신실성"을 가리키는 기독론적 관점에서 해석할 것인가? 아니면 전통적으로 이해했던 것처럼 "그리스도에 대한 믿음" 혹은 "그리스도를 믿는 믿음"을 지칭하는 구원론적 관점에서 해석할 것인가의 문제이다.

구원론적인 관점에서 해석하는 전통주의적 견해는 πίστις와 Χριστοῦ를 '목적어적 속격'으로 보고 예수 그리스도에 대한 우리의 믿음을 가리킨다고 한다. 반면에 기독론 관점에서 해석하는 견해는 '주어적 속격'으로 보아 "믿음"은 그리스도 자신의 믿음, 곧 십자가에 죽기까지 하나님의 말씀에 순종하신 그리스도 자신의 신실성, 아버지께 대한 아들의 충성을 가리킨다.

전통적인 입장도 사실은 처음부터 확정된 해석은 아니었다. 라틴 벌게이트(Vulgate), 시리아 역본(Syriac) 콥트어 역본(Sahidic Coptic)과 같은 번역본들은 모두 문자적으로 *fides Iesu Christi*, 곧 "그리스도의 믿음"으로 번역했고 에라스무스(Erasmus)도 그렇게 번역했다. 그러다가 루터(Luther)가 맨 처음 이 구절을 목적어적 속격, 즉 "예수 그리스도를 믿는 믿음"으로 번역한 이후 400년간 도전받음 없이 확고한 자리를 차지해오고 있는 형편이다. 그가 이 구절을 "예수 그리스도를 믿는 믿음"으로 해석함으로써 "오직 믿음으로만"(*sola fide*)이라는 자신의 주장을 확실히 할 수 있었다.

그러나 최근 바울을 연구하는 신약학자들은 πίστις Χριστοῦ가 그리스도를 향한 신자의 믿음을 의미한다는 전통적인 견해를 지지하지 않고 그것이 "그리스도의 신실성"을 뜻한다고 주장한다.[58] 하지만 πίστις

Χριστοῦ의 "목적어적 소유격" 해석에 대한 비판에도 불구하고 많은 학자들은 전통적인 견해를 지지한다.59) 캠벨(Douglas A Campbell)은 이 구문을 "목적어적 소유격"의 구문으로 해석하면 바울의 복음은 인간중심적 성격을 띠게 되며 "주어적 속격"의 구문으로 받아들이면, 바울의 복음은 그리스도 중심적 특성을 지니게 된다고 주장한다.60) 그럼에도 던(Dunn)은 πίστις Χριστοῦ를 목적어적 속격으로 해석하여 그 믿음뿐만 아니라 바울신학을 하나님 중심적으로 이해할 수 있다고 한다. 즉 "그리스도의 믿음"이라는 해석이 겉보기에는 그럴듯한 매력을 지니고 있지만 그러한 해석은 핵심 본문들을 떠나서 원자론적으로 연구하거나 그 주된 증거 본문들 자체가 논란이 되고 있는 그리스도의 믿음이라는 그 근저에 있는 이야기에 관한 가정에 너무 지나치게 의존하고 있다는 것이다.61)

헤이스는 갈라디아서의 πίστις Χριστοῦ 구문을 오직 기독론적으로만 해석하여 예수 그리스도의 신실성으로만 해석하고 있는 문제점을 Ⅲ과에서 자세히 다루었다. 갈라디아서의 πίστις Χριστοῦ 구문은 삼위일체적인 하나님의 입장에서 해석해야 된다고 생각한다. 던이 말하고 있는 것처럼 "하나님 중심"에서 볼 때는 목적어적 속격으로 해석할 수 있고 기독론 중심으로 해석할 때는 헤이스처럼 주어적 속격으로 해석할 수가 있다. "믿음"이란 말 속에는 "신뢰"와 "순종"이란 말이 모두 포함되어 있다. 먼저는 예수 그리스도를 신뢰하고 의지하고 마음속에 영접하는 믿음이 필요하다. 그리고 그리스도 안에서는 예수 그리스도의 믿음(신실성, 순종, 충성)으로 살게 되어진다. πίστις Χριστοῦ 구문도 목적어적 속격으로도 해석될 수 있고 주어적 속격으로도 해석될 수 있다. 그러므로 어느 하나라고만 단정해 버리면 πίστις Χριστοῦ 구문을 정확히 해석할 수 없다고 생각한다. 목적어적 속격과 주어적 속격 모두를 포함하고 있고 우리 안에 믿음이 주어질 때도 체험적으로 먼저는 예수 그리스도를 믿는 믿음이 있어야 하고, 그 다음에 예수 그리스도의 믿음이 주어짐으로 예수 그리스도의 믿음으로 살 수 있는 것이다. 로마서 1장 17절에 "복음에는 하나님의 의가 나타나서 믿음으로 믿음에 이르게 하나니"에서 앞에 있는 믿음을 "예수 그리스도를 믿는 믿음"으로 보고 뒤에 있는 믿음을 "예수 그리스도의 믿음"으로 볼 수 있다.

삼위일체이신 하나님의 입장에서 갈라디아서 구원론을 볼 때는, 신론적 입장에서 하나님 아버지께서 보내신 아들을 믿는 것이 영생이고 하나님의 일을 하는 것이라 한다. 하나님을 믿는 것은 곧 보내신 아들을 믿는 것이다. 또한 기독론적 입장에서는 하나님 아버지께 죽기까지 순종하시는 아들의 믿음을 볼 수 있다. 그 믿음이 계시될 믿음이고 우리가 주님의 사역에 동참할 수 있는 믿음인 것이다. 성령론적 입장에서는 성령은 우리로 하나님의 보내신 자를 믿게 할 뿐만 아니라 예수 그리스도의 믿음으로 살게 하시는 영이시다. 갈라디아서 5장 5절에 성령은 우리로 하여금 믿음을 따라 의의 소망을 기다리게 한다. 이처럼 삼위일체 하나님의 입장에서 볼 때 우리는 긴 세월 동안의 갈등을 풀 수 있을 것이다. 그리스도를 믿는 믿음이 없다면 인생은 단순한 기계일 뿐이다. 그러나 그리스도의 믿음이 없다면 우리는 속빈 강정과 같은 쓸모없는 일을 하는 것이다.

πίστις Χριστοῦ 구문을 삼위일체이신 하나님의 관점에서 해석할 때 목적어적 속격과 주어적 속격으로 둘 다 해석할 수 있고, 두 가지 다 우리 안에 체험됨으로 구원의 역사가 이루어진다. 헤이스는 πίστις Χριστοῦ 구문을 기독론적으로만 해석하여 믿음의 대상으로서의 그리스도를 약화시켰다고 생각한다. 주어적 속격을 주장하는 윌리엄스(S.

K. Williams)는 "바울은 그리스도를 믿음의 대상으로 생각하지 않는다고 주장하지만 갈라디아서에서 바울은 분명히 그리스도를 믿음의 대상으로 제시하고 있다.

πίστις Χριστοῦ 구문을 신론적 입장에서 볼 때 "하나님의 구원"이라는 관점에서 해석할 수 있다. 또 하나님의 구원의 역사라는 관점에서는 목적어적 속격으로 해석할 수 있다. πίστις Χριστοῦ 구문을 구원론적인 관점에서 볼 수 있는 이유는 갈라디아서와 로마서 그리고 사도행전을 통해 확인할 수 있는 초대 기독교 공동체 내의 중요한 이슈는 예수가 누구인가 하는 기독론적인 문제가 아니고 오히려 무엇이 구원의 조건, 혹은 하나님의 백성이 되는 조건인가? 이었다는 것이다.62) 즉, 유대주의자들이 말하는 "율법의 행위"인가 아니면 "예수 그리스도에 대한 믿음"인가라는 구원론적인 문제가 심각한 논쟁의 대상이 되고 있었다는 것이다. 신약성경 본문과 문맥은 물론 초대 기독교 공동체의 역사적 정황으로 볼 때 기독론적 해석은 문제가 있다는 것이다. 그 문제는 갈라디아서의 구원론의 정점에 πίστις Χριστοῦ 구문이 위치하고 있기에 헤이스(R. B. Hays)나 라이트(Tom Wirght)처럼 너무 지나치게 기독론으로 환원시키고 있다.

πίστις Χριστοῦ 구문을 목적어적 속격이든 주어적 속격이든 어느 하나의 입장으로만 볼 때는 각각의 문제점들이 있다. πίστις Χριστοῦ 구문을 주어적 속격으로 해석하여 "그리스도의 믿음"/"신실성"을 주장하는 학자들의 견해는 "그리스도를 믿는 믿음"으로 이해하면 로마서 3장 22절, 갈라디아서 2장 16절, 3장 22절은 불필요하게 의미를 중복시킨다고 한다. 예를 들면 갈라디아서 2장 16절의 "사람이 의롭게 되는 것은 오직 예수 그리스도를 믿음으로 말미암는 줄 아는 고로 우리도 예수 그리스도를 믿나니 이는 우리가 … 그리스도를 믿음으로써 의롭

다 함을 얻으려 함이라"에서 우리가 그리스도를 믿는다고 하는데 굳이 반복하여 그리스도를 믿는 믿음을 언급할 필요가 없다는 것이다. 즉, "그리스도를 믿음으로써"(ἐκ πίστεως Χριστοῦ)에서 수식어인 Χριστοῦ 없이 ἐκ πίστεως만으로 충분하다는 것이다. 바울의 경제적인 언어 사용에 비추어 문제의 πίστις Χριστοῦ 표현은 이와는 다른 "그리스도의 믿음"을 지칭하는 것이 옳다고 한다.

후커(M. D. Hooker)는 '율법으로 말미암는 의'와 '그리스도의 믿음으로 말미암는 의'를 대조한다. 그러므로 '우리의 행위'가 아닌 '율법의 행위'의 논리적인 대조는 '우리의 믿음'이 아니라 '그리스도의 믿음'이라고 주장한다.63)

헤이스(Hays)는 갈라디아서 3장 어느 곳에도 바울이 개인의 '믿는' 행위의 구원적 효능을 강조하지 않는다고 이해하여 바울은 신자들의 믿음보다 그리스도의 믿음에 강조점을 두고 있다고 한다. 이러한 주어적 속격을 주장하는 견해에 대하여 목적어적 속격을 주장하는 학자들은 문법적으로나 구문적으로 볼 때 πίστις Χριστοῦ를 주어적 속격으로나 목적어적 속격으로 둘 다 해석이 가능하기 때문에 문제를 충분히 해결할 수 없고 지금까지의 연구를 보아서도 문법적으로는 문제가 해결되지 않음이 명백하다고 한다.64)

πίστις Χριστοῦ를 "주어적 속격"의 구문으로 이해하고 주장하는 모든 학자들이 "그리스도의 믿음" 때문에 "신자들의 믿음"을 도외시 하지는 않는다. 윌리엄스(Williams)는 신자들의 믿음은 "그리스도의 믿음/신실성/순종"을 신자 자신의 믿음으로 받아들이는 것이라고 한다. 또 그들이 모두 다 우리가 의롭다함을 얻는데 우리의 믿음이 필요 없다고 주장하는 것도 아니다.

이와 마찬가지로 πίστις Χριστοῦ를 목적어적 속격의 구문으로 해석하는 경우에도 "그리스도의 믿음/신실성/순종"을 인정하지 않는 것은 아니다. 그리스도께서 신실하시며 죽기까지 순종하셨다는 바울의 사상을 무시하지는 않는다. 그러므로 πίστις Χριστοῦ 구문에서 바울이 "그리스도의 믿음"을 말하려는가? 아니면 "그리스도를 믿는 믿음"을 말하려는가? 문제의 난해성 때문에 "그리스도의 믿음"과 "그리스도를 믿는 믿음"을 동시에 함의하는 것으로 이해하는 학자들도 있다. 예를 들어 헐트그렌(A. J. Hultgren)은 목적어적 속격 구문으로 이해하면서도 이 그리스도를 믿는 믿음은 "그리스도적 믿음"(Christic faith)이라고 하면서 이를 "faith which is in an of christ"로 다시 풀어서 설명한다.65) 이와 같이 πίστις Χριστοῦ 구문을 "예수 그리스도를 믿는 믿음"과 "예수 그리스도의 믿음" 모두를 인정하는 것으로 보는 것이 옳다고 본다. 이러한 견해를 주장하는 학자로는 윌리엄스(S. K. Williams), 모울(Moule), 헐트그렌(A. J. Hultgren) 등이 있다.

πίστις Χριστοῦ 구문을 주어적 속격으로 해석하는 견해는 이 구문을 목적어적 속격을 해석할 때 의미상 중복표현이 되어 그러한 중복표현은 바울의 의도하는 바가 아니라고 한다. 그러나 이러한 비판은 중복표현이 지니는 장점을 충분히 이해하지 못한 탓에 기인한다고 한다.66)

πίστις Χριστοῦ 구문을 종교개혁자들처럼 목적어적 속격으로만 보았을 때 기독론적 입장에서 예수 그리스도의 신실성을 무시하는 결과가 발생하게 되고 우리의 삶으로서의 예수 그리스도의 믿음을 놓치는 결과를 발생시킨다. 종교개혁가들이 πίστις Χριστοῦ 구문을 주어적 속격보다는 목적어적 속격으로 해석한 이유는 먼저 주어적 속격으로 "그리스도의 믿음"으로 번역하는 것은 그리스도인의 믿음을 강조한 종교

개혁가들의 입장과 맞지 않는다고 생각했기 때문이다. 그러나 주어적 속격으로 "그리스도의 믿음"으로 번역한다고 해서 결코 믿는 자의 믿음이 약화되지 않고, 오히려 그리스도의 믿음과 같은 믿는 자들의 믿음이 더욱 부각된다.67)

종교개혁가들이 목적어적 속격만을 주장하는 데는 기독론적인 이유 때문이었다. 믿음은 인간들에게 사용하는 용어이지 하나님의 아들이신 그리스도 자신에게는 합당치 않다는 전제 아래 반대하였다. 종교개혁가들은 믿음을 죄와 연관시키기 때문에 죄인인 인간만이 믿음을 가질 수 있다고 생각하였다. 그러나 믿음은 하나님 아버지를 신뢰하고 순종과 충성하시는 하나님의 아들의 마음과 행동을 표현하고 있다. 믿음이라는 단어는 죄와 상관없는 창세전에 아버지와 아들 사이에 있었던 사랑과 충성을 말하는 것이다. 종교개혁가들이 목적어적 속격으로만 해석한 또 하나의 이유는 하나님께서 이루신 구원과 그 일에 대한 믿는 자의 믿음에 대한 강조는 다른 어떠한 행동도 부정하였다. 그러므로 그리스도를 지적 동의로 믿기만 하였고 그리스도의 삶에 동참하는 행위는 부인하였다. 신자들의 믿음에는 예수 그리스도의 죽음과 부활에 연합하는 믿음과 예수 그리스도의 주인되심을 인정하고 그 분의 다스림에 순종하는 것까지 포함되는 것이다. 이러한 이유 때문에 종교개혁자들이 πίστις Χριστοῦ 구문을 목적어적 속격으로만 해석하여 그들의 '이신칭의' 사상을 만들었다. 즉, "기독교 구원론은 오직 예수 그리스도를 믿음으로 구원을 얻는다"였다. 종교개혁가들의 '이신칭의' 교리의 출발점은 헬라어 구문 πίστις Χριστοῦ 구문을 목적어적 속격으로 해석하는 데 그 뿌리를 두고 있다. 종교개혁가들의 '이신칭의' 사상은 하나님의 속성과 기독론과 종말론의 문맥 속에서 종합하여 조명할 때 구원의 전제 조건으로써 "예수 그리스도를 믿음으로"는 그 구원사적 문제점이 두드러지게 된다고 한다.68) 즉, 하나님의 은혜가 인간에게 적용될 때 그리스도에 대한 믿음을 유일한 전제 조건으로 규정함으로써 그리스도의 십자가에 나타난 구속의 효력을 평가절하 시키고 결국 구원의 개념을 신인협력설적 입장에서 이해하려는 교리적 모순에 빠져 있다는 것이다.69) 그러므로 πίστις Χριστοῦ를 목적어적 속격으로만 해석할 때 이러한 문제점들이 발생한다.

이러한 종교개혁가들의 '이신칭의' 교리의 문제점을 해결하는 방법으로 πίστις Χριστοῦ 구문을 주어적 속격으로 해석하여 보완할 수 있다고 생각한다. 주어적 속격 해석을 주장하는 대부분의 주석가들은 십자가에 나타난 그리스도의 신실성의 측면에서 πίστις Χριστοῦ를 이해한다. 특히 헤이스(R. B. Hays)는 πίστις Χριστοῦ를 십자가에서 돌아가신 예수의 순종과 관련하여 그 자신을 내어 주신 죽음이라는 이야기에 초점을 맞춘다. "그리스도의 신실성"을 통하여 의롭게 됨은 바울이 전파한 복음의 핵심적 내용 중 하나이다. 예수 그리스도를 믿는 사람들은 예수 그리스도의 죽음을 통해 나타난 그 분의 신실성에 의해 올바른 관계를 가지게 된다는 복음을 전파하였다. 바울은 예수 그리스도를 믿는 인간의 믿음 행위를 통해 의롭게 되는 것만 아니라 그리스도의 신실성을 통한 칭의를 강조하고 있다. 객관적 칭의의 근거는 예수 그리스도의 신실성이며 주관적 칭의의 수단은 인간의 믿음의 행위이다.70)

칭의에 인간의 믿음에 근거를 둔 주관적인 칭의가 있고 예수 그리스도의 믿음에 근거한 객관적인 칭의가 있는 것처럼 믿음에도 예수 그리스도를 믿는 믿음과 예수 그리스도의 믿음을 구분할 수 있다고 본다. 믿음에는 이 두 가지 요소가 모두 필요한 것이지 한 가지를 배제해서는 안 된다고 생각한다. 오히려 πίστις Χριστοῦ 구문을 "그리스도의 믿음"으로 번역한다고 해서 하나님의 역사하심에 대한 믿는 자들의 응답을 약화시키는 것은 아니다. "그리스도의 믿음"은 죽은 자를 살리시는 하나님에 대한 그리스도의 믿음을 공유하는 것이고, 그리스도의 믿음은 모든 그리스도인의 존재의 근거가 된다.71)

먼저는 우리가 체험적으로 예수 그리스도를 신뢰하고 믿어야 한다. 그리스도를 믿지 않고서는 그 분이 어떠한 일을 이루셨는지 모르기 때문에 그를 믿는 일이 선행되어야 한다. 그리고 그 분의 믿음이 우리 안에 주어짐으로 우리는 그 믿음(예수 그리스도의 신실성)으로 살 수 있게 된다.

(1) 갈라디아서 2장 16절

16절 εἰδότες δὲ ὅτι οὐ δικαιοῦται ἄνθρωπος ἐξ ἔργων νόμου, ἐὰν μὴ διὰ πίστεως Χριστοῦ Ἰησοῦ, καὶ ἡμεῖς εἰς Χριστὸν Ἰησοῦν ἐπιστεύσαμεν, ἵνα δικαιωθῶμεν ἐκ πίστεως Χριστοῦ καὶ οὐκ ἐξ ἔργων νόμου, ὅτι ἐξ ἔργων νόμου οὐ δικαιωθήσεται πᾶσα σάρξ.

갈라디아서 2장 16절에서 율법의 행위(ἔργων νόμου)가 아니라 그리스도의 믿음(πίστις Χριστοῦ)을 통하여 의롭게 된다고 주장한다. 여기서 "의롭게 됨"의 수단인 πίστις Χριστοῦ의 의미에 대해서는 많은 연구와 열띤 토론이 있었지만 아직 학계 내에는 일치된 견해는 없고 πίστις Χριστοῦ의 뜻에 대한 연구가 문법과 구문론이 아니라 관련 본문 주석에 기초하여 진행되어야 한다는 입장은 학자들의 일치된 견해이다. 대다수의 학자들은 πίστις Χριστοῦ의 소유격이 문법적으로 주어적 속격 또는 목적격으로 해석할 수 있다는 점에서 이의를 제기하지 않는다. 그러므로 πίστις Χριστοῦ 구문을 목적어적 속격과 주어적 속격으로 해석하여 "예수 그리스도를 믿는 믿음"으로 시작해서 "예수 그리스도의 믿음"으로 옮겨가야 한다고 생각한다.

먼저는 목적격으로 해석하여 예수 그리스도를 신뢰하고 마음에 믿어야 한다. 특히 갈라디아서 2장 16절은 믿음으로 의롭다함을 받는 시작 부분이기에 2장 16절은 믿음으로 의롭다 함을 얻는 "목적어적 속격"의 구분으로 해석이 필요하다. 이런 해석에 대하여 공통된 비판은 이 구절은 불필요한 반복을 가져온다고 하는 것이다. 그러나 반복 혹은 중복표현은 강조나 명료화 수단이다. 그러므로 "목적어적 속격"으로 해석할 때, 보다 논리적인 주장이 된다고 정연락 교수는 다음과 같이 설명한다.72)

> ① 대전제: 의롭다함을 얻으려면 "예수 그리스도를 믿는 믿음/ 예수 그리스도의 믿음(διὰ πίστεως Χριστοῦ Ἰησοῦ)"을 가져야 한다.
> ② 소전제: 우리는 의롭다함을 얻기를 원한다.(δικαιωθῶμεν 가정법)
> ③ 결론: 우리는 "예수 그리스도를 믿는 믿음"을 가진다.(ἡμεῖς εἰς Χριστὸν Ἰησοῦν)

16절은 ①을 "목적어적 속격"의 구분으로 해석할 때 바울의 주장(결론)을 논리적으로 설명할 수 있다. 결론에서 바울은 "예수 그리스도의 믿음" 대신에 "예수 그리스도를 믿는 믿음"을 가진다고 하기 때문이다. 또한 갈라디아 2장 16절을 주어적 속격으로 해석하여 "예수 그리스도를 믿는 믿음"과 "예수 그리스도의 믿음"을 동시에 가져야 한다. 바울은 갈라디아서에서 처음으로 δικαιωθῶμεν ἐκ πίστεως Χριστοῦ

를 사용할 때 어떻게 한 인간이 하나님 앞에서 죄 없다고 인정받을 수 있는가에 대해 직접적으로 다루는 것이 아니라 어떻게 이방인이 하나님과 올바른 관계를 맺어 하나님의 언약백성이 될 수 있는가를 취급하고 있다. 이 문구는 율법준수 행위 자체보다는 할례, 음식법, 절기법 등으로 유대인과 이방신을 차별하는 행위들을 말하는 것으로 볼 수 있다. 즉 인간의 행위보다는 율법의 요구 조항들에 초점이 있다. 그러므로 갈라디아서 2장 16절의 πίστις Χριστοῦ는 이방인 신자들이 하나님의 언약 백성으로 가입하는 객관적인 구원론적 근거로 제시되는 "그리스도의 신실성"을 의미한다.73)

신자의 믿음이 의롭게 됨의 주관적이고 인간론적인 근거가 된다. 이것은 바울의 창세기 15장 6절을 인용함으로 확증된다. '칭의'는 인간의 행위로 되는 것이 아니고 예수 그리스도를 믿는 믿음으로 된다는 종교개혁가들의 '칭의'론이 여기서 나왔다. 여기서 의롭게 됨의 근거로 제시되는 πίστις Χριστοῦ는 그리스도를 믿는 신자의 믿음만 아니라 "예수 그리스도의 신실성"으로 동시에 해석되어야 한다.

갈라디아서 2장 16절을 종교개혁의 전통적인 이신칭의 교리의 맥락에서 "예수를 믿음으로 말미암아"로 해석하는 모든 주석들은 그리스도 십자가의 죽음이 가져오는 구속사적 의미를 지나치게 과소평가하고 인간의 위치를 극대화시키는 것으로 평가할 수 있다는 비판이 있다.74) 이러한 문제점을 극복하기 위해서는 목적어적 속격만 아니라 주어적 속격으로 해석하여 보완 완성하여야 한다고 본다.

갈라디아서 2장 16절에 "사람이 의롭게 되는 것은 율법의 행위에서 난 것이 아니요 예수 그리스도의 믿음(신실함)으로 말미암는 줄 알기 때문에 우리가 그리스도 예수를 믿나니"라고 함으로 바울이 그리스도 십자가의 죽음에 나타난 복음 사건의 선포의 결과로서 인간의 믿음을 설명하고 있다고도 볼 수 있다. 즉 인간의 믿음과 그리스도의 신실함 사이에 복음으로서 그리스도에 대한 선포와 그 선포를 통하여 그리스도의 십자가의 사건을 자신의 구원의 사건으로 인식하는 행위가 개입된다.75)

예수 그리스도의 신실함의 사건의 선포를 듣고 먼저는 그리스도를 신앙의 대상으로 삼는 개인적인 믿음이 필요하고 더 나아가서 예수 그리스도의 신실함을 우리가 받아서 예수 그리스도의 신실함으로 살아야 하는 전체를 "믿음"으로 볼 수 있다.

갈라디아서 2장 16절에서 바울은 갈라디아인들이 의롭게 되는 것은 πίστις Χριστοῦ임을 확신한다. 여기서 목적어적 속격으로만 해석하게 되면 바울이 "율법의 행위"(ἔργων νόμου)와 "그리스도의 믿음"(πίστις Χριστοῦ) 사이의 반명제를 곧 율법을 지킬 것인가? 아니면 그리스도를 믿을 것인가?의 두 인간적인 대안으로 제시하려 했다고 하는 오해를 받게 된다. 그러므로 "주어적 속격" 곧 "그리스도의 믿음"으로 번역해서 "그리스도의 충성이나 혹은 순종"으로 이해해야 한다. 그래서 16절을 "사람의 율법의 행함으로서가 아니라 예수 그리스도의 믿음으로(ἐὰν μὴ διὰ πίστεως Χριστοῦ Ἰησοῦ) 의롭게 된다. 그리고 우리가 예수 그리스도를 믿는 것은(καὶ ἡμεῖς εἰς Χριστὸν Ἰησοῦν ἐπιστεύσαμεν) 우리가 그리스도의 믿음으로 의롭게 되기 위함입니다(ἵνα δικαιωθῶμεν ἐκ πίστεως Χριστου)"로 번역된다. 여기서 전치사 διὰ와 ἐκ는 믿음의 주체와 대상을 잘 나타내 주고 있다. 이러한 번역은 예수께서 자신을 내어주신 사랑에 대한 1장 4절과 2장 20절의 언급과도 일치한다.76)

Ⅳ. 갈라디아서에 나타난 기독론적 측면의 구원

(2) 갈라디아서 3장 22절

22절 ἀλλὰ συνέκλεισεν ἡ γραφὴ τὰ πάντα ὑπὸ ἁμαρτίαν ἵνα ἡ ἐπαγγελία ἐκ πίστεως Ἰησοῦ Χριστοῦ δοθῇ τοῖς πιστεύουσιν

바울은 갈라디아서 3장 23-25절에서 신자는 πίστις의 강림과 계시를 통해 율법의 저주로부터 해방 받을 수 있고 πίστις를 통해 하나님께서 의롭게 하신다고 주장한다. 갈라디아서 3장 23-25절에 나오는 ἡ πίστις를 목적어적 속격으로 해석하며 그리스도에 대한 믿음으로 해석할 수 있다.

① 대전제: "예수 그리스도를 믿는 믿음"/ "예수 그리스도의 믿음"을 가진 자가 약속을 받는다.
② 소전제: 그들은 (예수 그리스도를)믿는다. = 그들은 예수 그리스도를 믿는 믿음을 가진 자들(τοῖς πιστεύουσιν)이다.
③ 결론: 그러므로 그들은 약속을 받는다.

논리 구조를 볼 때 대전제의 "믿음"과 소전제의 "믿음"은 같은 "믿음"이어야만 한다. 소전제의 "믿음"이 "신자들 자신이 믿는 믿음"인 것을 "믿는다(πιστεύουσιν)"는 동사를 보아서 확실히 할 수 있다. 그렇기 때문에 갈라디아서 3장 22절의 문제의 구문 "ἐκ πίστεως Ἰησοῦ Χριστοῦ"은 "예수 그리스도를 믿는 신자들의 믿음"을 지칭함을 알 수 있다.[77] 뿐만 아니라 예수 그리스도를 믿게 되면 우리 안에 예수 그리스도의 신실함이 들어오게 된다.

그러므로 갈라디아서 3장 22절의 ἡ πίστις를 주어적 속격으로 해석하여 "예수 그리스도의 신실성"으로도 볼 수 있다. 갈라디아서 3장

23-25절의 πίστις는 그리스도를 믿는 신자의 주관적인 신앙행위를 묘사하고 있지 않고 종말론적이고 계시적인 역사적 사건으로 묘사하고 있다.78)

바울은 갈라디아서 3장 23-25절에서 πίστις를 "강림"의 주체로 묘사하고 있다. 이 세상 속으로 들어와 역사적인 전기를 이루는 πίστις가 "신자의 믿음"만을 의미한다고 보기는 어렵다. 오히려 그것을 하나님의 보내심을 받아(갈 4:4) 세상 속으로 들어오신 예수 그리스도의 강림과 연결시켜 기독론적으로 해석하여 "그리스도의 신실성"으로도 이해해야 한다.79)

갈라디아서 3장 22절을 신론적인 입장에서는 "신자의 믿음"으로 해석하고 기독론적인 입장에서는 "예수 그리스도의 신실성으로 이해하여 우리가 예수 그리스도를 믿고 예수 그리스도의 신실성을 가질 때 율법의 저주로부터 해방되어 자유롭게 되었다"고 보는 것이 바울이 갈라디아서에서 말하려고 하는 그리스도를 통한 자유(갈 5:1)와 일치한다고 생각한다.

2) 사랑으로 역사하는 믿음(갈 5:6)

ἐν γὰρ Χριστῷ Ἰησοῦ οὔτε περιτομή τι ἰσχύει οὔτε ἀκροβυστία, ἀλλὰ πίστις δι' ἀγάπης ἐνεργουμένη

갈라디아서 5장 6절의 "사랑으로 역사하는 믿음"(πίστις δι' ἀγάπης ἐνεργουμένη)은 "신자들의 믿음"을 가리키는 것으로 볼 수 있다. 바울은 이 "믿음"을 저버린 갈라디아 교인들을 "진리를 순종치 않는다"고 힐책하는 것은 그들 자신의 믿지 않는 것을 꾸중하는 것이지

"그리스도의 믿음"을 저버렸다고 볼 수 없는 것이다.80)

갈라디아서 5장 6절의 "사랑"은 13절의 "사랑"과 22절의 "사랑"과 같이 신자들이 가져야 할 사랑이다. 그렇다면 "사랑으로 역사하는 믿음"은 "신자들의 믿음"으로 볼 수 있다. 이 6절의 사랑으로 역사하는 믿음은 바로 앞 절의 "믿음을 좇아"(5:5)의 "믿음"을 지칭하며, 그 믿음의 윤리적 의미를 설명한다. "사랑으로 역사하는 믿음"에는 "신자가 믿는 믿음"의 내용이 들어 있다. 그러나 "신자의 믿는 믿음"은 "예수 그리스도의 믿음"을 소유하게 하고 결국 신자는 예수 그리스도의 신실함으로 살게 되어진다. 예수 그리스도를 믿는 신자 안에 사랑으로 역사하는 "예수 그리스도의 믿음"이 역사하고 있는 것이다.

갈라디아서 5장 6절에 있는 πίστις에 관해서 대부분의 학자들은 그 의미가 그리스도인의 신앙행위라고 생각하였다. 그러나 갈라디아서 3장 24절에 나오는 ἐκ πίστεως의 뜻이 "(그리스도의) 신실성을 통하여"라면 의롭게 되는 이슈를 다루는 문맥에 나오는 ἐκ πίστεως Χριστοῦ의 축약형 ἐκ πίστεως(5:5)의 뜻도 "그리스도의 신실성을 통하여"라는 해석이 가능하고 또 갈라디아서 5장 5절의 πίστις를 "소망의 의"를 대망하는 인간의 주관적 자세(인간의 믿음)가 아니라 그것을 얻는 구원론적인 객관적 근거로 볼 수 있다는 것이다.

갈라디아서 5장 6절의 "사랑으로 역사하는 믿음"은 율법의 권세아래 갇힌 자들을 해방시키기 위하여 이 세상 속으로 들어오고 계시된 구원의 힘으로 묘사되어 있기에 "예수 그리스도의 신실성"으로 해석할 수가 있다고 한다.

Betz는 πίστις가 주어인 두 동사 ἰσχύω와 ἐνεργέω는 πίστις를 어떤 "힘"(power)으로 이해하는 것을 가능케 만든다고 한다.81) 그러므로 "사랑으로 역사하는 믿음"은 갈라디아서 3장 23절의 "믿음"처럼 "예수 그리스도의 오심"과 같은 표현으로 "신자의 믿음"이 아니라 "예수 그리스도의 믿음"으로 이해될 수 있다. 사랑을 통하여 역사하는 "그리스도의 신실성"이 할례냐 무할례냐를 아무 효력 없이 만들고 의의 소망을 기다리게 한다는 것이다. 여기서도 "사랑으로 역사하는 믿음"을 "신자의 믿음"으로 말미암아 소유케 되는 "예수 그리스도의 신실성"으로 해석하는 것이 신론적, 기독론적, 성경론적 입장에서 맞다고 생각한다. "믿음"은 신약성서를 해석하거나 신약신학을 묘사하려 할 때 반드시 다루는 중요한 주제이다. 신약성서의 최초의 저자인 바울은 "믿음"(πίστις)이란 개념을 압도적으로 많이 사용했다. 이로써 그가 이 단어를 얼마나 중요하게 여겼는지를 잘 알 수 있다. 바울이 말하는 믿음의 본질은 믿음의 대상이 되는 "케리그마" 곧 복음 선포와의 관계에서 드러난다. 따라서 믿음은 "오는 것"(ἐλθεῖν 갈 3:23) "믿음의 들음"(ἀκοῆς πίστεως 갈 3:2, 5) 또 믿음의 순종(ὑπακοὴν πίστεως 롬 1:5)이란 표현을 사용한다. 바울이 말하는 믿음은 기본적으로 "하나님을 향한 믿음"(ἡ πίστις ὑμῶν ἡ πρὸς τὸν θεόν 살전 1:8)과 동시에 "그리스도에 대한 믿음"(πίστις εἰς Χριστοῦ)을 내포한다. 또한 바울에게 있어서의 하나님에 대한 믿음은 하나님의 언약에 대한 절대적 신뢰를 뜻한다. πίστις Χριστοῦ의 구분을 해석할 때 먼저는 신론적인 입장에서 하나님을 신뢰하고 예수 그리스도를 신앙의 대상으로 믿는 믿음이 필요하다. 바울의 케리그마 선포를 듣고 하나님과 그의 보내신 자 예수 그리스도를 믿는 믿음이 선행되어야 한다. 그러나 기독교 믿음은 믿음의 대상을 신뢰하는 수준으로 끝나지 않고 기독교적인 삶의 특징으로서의 믿음이 있다.

믿음은 그리스도인의 삶을 규정짓는 특징이 된다.[82] 갈라디아서 2장 20절에서 "이제 내가 육체 가운데 사는 것은 나를 사랑하사 나를 위하여 자기 자신을 버리신 하나님의 아들을 믿는 믿음 안에서 사는 것"이라 말한다. 믿음은 예수 그리스도에 나타난 하나님의 사랑의 행위에 근거한 것이기 때문에, 기독교적인 삶의 특징인 믿음은 사랑의 삶을 실천함으로 드러난다(갈 5:6).

바울은 갈라디아서 3장에서 6장까지에서 사랑의 실천으로서 진리에 순종하는 삶과 성령을 따라 행하라는 삶을 강조하고 있다. 이러한 의미에서 πίστις Χριστοῦ 구문을 기독론적으로 해석하여 "예수 그리스도의 신실성"으로 이해하여 믿음이란 "예수 그리스도를 믿는 믿음"도 되지만 더 나아가 "예수 그리스도의 신실성"으로 사는 믿음까지를 모두 포함한 것으로 이해해야 한다.

사도 요한은 요한복음에서 믿음을 따르는 것과 분리시키지 않는다. 예수 그리스도를 믿는 것과 순종하는 것을 하나로 이해하고 있다(요 3:16-21). 요한복음에는 명사 πίστις가 전혀 사용되지 않고, 동사 πιστεύω만 98회 나타난다. 대부분 전치사 εἰς와 함께 사용되면서 믿는 대상과의 인격적 신뢰를 드러낸다(요 14:1; 6:29; 12:44; 7:39; 12:11). 또 요한복음에는 "따름"을 뜻하는 동사 ἀκολουθεῖν이 모두 19번 사용된다. 그 중 17번이 예수를 따르는 것과 관련된다.[83] 요한복음에서는 믿는 것과 따르는 것을 분리시키지 않고 있다. πίστις Χριστοῦ의 구문을 "예수 믿는 믿음"으로만 해석했던 루터는 야고보서를 "지푸라기 문서"라고 혹평을 했지만 오늘날 야고보서는 초기 그리스도교 지혜 전통에 대한 신학적 성찰을 담은 문서로 새롭게 조명되고 있다. 야고보서의 믿음 이해와 관련하여 무엇보다도 중요한 단락은 믿음과 행위의 관계를 다루는 야고보서 2장 14-16절이다. 여기서 야고보는 믿음과 행위를 분리시키지 않는다.

이와 같은 예들을 볼 때 성경이 증거하고 있는 믿음은 "신자의 믿음"

과 "예수 그리스도의 신실성" 모두를 포함한 것으로 보아야 한다. πίστις Χριστοῦ 구문도 마찬가지다. 목적어적 속격이든 아니면 주어적 속격이든 어느 한가지만으로는 논쟁의 해결을 할 수 없다. 구원은 삼위일체이신 하나님의 역사라는 관점에서 신론적인 관점에서는 하나님과 그의 보내신 자를 신뢰하고 하나님의 약속과 예수 그리스도의 죽음과 부활하심을 믿어야 한다. 그리고 기독론적인 관점에서는 예수 그리스도의 신실성을 소유함으로 순종의 삶이 나와야 한다. 성령께서도 우리에게 예수 그리스도를 믿는 믿음과 예수 그리스도의 신실함을 공급해 주심으로 예수 그리스도를 의지하고 예수 그리스도의 신실성으로 살게 하신다. 이것이 사도 바울이 갈라디아서에서 말하려고 하는 구원론이다. 사도 바울은 갈라디아 성도들이 육체의 할례라는 개종의식 하나만 붙들고 진리에 순종하지 않고 육신의 소욕대로 살아가는 대적 자들과 그들에게 미혹 받는 성도들을 향하여 "진리에 순종하라." "성령을 따라 행하라"고 권면하고 책망하고 있는 것이다.

3. 갈라디아서의 교회

바울은 갈라디아서 2장 19절에 "율법으로 인하여 들춰진 죄는 인생이 자신의 윤리와 도덕으로 해결할 수 없다"는 것을 선포한다. 그러므로 "율법이 말하는 창조주와 피조물의 관계에 대하여 벗어나야 하며, 그리스도로 인하여 아버지와 아들의 관계인 진리 안에 거할 때 하나님을 향하여 살 수 있다" 하였다. 곧 신자는 종말론적 존재 교회가 될 때, 죄를 벗을 수도 이길 수도 있다. 이를 에베소서 2장 6장과 요한계시록 3장 21절에는 "하늘에 앉은 교회, 보좌에 앉은 교회"라 하였고, 갈라디아서 4장 26-31절은 "위에 있는 예루살렘과 같은 자유

있는 여자의 자녀"라 하였다. 이는 새 술은 새 부대에 담는 것과 같으니(마 9:17), 완전히 그 속성과 특성이 다른 새로운 공동체인 교회를 말한다. 이러한 교회는 하나님을 따라 새롭게 창조된 존재를 말한다. 곧 신본주의적 사고에 따른 교회이다. 사도 바울은 이러한 속성을 가진 교회로서 갈라디아 교회를 말한다. 그리고 "내가 산 것이 아니요 내 안에 그리스도가 사시는 것이다"(갈 2:20)는 고백처럼, 교회는 그리스도의 몸으로서 이 땅에 사는 존재요 하나님의 보내심을 받은 특별한 하나님의 소유이다. 사도 바울은 그리스도의 남은 고난(골1:24)이 교회와 연관되어 있으며, 교회의 존재 이유와 그리고 완성을 위함이라 하였다.

1) 갈라디아 공동체

갈라디아 교회에 바울과 바나바가 복음을 전한 다음 그 곳을 떠난 후에 바울이 전한 그리스도의 복음과는 '다른 복음'(갈 1:6-7)을 전하는 자들이 출현하였다. 바울은 그 상황 때문에 갈라디아 교회에 서신을 보내게 되었다. 베쯔(Betz)는 대적자들의 정체가 확연하게 드러나지 않는 이유는 "바울이 직접 그 대적 자들과 이야기하는 것이 아니라 다만 그들이 제기한 문제를 다룰 뿐이기 때문이다"라고 한다.[84] 갈라디아서 2장 1-10절에서 바울은 예루살렘교회에서 결의된 내용을 언급하였다. 예루살렘 공의회에서 이방인도 유대인과 같이 "주 예수의 은혜로 구원을 얻는다"(행 15:11)는 데에 바울과 예루살렘교회의 지도자들이 이미 합의하였다. 그런데도 일부 유대교 지도자들은 "이방 사람들에게도 할례를 주고, 모세의 율법을 지키라"(행 15:5) 하였다. 이러한 유대주의자들의 가르침은 갈라디아 교인들을 유혹에 넘어가게 했고(갈 3:1) 갈라디아 교회 안에서 바울과 대적자들 사이에 대립과 논쟁이 발생하였다. 대적자들은 바울의 사도성과 바울이 전하는 복음에 대해 비난하였다(갈 1:1; 1:1-2:10). 그리고 개종의식으로서의 할례를 강조하여, 이방인이 할례를 받고 유대인처럼 되어야 구원을 받는다고 가르쳤다. 이러한 대적자들에게 바울이 하나님의 언약과 약속(갈 3:15-18) 그리고 '율법의 행위와 믿음으로 난 의'에 대해 이야기하는 것을 보면 이들은 유대적 배경과 예루살렘 기원을 가졌음을 알 수 있다. 그리고 바울이 가르친 복음과 다르지만 이들이 복음을 전하려 했던 것과 '그리스도의 십자가'로 인한 박해를 피하려 했다는 점(갈 6:12)을 볼 때 이들이 예수를 믿는 사람들이었음을 알 수 있다. 바울은 대적자들의 의도가 분명했을지라도 대적 자들을 공격하거나 자신의 입장을 변호하기 위해 서신을 쓴 것은 아니다. 바울은 갈라디아 교회들에게 편지를 쓴 것이다.[85]

(1) 갈라디아교회의 정황

갈라디아(갈 1:2)의 위치에 대하여 갈라디아 사람들이 거주하는 북쪽 지역을 지칭한다는 북부 갈라디아설과, 로마의 행정구역인 남쪽 지역을 가리키는 것으로 보는 남부 갈라디아설이 있다.[86] 갈라디아인을 언급할 때(갈 1:2; 3:1) 바울은 갈라디아 성의 남부에 위치한 네 교회를 의도했고 "갈라디아 땅"을 언급할 때(행 16:6; 18:23) 누가는 매우 명확히 갈라디아와 대조되는 성이라는 행정구역상의 갈라디아를 의도했다고 본다. 바울이 제1차 선교 여행시 더베, 루스드라, 이고니온 그리고 비시디아 안디옥의 교회들이라고 한다면, 그는 그 구성원들을 갈라디아인들이라는 것 외에 어떤 단일 용어에 의해서 잘 호칭할 수 없을 것이기에 남부 갈라디아의 교회에 대해 어떤 다른 명칭을 제안하는 것도 불가능할 것이다.[87] 그러므로 갈라디아 서신의 수신자는 남부 갈라디아라고 생각한다.

바울은 첫 번째 전도여행 기간에 비시디아 안디옥, 이고니온, 루스드라, 더베 등에 교회를 세웠다(행 13:13-14:28). 바울은 제2차 전도여행 때 갈라디아를 지나면서 디모데와 동행했고(행 16:6), 제3차 전도여행 시에 그곳을 다시 방문하였다(행 18:23).

갈라디아서의 기록연대에 대하여 북부 갈라디아설을 주장하는 이들은 바울의 3차 전도여행 중에 A.D. 53-58년 사이에 기록되었다고 가정한다. 그러나 대부분 남부 갈라디아설을 주장하는 이들은 바울의 제2차 전도여행의 초기인 A.D. 49-50년경 또는 바울의 제1차 선교여행 이후와 A.D. 49년 예루살렘 공의회 이전 사이에 기록되었다고 본다.

갈라디아서 2장 4절에 "가만히 들어온 거짓형제들"은 갈라디아 교회 성도들이 가지고 있는 자유를 엿보고 미혹하여 다시 종으로 삼고자 하였다. 갈라디아 성도들은 그러한 대적자들의 미혹에 빠지기 시작했으나(갈 4:9-11) 할례라는 개종의식에는 아직 참여하지 않는 것 같으며 바울은 "그리스도인의 자유에 굳게 서라"(갈 5:1)고 그들을 강하게 권면하고 있다. 외부로부터 유입된 율법주의자들의 위협에 더하여 갈라디아 교회들 안에는 방종주의의 위협이 있었다.[88] 바울은 육신을 좇는 방종주의자들에 대하여 "전에 너희에게 경계한 것 같이 경계하노니 이런 일을 하는 자들은 하나님의 나라를 유업으로 받지 못할 것이요"(갈 5:21)라고 권면한다. 갈라디아 교회들 안에는 이방인들이 구원을 받으려면 할례라는 개종의식을 받아야 한다고 율법의 행위를 주장하는 율법주의자들이 나타났고 또한 헬라의 이분법적인 플라

톤 사상이 들어와서 육체는 마음대로 살아도 영혼과는 관계없다고 주장하는 방종주의자들(불법주의자들)이 나타났다. 바울은 이러한 대적자들에 대하여 '율법의 행위'가 아닌 '믿음'으로 의롭게 되고, 그렇게 성령으로 시작한 사람은 성령을 따라 진리에 순종하는 삶을 살아야 마지막 영생을 얻을 수 있다고 강조하였다.

갈라디아서에서 나타난 바울의 대적자들은 갈라디아 교회 안의 사람들이 아닌 외부로부터 갈라디아 교회에 찾아온 유대인으로 본다. 그들은 '그리스도의 복음'이 아닌 다른 복음을 전파하였다 할지라도, 적어도 예수를 메시아로 믿는 그리스도인들로 볼 수 있다.[89] 이들이 갈라디아 교인들에게 유대인들의 민족적, 종교적, 사회적인 신분의 표지들인 할례와 율법을 지키도록 강요하고, 아브라함의 경우를 자신들의 주장의 근거로 제시하고, 예루살렘을 강조한 것을 보아서 예루살렘 교회와 관련이 있음을 알 수 있다. 이들은 예루살렘 교회에 소속되어 있으면서 율법과 할례 등 유대민족의 종교적, 민족적, 사회적 정체성과 보류들을 기독교 신앙의 필수적인 부분으로 고수하고 전파하는데 힘쓰는 자들이라 볼 수 있다.

갈라디아 교회 안에는 대적자들이 두 가지 형태로 나타났다. 첫째는 갈라디아서 1장 6-9절에서 보면 '유대교화를 주장하는 자들'(Judaizers)은 할례의식과 율법의 행위를 강조하고 나온 자들인데 바울은 이 적대자들을 '할례 받은 자들'로 언급한다(갈 2:15-21; 3:2-5; 4:21; 5:2-12; 6:12-17). 이들은 하나님의 언약 공동체로 들어가는 자격을 부여받는 방법으로서 할례를 강요하였다. 그들은 예루살렘에서 도달했던 합의(갈 2:1-10)에 어긋나게 그들은 그들의 선교를 위해 유대교의 경계를 넘었으며 바울이 세운 이방 그리스도인 교회들 사이에서 그들의 개종자를 만드는 일을 시작했을 것이다. 그러므로 "할례 받으라"는 것과 율법의 행위를 강조하는 요구 이외에는 그들의 '복음'이 바울의 것과 동일했을 것이다. 그렇지 않으면 바울이, 그들이 자신과 근본적으로 다르다는 것을 그토록 열심히 설명하려고 하지 않았을 것이다.[90]

둘째는, 갈라디아서 6장 11-18절에서 바울의 자유에 관한 가르침을 과장한 도덕적 방종주의 나타났다. 바울의 적대자들은 갈라디아 인들이 안고 있는 문제들의 속사정을 파악하고 교회 안에 있는 도덕적 방종주의에 대한 대책으로 할례와 유대인의 삶의 스타일을 강요했다고 볼 수 있다. 갈라디아서의 많은 구절들이 육체($\sigma\acute{\alpha}\rho\xi$ 사륵스)라는 구체적인 문제로 고심하고 있음을 볼 수 있다. 이와 같은 유대교화 시키려는 율법주의와 진리를 무시하는 도덕적 방종주의의 경향이 갈라디아 교회들을 위협하고 있었다. 바울은 유대교화하려는 율법주의 위협에 대해서 바울은 모든 갈라디아의 그리스도인들을 '어리석은 갈라디아인들'(3:1)로 규정하고 있으며, 반대로 도덕적 방종을 조장하는 불법주의자들에 대하여는 "형제들아, 신령한 너희는"(갈 6:1)에 해당하는 모든 믿는 자들에게 말하고 있는 것처럼 보인다.

반면에 갈라디아 교회 안에 들어온 바울의 대적자는 두 부류가 아니라 한 부류의 사람들이라 볼 수 있다. 한 부류의 사람들에게 율법주의와 방종주의가 동시에 나타났다고 볼 수 있는데 여기서 율법주의자들은 율법을 모두 지켜서 구원을 받으려고 힘을 썼던 자들이 아니라 오히려 할례 받은 것으로 구원이 모두 이루어졌다며 방종주의에 빠진 자들이라는 것이 전제되어야 한다. 전통주의 견해는 갈라디아서의 논쟁이 행함으로 의를 얻으려는 유대 율법주의와 믿음으로 의를 얻는다는 바울과의 논쟁으로 보았다. 그러나 새 관점에서는 이방인과 유대인을 나누는 표지로서의 율법의 행위를 의지하는 자들과의 논쟁으로 본다.

그렇다면 갈라디아교회들 가운데 바울을 대적하는 자들은 율법을 지키지도 않으면서 할례 받은 것으로 구원을 받았다고 자랑하며 믿음과 성령의 삶을 버리고 육신의 소욕을 좇는 자들이라 볼 수 있다.

바울은 갈라디아 교회의 대적자들이 할례는 강요했지만 "율법을 지키지 않는 자들"이라 말한다(갈 6:12-13). 할례는 받았으면서도 율법을 지키지 않는 위선적 유대인들로서 믿음과 성령의 삶을 거절하고 육신의 소욕대로 살아가는 사람들이었다. 갈라디아 교회들의 위기를 '율법주의'로 규정하는 전통적 관점은 대부분 율법 문제를 다루는 갈라디아서의 전반부의 신학적 논증에 기대고 있으나 갈라디아 상황에 대한 바울 자신의 직설적인 진술들에 대해서는 상대적으로 관심을 갖지 않는다. 바울은 현 상황을 하나님을 떠나는 배교로(갈 1:6; 4:8-11), 성령을 떠나 육체로 기울어지는 것으로(갈 3:3), 진리를 순종하기를 멈춘 것으로(갈 5:7) 규정한다.[91] 그들은 이방인들이 할례라는 개종 의식을 행해야 구원받을 수 있다면서 갈라디아 교회들안에 가만히 들어와 성도들을 자신들의 종을 삼으려고 한 것이다. 그들에게 미혹 받은 갈라디아 성도들은 할례나 절기 준수 같은 무가치한 계명들에는 집착하면서 오히려 더 중요한 예수 그리스도의 십자가의 죽음과 부활, 믿음, 성령의 삶은 버리고 있었다. 그래서 바울은 어리석은 갈라디아 사람들이라 하면서 "예수께서 십자가에 못 박히신 것이 밝히 제시되었거늘 누가 너희를 꾀어서 진리에 순종하지 못하게 하더냐"(갈 3:1) 하면서 "성령으로 시작했다가 육체로 마치겠느냐"(갈 3:3)라고 꾸짖고 있다. 그들은 성령이 역사하시는 믿음을 버리고 성령이 역사할 수 없는 "율법의 행위"를 의지하기 시작했기 때문이다(갈 3:2-5). 그래서 바울은 그러한 대적자들을 향하여 "다른 복음"을 전하고 있는 저주 받을 자들이라고 강하게 책망하는 것이다(갈 2:8).

결론적으로 갈라디아 교회들에 나타난 대적자들은 율법을 힘써 지키려고 했던 율법주의자들이기보다도 할례와 같은 율법의 행위를 붙들고 그것으로 특권의식을 가지면서 믿음, 진리, 성령의 삶을 파괴하고 있는 방종주의자들임을 알 수 있다.

(2) 갈라디아 공동체의 구성 그룹

갈라디아교회 안에는 '하나님 경외자(God-Fearers) 출신 그리스도인들'과 이교 출신 이방 그리스도인들로 구성되어 있었다. 여기에 외부로부터 유대인 그리스도인(갈 1:7; 2:4; 4:14; 5:10; 6:12-13)의 '할례를 중심으로 한 율법준수 주장'으로 인해 혼란스러운 상황이었다. 바울은 할례라는 개종의식을 가지고 유대인과 이방인의 경계를 세우는 대적자들을 대항하여 "그리스도 예수 안에서는 할례나 무할례나 효력이 없다"라고 단호하게 유대인과 이방인의 경계표지로서의 할례를 반대한다. 그리고 "사랑으로 역사하는 믿음"뿐이라 하면서 십자가를 통한 '마음의 할례'가 진정한 할례임을 강조한다. 갈라디아 교회들 안에서 발생한 문제는 갈라디아 교회의 구성원들의 모습 및 성향과 밀접하게 연관되어 있다. 갈라디아 교인들이 '유대인 그리스도인들과 이방인 그리스도인들'로 보는 견해가 있다. 갈라디아서의 3장의 아브라함과 관련된 진술(갈 3:6-18)에 주목하면서 갈라디아 교회 안에 유대인들이 있었다고 한다.[92] 특히 바울이 처음 비시디아 안디옥에 갔을 때 그곳에는 유대인 회당이 있었고(행 13:14) 그곳에서 복음을 전파하였다는 기록을 보면 갈라디아 교회 안에 유대 그리스도인들의 존재 가능성을 인정할 수 있다. 그러나 던(Dunn)은 "갈라디아인들이라는 묘사는 4장 8절이 보여주는 것과 같이 갈라디아서의 수

신자들이 비유대인들이었음을 암시한다"고 하면서 갈라디아 교회들이 순수한 이방인 그리스도인들로 구성되었을 것으로 본다.93)

그러나 갈라디아 교회의 구성원들을 모두 순수한 이방인들 가운데 예수 그리스도를 구주로 믿는 이방인 신자들로만 볼 경우 할례의 문제가 크게 부각되었고(갈 5:2-4; 6:12-13), 갈라디아 교회 구성원들이 왜 크게 동요되었는지, 또 3장에서 바울은 믿음에서 난 사람들을 왜 아브라함을 아들들이라 지칭하였는지를 설명하기 어렵다.94)

갈라디아 교회 안에 '하나님을 경외하는 자들'이 있었다. 이들은 회당 주변에서 유대교의 유일신과 윤리적 가치관에 호기심을 갖고 하나님을 두려워하며 유대교에 관심을 보인 이방인들로 이루어진 집단이었다. 이들은 바울의 선교의 대상자들이었고 그 결과로 갈라디아 교회들의 구성원들로 유입되었을 가능성이 높다. 갈라디아 지역의 중심 도시인 비시디아 안디옥은 유대인 회당이 있었고 많은 이방인들이 하나님을 경외하는 자들로 있었을 것이다. 디모데도 어머니는 유대인이었고 아버지는 헬라인으로 어려서부터 성경을 읽고 경건한 삶을 살다가 바울을 만나 동역자가 되었다.

갈라디아 교회들의 구성원들 가운데 하나님 경외자 출신 그리스도인들이 존재했을 가능성을 인정하면서 갈라디아 공동체 구성원들이 '율법의 행위들'이나 '할례'와 같은 율법적인 성향에 '다시' 노출되고 있는 것으로 표현된 점(갈 5:2-12; 6:11-16), 유대교적 관습에 익숙한 자들을 염두해 둘 때 자연스러운 본문이 있다는 점(갈 3:23-25; 5:1) 등을 제시하는 견해도 있다.95)

바울은 갈라디아서 3장과 4장을 통하여 '유대인과 이방인 사이의 경계 철폐'라는 목표를 두고 하나님 경외자 출신 그리스도인들과 이교도 출신 이방인 그리스도인들에게 "율법의 행위"가 아닌 "예수 그리스도 안에서의 믿음"으로 아브라함의 자손이 되고 하나님의 자녀가 됨을 강조한다. 바울은 갈라디아서 5-6장에서는 '할례자와 무할례자 사이의 경계 철폐'와 '이웃 사랑을 통한 온 율법의 성취'를 이야기 한다. 바울은 '사랑으로 역사하는 믿음'의 강조를 통해 할례와 무할례의 문제 등으로 파생된 갈등을 '사랑의 실천'이라는 항목을 통해 해소하고자 했다.96) 필자는 이에 대하여 삼위일체 하나님의 관점에서 설명되어야 한다고 생각한다. 단순히 할례자와 무할례자의 경계를 철폐하고자 함이 아니라, 삼위일체 하나님의 관점에 서 있는 구원 계획은 유대교의 유대인들이 형성되기 전에 하나님의 그리스도 안에 세워졌기에 당연히 구별될 수 없다(갈 3:8). 그리고 하나님의 교회는 '한 몸'이기에 '몸'으로서의 삶은 '사랑으로 역사하는 믿음'이어야 한다. 갈라디아서 3장 8절에 "성경이 미리 알고 먼저 아브라함에게 복음이 전해졌다" 하였다. 여기 '먼저'라는 의미는 하나님께서 아브라함과 구원 계획을 의논하지 않았다는 것이다. 곧 아브라함이 성경에 등장하기 전에 이미 하나님 안에 세워졌다는 것이다. 삼위일체 하나님 안에 세워진 구원 계획은 아버지 품속에 독생하신 자(요 1:18), 곧 그리스도를 말하는 것이다. 그리고 '때가 되니' 여자에게 나셨으니(갈 4:4), "예수"라 일컫게 된 것이다(눅 1:31). 예수는 이제 십자가에 죽으시고 성부 하나님의 역사로 부활하셨으니 그리스도 예수께서 "주와 그리스도"가 되셨다(행 2:36). 그러므로 그리스도 예수 안에 있는 믿음이라 한다. 그러므로 이 구원 계획을 '하나님은 누구와 먼저 이야기하셨는가?' 그리고 '이를 성취하기 위하여 누구를 세우셨는가?'에 대하여 대답은 너무나도 명확한 것이다. 그 대답이 위의 갈등에 대한 바울의 반응을 설명할 수 있다. 그러면 첫 번째 하나님은 누구와 이야기 하셨는가? 그 답은 성자 하나님이시다. 성부 하나님과 성자 하나님의 사귐이니 하나님 안에 먼저 세워진 것이다. 두 번째, 이를 위하여 성부 하나님께로부터 성자 하나님이 보내심을 받되, 육체로 오시는 죽음과 부활이 예수 그리스도 안에 세워진 것이다. 그러므로 이는 유대인도 이방인도 철저하게 그리스도 예수의 공로가 구원의 필수적인 조건이 된다. 그리스도 예수는 부활을 통하여 인생으로 하여금 '성령으로 사는 하늘의 삶'을 가능하게 하셨다. 갈라디아서 5장 25절에 성령으로 사는 새로운 인류를 소개하는 바울은 갈라디아서 4장 26-27절에 이들이 "하늘의 예루살렘과 같은 그리스도로 인하여 태어났다" 하였다. 이런 새로운 인류는 자신들의 내면에 그리스도의 형상을 소유하고 있다(갈 4:19). 그러므로 그들은 한 몸이니 그들의 삶은 당연히 '사랑'으로 빚어진 삶이어야 한다. 이 '사랑'을 공급하시는 분이 성령이요 '그리스도의 형상'을 통하여 흐르는 것이다(골 2:19). 그래서 이 '한 몸'이 하나님의 교회인 것이다.

2) 그리스도의 몸: 교회

교회(ἐκκλησία 에클레시아)는 그리스도의 이름으로 거듭난 자들의 집단을 지칭하는데 바울이 가장 자주 사용하는 용어이다. 헬레니즘 사회에서는 이 단어가 정치적인 이유로 모인 회중(행 19:39) 또는 회중 자체를 지칭할 수 있다. 그러나 바울에게 있어서 이 단어의 배경은 이스라엘을 하나님의 백성으로 생각하는 구약의 용법이다. 이 단어 가운데는 구약의 하나님의 백성과 직접적인 관계가 있다는 주장이 암시되고 있다.97)

바울은 갈라디아서에서 "갈라디아 교회들"이라고 불렀다(갈 1:1). 분명히 바울은 이방선교에서 개종한 자들의 공동체적 정체성을 개념화한 용어로 "교회"를 사용하였다. '에클레시아'는 70인역에 100회 정도 나오는데, 그 근저에 있는 히브리어는 '카할'(קהל 회중)이다. '카할 아도나이,' '카할 이스라엘'이라는 어구들 배경으로 바울은 '하나님의 교회'라고 말을 자주 사용하였다. 즉 갈라디아서 1장 13절에 바울은 "하나님의 교회"라고 사용하고 있다. 또 다른 핵심용어인 "하나님의 의"와 마찬가지로 바울은 "하나님의 교회"라는 언급 자체만은 칠십인역에 정통해 있었던 청중들과 서신 수신자들에게는 편하게 사용할 수 있었다.

바울은 결박자로서 자신의 이전의 역할에 관하여 말할 때마다 매번 자신을 "하나님의 교회를 박해한 자"로 말하고 있다(고전 15:9; 빌 3:6). 세상의 근저에 있는 것은 '하나님의 교회'는 역사적 이스라엘과의 불연속성이라기보다는 연속성이라는 것이다. 이것이 바울이 로마서 16장 이전의 본론 부분에서 '교회'라는 개념을 사용하지 않고, 특히 11장에서 12장으로 넘어가는 대목에서 이 단어가 성경에 없는 이유일 수 있다고 한다.[98] 바울은 육적 이스라엘과 영적인 이스라엘을 구별한다. 영적 이스라엘을 하나님께 신실한 참 이스라엘이라 하며, 참 이스라엘은 그리스도 안에 있는 이방인과 유대인을 모두 포함한다. 그들은 아브라함의 자손(갈 3:29)이며 바울이 언급한 '하나님의 이스라엘'은 영적인 참 이스라엘인 교회를 가리킨다.

바울이 교회에 대해서 사용한 가장 특징적인 비유는 "그리스도의 몸"이다. 바울은 교회를 몸 자체로 말하지 않는다. 그것은 그리스도 안에 있는 몸(롬 12:5), 또는 그리스도의 몸(고전 12:27)이다. 바울은 교회가 주와 하나라는 것을 표현하기 위해서 몸의 비유를 사용하였다. 바울은 로마서 12장에서 최초로 "그리스도 안에서 한 몸"(고전 12:5)으로서 기독교 공동체에 관한 은유를 사용한다. 바울은 하나님의 백성을 가리키는 이스라엘이라는 범주로부터 그리스도인과의 관계에 의해 정의된 몸이라는 이미지로 옮겨간다. "그리스도의 몸에 참여"(고전 10:16), "너희는 그리스도의 몸"(고전 12:27), 그리고 "우리 많은 사람이 그리스도 안에서 한 몸 되어"(고전 12:5)라고 바울은 교회를 "그리스도의 몸"이라고 한다. 이러한 바울의 몸 이미지는 단순히 떡을 떼는 성례전에 초점을 맞춘 공동체가 아니라 예배 공동체의 상호관계를 염두에 두고 있는 것으로 보인다.99)

'몸'은 하나됨을 위한 가장 흔히 등장하는 장소로서 지체들의 다양성에도 불구하고 공동체의 하나됨에 대한 결정적인 표현으로서의 몸을 사용하였다. 몸으로서의 도시나 국가라는 이미지는 당시 정치철학에서 친숙하게 사용되고 있었다. 그러나 기독교 회중이 정치체제에서 사용한 몸과는 다른 점은 "그리스도의" 몸이라는 독특한 정체성을 지닌다는 점에서 다르다. 즉 신자들이 서로 합쳐서 몸을 구성하는 것이 아닌 것은 그들은 서로의 지체가 아니라 그리스도의 지체들이고 그리스도 안에서 한 몸이기 때문이다.100)

교회는 "만물 안에서 만물을 충만케 하시는 자의 충만"(엡 1:23)이다. "충만"으로 표현되는 교회가 세상에서 그리스도의 몸으로서 위치에서 그의 주가 되시는 머리이신 그리스도를 통하여 역사하는 그리스도의 생명과 능력으로 채워져 넘친다는 말이다. 즉 하나님의 모든 신성의 충만함이 교회를 통해서 나타나서 만물을 충만케 하고 복종시킨다는 것이다. 이러한 하나님과 그리스도 그리고 몸된 교회라는 구조가 갈라디아 교회를 이해할 수 있는 열쇠가 된다. 곧 모든 교회가 그리하지만 갈라디아 교회는 땅의 기관이 아니다. 하나님에 의하여 그리고 하나님에 의하여 보내심을 받은 그리스도에 의하여 하나님이 세우신 종말론적 하늘의 기관이다. 이것이 갈라디아 교회의 갈등의 원인을 규명할 수 있는 시작이다. 땅에서는 유대인이냐? 이방인이냐?의 구분이 가능하지만, 하늘의 하나님의 종말론적 존재가 되어진 이후로는 어떠한 세상의 장치로도 이를 나눌 수 없다. 바울은 이처럼 육체로 인하여는 이 세상의 속한 자이지만, 성령으로는 하늘의 하나님의 종말론적 사신이 된 교회를 세상의 의로서 규정할 수 없다 하였다.

교회는 하나님의 새 백성으로서 하나님의 나라의 백성이며 종말론적인 백성이다. 교회는 종말론적인 완성의 때에 하나님의 나라를 기업으로 받게 될 것이고 그들은 이미 하나님의 나라의 통치를 받고 있다. 교회의 실재함은 종말론적인 성령이 임하였기 때문이다. 사람이 그리스도를 믿고 성령의 침례를 받을 때, 그는 그리스도의 몸의 지체가 된다. 그러므로 다른 기독교인들과 떨어져 있는 기독교인이란 있을 수 없다. 그리스도와 연합되어 있는 자는 그리스도의 몸을 이루고 있는 다른 사람들과도 연합되어 있다. 이는 성도는 성도의 지체라는 의미가 아니라 성도는 그리스도의 몸의 지체가 되는 것이며 그리스도 안에서 서로의 지체가 된다는 뜻이다. 그러므로 성경적인 의미에서 "교회 밖에 구원 없다"(*extra ecclesiam nulla salus*)는 말은 사실이며, 이는 '그리스도 안'이라는 뜻이 교회라는 말이다. 그래서 교회밖에는 구원이 없는 것이다. 성령에 의한 그리스도의 몸을 구성하는 일은 새 백성을 형성하기 위하여 승천하신 그리스도예수에 의하여 일어난다.[101] 곧 그리스도 밖에서는 교회가 형성될 수 없는 것이다. 이러한 교회는 하늘의 하나님의 지성소가 되는 것이며 이는 그리스도에 의하여 세워지는 것이다.

갈라디아서의 논쟁은 이방인이 하나님의 백성에 들어오는 것과 관계가 있다(갈 3:23-4:10). 유대인이든 이방인이든 그리스도 안에서 하나가 되는 것을 바울은 말하고자 한다. 즉, 이방인이 하나님의 자녀가 되는 것은 유대인이 되는 율법의 행위 즉 할례 의식을 통해서 되는 것이 아니라 오직 예수 그리스도 안에서 믿음으로 되는 것이며, 하나님의 자녀가 된 자는 육체를 따라 방종을 따르지 않고 성령으로 진리에 순종하는 삶을 살게 된다는 것이다. 즉 교회는 할례를 통해 서로 이방인과 유대인을 구분 짓는 것이 아니라 믿음으로 유대인이든 이방인이든 그리스도 안에서 하나가 되며 한 몸을 이룬다는 것이다. 그러므로 갈라디아서에서 바울이 공격하는 것은 유대인의 특권이라는 개념이며, 예수 그리스도 안에서 믿음으로 말미암아 의롭게 되며 그 기초 위에서 이방인을 포함하려는 의도(갈 3:13)가 있음을 알 수 있다. 바울은 여기서 유대인과 이방인이 믿음으로 구원받아 하나를 이루는 '교회의 하나됨'을 다루고 있다고 볼 수 있다.[102]

교회의 기초는 반석이신 그리스도이시고 교회의 하나됨의 기초는 "그리스도 안에"이다(갈 3:26-29). 곧 "유대인이나 헬라인이나 종이나 자유자나 남자나 여자 없이 다 그리스도 안에서 하나이니라" 기록하고 있다. 바울은 그리스도 안에 있는 갈라디아 교회들을 하나님 자녀요, 아브라함의 자손이라, 하나님의 이스라엘이니 곧, '새로운 창조'의 공동체라고 한다. 바울은 "그리스도 예수 안에" 새로운 하나됨이 있으며 그것은 과거의 모든 차별성을 폐하고 유대인과 이방인이 한 몸으로 하나님과 화평케 됨을 말하고 있다.

그리고 바울은 갈라디아서에서 교회의 핵심적인 본질을 성령의 임재와 성령의 인도받는 삶으로 말하고 있다. 교회는 성령의 임재로 탄생되었다. 바울은 갈라디아서 3장 3절에서 "성령으로 시작"하였다고 말한다. 성령이 오심으로 교회가 탄생되었고, 성령을 따라 행함으로 육체의 소욕에서 벗어나고(갈 5:16), 성령의 인도하심을 받음으로 율법아래 있지 않고(갈 5:18), 성령의 열매를 맺게 된다(갈 5:22-23).

바울은 그리스도의 몸된 공동체의 중요한 특징 가운데 하나로서 성령의 열매를 열거한다. 바울에게 있어서, 성령의 열매는 성령으로 충만한 삶의 두드러진 특성을 가리키며, 이 주제는 갈라디아서 전체를 관통하여 교회의 하나됨의 중요한 논리적 구성을 이룬다. 갈라디아서 5장 14절의 '사랑'은 율법의 완성이며 "이웃을 사랑하라"는 율법의 명령에 입각하여 규정짓고 있다. 예수님은 "네 이웃을 네 몸과 같이 사랑하라"고 새 계명을 주셨다. 바울은 예수님의 명령을 인용하고 있다. 갈라디아서에서의 '사랑'은 기독교 공동체 내의 다른 사람을 섬기는 것에 일차적으로 초점이 맞추어져 있다. 즉, 사랑은 교회 공동체에 대한 관심과 배려를 의미한다.

바울은 '사랑'을 성령의 열매 중 맨 앞자리에 위치시키고 있다. 그리스도 안에서 유대인이나 헬라인이나 종이나 자유자나 남자나 여자나 모두 새로운 통일체, 새로운 피조물이 될 수 있다(갈 3:28). 그리고 갈라디아서에서 이 연합은 구속사적인 '객관적' 연합으로 묘사된다. 즉 우리가 그리스도에게 속함으로 아브라함의 자손이요 약속대로 유업을 이을 자가 된다(갈 3:29). 그들은 그리스도인으로서 그리스도의 몸된 지체들이 되어 함께 한 몸을 이룬다. 바울은 갈라디아서 전체를 통하여 율법의 행위 곧 할례라는 개종의식이 교회 회원이 되는 조건이 될 수 없고 오직 예수 그리스도 안에서 믿음으로 교회 회원이 되기에 유대인과 이방인 사이의 장벽이 제거되어야 하고 유대인이나 이방인이나 그리스도 안에서 한 가족이요 한 몸이기에 아무도 자신의 우월성을 주장할 수 없다고 한다.

이와 같이 교회는 그리스도 안에 있는 성령 충만한 공동체요 사랑의 공동체이다. 교회 공동체 안에 장벽이나 분리함이 없고 사랑 안에서 서로 섬기는 일만이 있다. 갈라디아서 6장 2절에 "너희가 짐을 서로

지라 그리하여 그리스도의 법을 성취하라"고 바울은 갈라디아교회에 권면하고 있다. 또 갈라디아서 5장 13절에서는 "그리스도께서 자유를 주셨으니 그 자유로 육체의 기회를 삼지 말고 오직 사랑으로 서로 종 노릇 하라"고 한다. 이는 교회 공동체 안에서 사랑으로 그리스도 예수의 죽음과 부활의 목적을 이루기 위해 서로 짐을 지고 서로 종노릇하라고 권면하는 것이다. 갈라디아 교회들 안에 율법주의자들, 방종주의자들, 가만히 들어온 거짓형제들로 인하여 혼란과 분열의 위협이 있을 때 바울은 교회를 세우는 자로 서서 예수 그리스도의 믿음과 성령의 인도에 따라 사는 삶을 강조하여 그리스도 안에서 이방인과 유대인, 자유자와 종, 남자와 여자의 구별 없이 그리스도를 머리로 하는 공동체를 건축하고 있다.

우리는 하나의 그림을 결과적으로 그릴 수 있다. 마치 어미의 젖을 먹는 어린 아이들의 모습이다. 그리스도 예수는 '한 몸'을 제공하시고 성도는 그 몸의 지체가 되어 자라게 하시는 하나님의 역사로 그리스도의 장성한 분량에 이르게 하시는 것이다. 이런 그림의 중심에 가장 독특한 모양이 '한 몸'인 교회이다. 에베소서 4장 24절에는 "새사람"이라 하였다. 그래서 바울은 "내 몸에 흔적 된 예수"(갈 6:17)라 하였다. "교회"는 부활로서 그리신 그리스도 예수의 그림이요, 하나님의 창조 계시의 의미이다.

V. 갈라디아서에 나타난 성령론적 측면의 구원

갈라디아서에 나타난 성령론적 측면의 구원

바울은 사람이 의롭게 되는 유일한 근거로 갈라디아서 2장 16절에서 "예수 그리스도를 믿는 믿음"을 제시한다. 이는 "율법의 행위"로는 의롭게 될 육체가 없기 때문이다. 그리고 갈라디아서에서 바울은 사람을 의롭게 하는 그 믿음의 주체로서 성령을 이야기한다. 그러므로 사람이 예수 그리스도 안에서 믿는 믿음으로 의롭게 되는 것을 갈라디아서 3장에서는 성령으로 시작했다고 말한다. 성령으로 말미암지 않고는 예수를 주로 시인할 수도 없고, 성령이 주시는 선물로 믿는 자들 안에 '믿음'이 주어진다(고전 12:3, 9). 바울은 갈라디아서에서 그리스도와 그의 십자가의 죽음과 부활이라는 구원사역을 믿게 해주는 주체로서 성령을 계속해서 제시하고 있다. 믿음으로 의롭게 되는 바울의 '이신칭의' 교리 이면에는 기독론적 의미에서만 한정된 것이 아니라 성령의 역사로 그 믿음을 통해서만 '칭의'가 주어진다는 사실이 자리잡고 있다.

바울은 서신서에서 삼위일체이신 하나님의 내적관계는 이미 전제되어 있고 구원의 역사가 삼위일체이신 하나님의 역사임을 잘 설명해 주고 있다. 초대교회의 다른 신자들과 마찬가지로 바울은 그리스도의 죽음을 하나님께서 자기 백성과 새 언약을 체결하신 사건으로 인식했고 그리스도의 부활은 그러한 하나님의 언약의 성취로 보았다(행 13:33). 그는 또한 성령을 그들 안에서, 또 그들 가운데 언약이 실현되는 방법으로 본다.

갈라디아서에서 바울은 '이신칭의'를 성령에 관한 논의를 통해 개진되고 있다는 사실은 이 양자가 서로 긴밀한 관련 속에 있음을 분명히 보여준다. 바울은 칭의의 유일한 근거인 예수 그리스도의 십자가(갈 3:1)와 그에 대한 믿음(갈 3:2-5)을 성령체험의 원천 혹은 근거로 제시한다. 성령을 받은 것은 율법의 행위로가 아니라 이 '믿음'을 듣고 믿는 것으로부터 오는 것이라 한다. 성령의 감동으로 우리 안에 예수 그리스도 안에서 믿는 믿음이 주어지고 믿음의 말씀을 들을 때 성령이 내주하게 되고 내주하신 성령으로 말미암아 우리 안에 예수 그리스도의 형상이 세워져서 성령을 따라 믿음으로 살게 된다. 이와 같이 성령은 믿음을 통해서만이 주어지기 때문에 바울은 율법의 행위들을 반대하게 된 것이다(갈 3:12). 율법은 우리를 의롭게 하거나 성령을 받게 해주지 못한다. 오직 예수 그리스도 안에서 믿는 믿음으로만 의롭게 되고 성령이 내주함으로 거듭나게 된다.

갈라디아서에서 바울이 말하고 있는 구원론은 전통주의자들이 주장한 것처럼 '이신칭의'만이 아니라 "성령 위하여 심겨짐으로 영생을 거두는 것"까지를 말해야 한다(갈 6:8). 이것은 성령이 구원받은 자들에게 주어지는 선택이 아니라 우리 구원에 있어 절대적이요 필요 충분한 조건이 된다는 것을 말한다. 따라서 성령을 구원의 절대적 조건이라는 점을 증거함으로 삼위일체 하나님의 그리스도 예수의 죽음과 부활을 통한 구원이라는 것을 더욱 견고하게 한다.

복음서에 의하면 성령은 부활 이전에는 제한적이다. 성령의 활동은 주로 예수 그리스도에게만 한정되었다. 예수 그리스도는 성령의 능력으로 하나님의 나라를 선포하고 자신의 공생애의 사역을 완성해 갔다. 하지만 성령은 부활 이후에 제자들 안에 나타났다. 이는 성령이 예수의 하나님의 부활케 하심을 통하여 임재하시기 때문이다. 성령의 활동은 예수의 죽음과 부활의 사건이 없다면 불가능한 일이다. 그리고 성령은 예수를 살리신 하나님의 역사를 통하여 세상에 드러나게 되었다. 구약시대에도 성령의 역사하심이 있었으나 삼위일체 하나님의 구원사역인 거듭나게 하심에 있어서는 성도들 안에 내주하심으로 나타나고 있다.

부활 이후에 성령은 하나님의 능력으로 나타나면서 사람들을 변화시켰다. '하나님의 영' 또는 '그리스도의 영'인 성령은 성도들에게 활동의 주체로서 나타나신다. 이것은 성령이 하나의 인격으로 보일 수 있기 때문이다. 몰트만은 성령의 역할을 다음과 같이 말한다. "성령은 인간을 변화시키고 새로운 연대적 사귐을 형성하며, 몸을 죽음으로부터 구원함으로써 부활하신 주님을 영화롭게 하며 그를 통하여 아버지를 영화롭게 한다."1) 이처럼 구원은 단순히 믿음을 통하여 완성되는 것이 아니라, 성령의 능력을 통하여 믿는 자로 믿음을 행하게 하는 것으로 이루어진다. 이런 점에서 성령은 여전히 성도들에게 내재하시면서 변화시키고 있다. 이것이 성화의 과정으로 나타나기도 한다. 장동수가 적절히 지적하듯이, 갈라디아서는 구원론과 연관된 성령의 역할에서 보아야 한다.2) 그런 이유에서 갈라디아서에서 성령을 지칭한 것으로 보이는 어휘인 πνεῦμα(프뉴마)가 열여섯 번(혹은 열일곱 번) 나오고 성령 현상으로 보이는 측면을 묘사한 곳이 세 군데 정도 나오는데 이를 종합해 보면 갈라디아서 2장 후반부에서부터 암시되기 시작한 성령의 주제는, 갈라디아서 3장 2절의 명시적인 언급을 시작으로 6장 8절에 이르기까지 서신의 논의에 핵심적으로 중요한 역할을 하고 있다.3) 갈라디아서는 믿음으로 의롭다함을 입어 구원을 받는 '이신칭의'의 관점보다는 사실상 이 믿음으로 역사하시는 성령의 구원사역에 초점을 맞추는 것이다.

　서중석도 유사한 관점에서 신앙의 이신칭의의 궁극적인 목적을 문제 삼는다. 그에 의하면, 믿음으로 구원받는 이신칭의는 예수 그리스도에 대한 믿음과 함께 신앙의 행위를 강조하려는 데 있다는 것이다. 그는 "예수 그리스도에 대한 믿음은 믿음과 병행하여 '율법'도 실천하며 살아야 완전한 하나님의 백성에로의 '가입'이 된다는 설득을 포함한다."4) 던에 따르면 하나님이 의로 여겨졌다는 이신칭의 교리는 이스라엘의 언약을 근거로 이스라엘을 자신의 백성으로 간주하는 하나님의 인정이다. 그래서 그는 이렇게 정리한다. "하나님의 칭의는 이스라엘과의 언약을 처음으로 행한 그의 행위, 또는 어떤 사람을 그 언약 백성으로 최초로 받아들이는 그의 행위가 아니다. 하나님의 칭의는 오히려 어떤 사람이 그 언약 안에 있다는 것에 대한 하나님의 인정이다."5) 던이 강조하고자 한 것은 의롭다 함을 얻는다는 칭의의 의미가 동사의 의미를 '언약적 율법주의'의 범위 내에서 이해되어야 한다는 것이다. 말하자면 바울은 언약적 율법주의와 대립적인 것이 아니라 그것을 새롭게 정의하고 있다는 것이다. 따라서 율법의 행위가 구원의 조건이 아니라 구원의 결과가 율법의 행위로 타나난다는 것이다. 그런데 이 율법의 행위인 신앙의 실천은 성령의 역사가 없이는 완성되지 않는다는 점이다. 그래서 바울은 성령이 신자 안에 임재하는 인격적 영으로 언급하고 있는 것이다.6)

　보다 구체적으로 말하자면, 갈라디아서의 바울은 성령께서 신자 안에 임재하시는 분으로 언급한다. 성령은 '너희/우리 안에' 계신 분으로 제시된다(살전 4:8; 고전 6:19; 14:24-25; 엡 5:18). 그리고 성령이 임재한 신자들을 하나님의 성전이라 한다(고전 3:16-17; 고후 6:16; 엡 2:22).

바울신학의 핵심에는 그의 복음이 있고 복음은 본질적으로 구원, 곧 그리스도의 구속사역과 그것을 적용하는 성령의 사역을 통해서 하나님이 자기 이름을 위해 백성을 구원하는 것에 대한 내용이다.[7] 바울은 다메섹에서 구원을 체험할 때 성부, 성자, 성령이신 삼위일체 하나님을 만났고, 그것 때문에 그의 신학적 언어와 하나님에 대한 이해가 변화되었다. 바울은 갈라디아서의 구원론을 삼위일체이신 하나님의 관점에서 기록하고 있다. 특히 갈라디아서 3장-6장까지는 성령으로 말미암는 구원의 역사에 대하여 강조하고 있다. 지금까지는 전통주의 입장에서 기독론 중심의 구원론을 이야기 하였으나 이제는 삼위일체이신 하나님의 관점에서, 특히 삼위 중 한 분이신 성령의 관점에서 갈라디아서의 구원론을 보아야 한다고 본다. 이것이 갈라디아서의 구원론에 대한 바울의 본질적 의도이다. 이러할 때 신론적 구원론이 기독론과 함께 균형을 이루며 돋보일 수 있다. 신론적 구원본이 기독론 안에서 그 숨겨진 모습을 드러냈을 때 성령에 의하여 우리의 삶이 될 수 있는 복음이 되는 것이다. 이러한 측면에서 본다면 삼위일체 하나님의 관점에서 본 갈라디아서의 이야기는 "하늘에서는 하나님께 영광이요 땅에서는 기뻐하심을 받은 사람들 가운데 평화로다" 하시는 누가복음 2장의 예수의 탄생기사가 이루어지는 것이다.

럴(Lull)도 성령의 사역을 강조한다. 그는 갈라디아서 3장 1절-6장 10절에서 이루어지는 수사학적인 연쇄 질문단락(3:1-5), 구약과 전승으로부터의 논증단락(3:6-14; 4:1-7, 21-31), 교훈단락(5:1-6:1) 등에서 핵심적인 내용으로 성령을 언급하고 있다고 주장한다.[8]

럴이 말하고 있는 바와 같이 갈라디아서의 주제와 흐름은 "성령"의 역할이 이끌어 가고 있다는 것을 인정할 수밖에 없다. 장동수는 칭의 과정의 성령, 성화 과정의 성령, 영화 과정의 성령, 이 세 가지 과정에서 성령의 역할에 주목하고 있다.9) 갈라디아서의 구원론에 국한하여 세 가지 측면으로 갈라디아서의 성령론을 조망하는 것인데 이는 바울의 구원론 전체를 관통하는 종말론적인 긴장의 틀이 구원론뿐 아니라 성령론에서도 나타나는 현상이라고 한다.10) 즉, 성령론에서 양자(υἱοθεσία 휘오데시아) 은유(롬 8:15, 23), 장사와 관련된 "보증"(ἀρραβών 알라본) 은유(엡 1:13-14), 농사와 관련된 "처음 익은 열매"(ἀπαρχη 아파르케) 은유(롬 8:23) 등을 들고 있다. 럴은 갈라디아서 성령론을 구원론, 기독론, 종말론적인 측면에서 나누어서 논하고 있다.11) 여기서는 장동수가 제시한 세 가지의 입장에서 살펴보도록 하겠다.

1. 칭의(Justification) 과정의 성령

성령에 관한 부분인 세 번째 항목은 하나님이 우리 위에 계시고, 우리를 위하여 계실 뿐만 아니라 우리 안에서 일하시는 분임을 보여준다. 이 항목은 성령이 그리스도 안의 새로운 인간의 근거임을 보여준다. 다시 말해, 우리 안에 역사하시고 내주하는 성령은 그리스도인의 삶과 분리하지 않는다는 것이다. 이런 맥락에서 갈라디아서의 칭의는 우리 안에 계시는 성령의 구속적 활동이다. 즉 칭의는 하나님의 죄 용서의 사건이다.

구체적으로 말해, 성령은 그 활동이나 사역에 있어서 그리스도에 의해서 받은 구원을 성도들에게 다시 드러나게 하는 것이다. 성령은 성도들을 그리스도와 하나가 되게 하면서 그 구원의 사건을 "지금-여기"의 사건으로 전환시키는 것이다. 칼빈이 지적하였듯이, "우리가 그리스도와 그의 혜택을 경험하게 되는 것은 성령의 능력을 통해서 가능한 일이다."12) 이런 맥락에서 우리는 갈라디아서를 이해해야 하고, 또 갈라디아서 안에 나타난 칭의의 개념을 이해해야 한다.

무엇보다도 갈라디아서의 칭의는 성령을 "세상 법정에 서신 하나님의 증거"로 말하지 않는다. 그래서 바울은 복음이 "죄인인 인생을 법정에 세워 놓고 판결했다"고 주장하지 않는다. 그보다는 바울은 죄인을 하나님의 자녀로 낳아 주시는 "하나님의 가슴에 세웠다"고 주장한다.13) 이것은 성령의 역사가 하나님의 은혜의 사건임을 드러내는 증거다. 만일 우리가 갈라디아서의 칭의를 이런 면에서 논의한다면, 칭의는 하나님의 상속자가 되게 하시는 그리스도의 사역이 될 수 있다. 이처럼 칭의는 하나님의 일에 사로잡힌 그리스도의 몸으로 구속되어지며 하나님의 자녀된 상속자의 삶을 강조하는 데서 그 의미를 찾을 수 있다. 간단히 언급하자면, 칭의는 성령의 보증하심 안에서 그리스도의 장성한 분량으로 자라가게 하는 첫 번째 단계이다(갈 4:19).

1) 성령과 거듭남의 사건(갈 2:19-20; 3:1-5)

성령은 변화를 일으키는 능력이다. 구원받은 그리스도인은 성령으로부터 오는 새로운 삶을 받은 사람들이다. 갈라디아서 2장 20절은 이 사실을 잘 요약해 준다. 즉 이 구절은 믿음이 성령의 삶을 요구 받고 있는 믿음이라는 것이다. 그러면서도 바울은 여기에서 기독교 역사에서 믿음과 행위 또는 칭의와 성화를 명백하게 구분하여 논의되어 왔던 것과는 달리 믿음과 행위 또는 칭의와 성화를 구분하지 않는다. 이는 성도가 믿음으로 그리스도와 연합한다는 사실에 기초하고 있기 때문이다. 다시 말해, 믿음으로 말미암은 칭의는 이제 새로운 생활의 유형과 표준을 확립해 주기 때문에 신자의 삶 전체를 규정해야만 한다.14)

우선 갈라디아서 2장 20절은 그리스도와 성도의 연합에 대하여 설명하면서 믿음 안에서의 성령의 삶을 언급한다. 그리스도인은 "그리스도와 십자가에 못 박혔음"과 그 결과로 그리스도 안에서 성령을 따라 새로운 삶을 살아간다. 믿음은 단지 복음에 대한 지적 동의가 아니라 그리스도와의 연합을 통하여 주시는 은혜의 능력으로 그리스도와 그분의 말씀에 전적으로 헌신한다는 것이다. 여기에서 중요한 점은 그리스도와의 연합으로 인하여 체험하는 은혜의 힘이다. 이것이 하나님과 그리스도 사이에서 오시는 성령의 모습이다. 그러므로 '칭의'의 모습은 여기, 곧 은혜의 힘을 공급받아 하나님을 향하여 헌신하게 되었다는 것에 있다.

"칭의"는 단지 죄인을 마치 의인인 것처럼 선언하는 법정적 교리 이상의 체험이다. 심판자이신 하나님께서 죄인을 의롭다고 선언하실 때 그것은 단순한 가상적 판결이 아니라 성도를 죄의 지배영역에서 해방하여(롬 5:16-19; 6:7) 새로운 은총의 통치영역으로 옮겨놓으며(롬 7:6) 하나님의 형상을 따라 새사람으로 변화시키는 사건이다.15) "칭의"는 단순히 죄사함이나 죄인을 의롭다고 법적선언해 주는 수준이 아니라 '칭의'는 성령으로 말미암아 새롭게 거듭남의 체험이며 하나님과 피조물의 관계 안에 있던 자들이 아버지 하나님과 아들 하나님의 관계 안으로 옮겨지는 신비한 사건이다. 창세기 3장의 선악을 알게 하는 나무의 실과를 따먹은 아담의 기사에서 이를 말한다. 아담은 '살 중에 살이요 뼈 중에 뼈요'인 여자를 "하와" 곧 "모든 산자의 어머니"라고 고백함으로써 진리의 믿음의 시작을 예언한다. 율법의 피조물의 위치에 서 있었던 자신을 이제 죽은 자 가운데서 산자가 되게 하는 "생명을 잉태하는 어머니"의 자리에서 하나님의 아들들이 나타날 것을 증거하는 증인이 될 것이라 하였다. 곧 아버지와 아들의 관계인 진리로 인한 믿음을 증거하고 있는 것이다. 이는 예수께서 말씀하심과 같으니, 요한복음 14장 9절에 "나를 본 자는 아버지를 보았느니라" 하신 말씀의 성취인 것이다. 예수의 복음이 우리를 창조주와 피조물의 관계인 율법으로부터 해방시켜 아버지와 아들의 진리의 믿음 안으로 옮겨 심으셨기 때문이다. 갈라디아서 3장 12절은 "믿음은 율법에서 난 것이 아니다"라고 말함으로 인생이 창조 이후로 경험되지 못한 새로운 세상에 속하게 됨을 '거듭남'이라 하였다.

여기서 믿음과 율법은 그 뿌리가 다르기에 피조물의 창조주 앞에서의 도리인 율법과 아버지와 아들의 관계인 진리로부터 오는 믿음이다. 그러므로 성도를 부활의 새 생명 가운데서 행할 수 있도록(롬 6:4) "새로운 피조물"로 변화시키는 하나님의 새 창조의 행위인 것이다. 이는 그리스도 예수와의 연합이다. 그리스도와의 연합을 통하여 주시는 은혜의 능력으로 이루어지는 새 창조인 것이다. "성령을 위하여 심는다"라는 갈라디아서 6장 8절의 말씀이 곧 이를 적절히 가리킨다. 성령의 역사를 구하는 믿음인 것이다. 성령의 역사가 구원론에서 절대적이라는 주장을 바울은 "위하여"라고 표현하였다. 성령의 역사를 통하여 우리는 그리스도와 연합이라는 새로운 은혜 속으로 들어가는 것이다. 그리스도와의 연합이 우리로 하여금 전혀 새로운 그리고 창조 이후로 체험해 본적이 없는 진리의 본질 안으로 인도한다. 거기서 우리는 그리스도와 그의 말씀에 전적으로 헌신하는 능력있는 인격을 선물로 얻게 되는 것이다. 곧 성령의 역사는 삼위일체 하나님의 구원론에 있어서 결단코 부주제일 수 없는 이유가 여기에 있다.

이처럼 우리는 믿음으로 말미암아 그리스도와의 연합, 그리스도의 죽음과 부활에 연합함으로 옛사람을 십자가에 장사시키고 새사람으로 거듭나서 새 생명의 삶을 살게 된다. 이는 '단절과 연속'이라는 칭의 안에 있는 거듭남을 설명한다. 바울의 일인칭 고백처럼 "내안에 그리스도가 사신다"라는 표현은 성령으로 말미암아 바울 안에 그리스도가 살아계신다는 것을 뜻한다. 이와 같이 그리스도와의 연합에 있어서 그 중심에는 성령이 항상 계신다. 구원의 영원한 과정 속에서 성령의 주된 역할은 우리를 그리스도와 하나 되게 하는 것이다.16) 여기서 "그리스도와 함께 십자가에 못 박힌다"는 것은 단지 모세법의 지배에 대한 죽음(19절)뿐만 아니라 자신의 자아의 자신에 대한 지배에 대하여서도 죽음이 수반한다.17) 이러한 믿음으로 말미암은 그리스도와의 연합은 성령으로 말미암아 이루어지기 때문에 영적연합이다.

바울은 그의 개종자들의 그리스도인으로서의 삶이 개인적으로 성령을 받는 것에서 시작된다고 여겼다. 이는 그리스도와의 연합 곧 그리스도의 몸으로 사는 삶이다. 바울이 칭의 및 성령을 받는 것을 아브라함의 축복이라 생각했다는 것은 갈라디아서 3장 14절의 문맥상 분명하다

성령이 인간의 삶에 들어온 것은 기독교의 시작에 있어서 너무도 근본적인 특징이었기 때문에 바울은 그것을 간과할 수 없었다. 사실 결정적 전환의 모든 측면들 중에서 바울이 매우 자주 주목한 것이 바로 이것이다. 특히 두드러지는 것은 이것이 바울서신 전체에 걸쳐 변함없이 강조되고 있다.18) 갈라디아서에서는 바울의 주된 논증이 교인들이 성령을 받았다는 잘 알려진 사실로부터 시작된다는 점이 두드러진다(갈 3:1-5). 성령은 그들을 그리스도의 것으로 확증해주었다.

바울은 성령경험을 통한 논증을 갈라디아서 3장 1-5절에서 다음과

같이 말한다.

> ῏Ω ἀνόητοι Γαλάται, τίς ὑμᾶς ἐβάσκανεν, οἷς κατ᾽ ὀφθαλμοὺς Ἰησοῦς Χριστὸς προεγράφη ἐσταυρωμένος;(1) τοῦτο μόνον θέλω μαθεῖν ἀφ᾽ ὑμῶν, ἐξ ἔργων νόμου τὸ πνεῦμα ἐλάβετε ἢ ἐξ ἀκοῆς πίστεως;(2) οὕτως ἀνόητοί ἐστε; ἐναρξάμενοι πνεύματι νῦν σαρκὶ ἐπιτελεῖσθε;(3) τοσαῦτα ἐπάθετε εἰκῇ; εἴ γε καὶ εἰκῇ;(4) ὁ οὖν ἐπιχορηγῶν ὑμῖν τὸ εὖμα καὶ ἐνεργῶνπν δυνάμεις ἐν ὑμῖν, ἐξ ἔργων νόμου ἢ ἐξ ἀκοῆς πίστεως_(5)

바울은 2장 말미(갈 2:19-21)에 1인칭 단수로 표현된 자신의 유명한 신앙고백에서 "내 안에 그리스도가 사신다"라는 표현으로 성령에 관하여 암시를 하였지만, 마침내 갈라디아서 3장 1-5절에서 처음으로 성령에 대한 명시적인 언급을 하기 시작한다. 바울은 갈라디아인들의 어리석음을 수사학적인 질문을 사용하여 책망하면서, 성령과 연관된 세 가지 질문을 한다. 첫째는 2절의 "너희가 성령을 받은 것이 율법의 행위로냐? 혹은 듣고 믿음으로냐?"(ἐξ ἔργων νόμου τὸ πνεῦμα ἐλάβετε ἢ ἐξ ἀκοῆς πίστεως;)이고, 둘째는 3절의 "성령으로 시작하였다가 이제는 육체로 마치겠느냐"(ἐναρξάμενοι πνεύματι νῦν σαρκὶ ἐπιτελεῖσθε;)이며, 셋째는 5절의 "너희에게 성령을 주시고 너희 가운데 능력을 행하시는 이의 일이 율법의 행위에서냐 혹은 듣고 믿음에서냐"(ὁ οὖν ἐπιχορηγῶν ὑμῖν τὸ πνεῦμα καὶ ἐνεργῶν δυνάμεις ἐν ὑμῖν, ἐξ ἔργων νόμου ἢ ἐξ ἀκοῆς πίστεως;)이다. 이 구절들에서 바울의 주요 논지는 대척점에 있는 어구들, 즉 2절과 5절의 "율법의 행위들"(ἐξ ἔργων νόμου) 대(對) "듣고 믿음"(ἐξ ἀκοῆς πίστεως)과 3절의 "성령으로"(πνεύματι) 대(對) "육체로"(σαρκὶ)를 강하게 대조시킴으로써 율법주의자들의 가르침을 반박하는 내용이다. 이러한 수사 의문문은 갈라디아 사람들이 바울의 그리스도 설교를 체험한 이야기로 시작한다. 그들이 성령을 처음 받았던 사건으로 옮겨가서 성령은 그리스도 안에서 살아가는 새 삶이 "율법의 행위"가 아니라 믿음에 근거한 것임을 확실히 증명해주는 증거로 보기 때문이다.[19]

이 구절들이 의미하는 바는 흔히 이해되는대로 황홀경에 빠지는 경험이 아니라, 함께 사용된 어구들과 인접 문맥을 고려해보면 갈라디아 교인들이 바울의 복음을 듣고 믿어(2절과 5절) 그리스도인으로 거듭날 때 일어났던 역사적인 사건(성령을 처음 받음)에 대한 묘사로 본다.[20] 즉, 역사적인 사건을 표현하는 부정과거 동사가 사용된 2절의 "너희가 성령을 받았다"(τὸ πνεῦμα ἐλάβετε)라는 어구는, 초대교회 그리스도인들이 회심의 순간을 표현할 때 사용했던 전문용어에 가깝다고 볼 수 있다. 그러므로 2-3절의 성령 언급은 갈라디아 교인들이 바울의 복음선포를 듣고 회심할 때 성령을 받은 사건을 말하고 있음이 분명하다. 여기서 회심의 순간으로 보는 또 다른 이유는 ἀκοῆς πίστεως라는 어구와도 관련이 있는데, 이 어구는 다양한 해석이 가능하나, 로마서 10장 17절과 연관할 때 "(바울이 전하는 복음을) 들음을 통하여 생겨난 믿음"으로 보는 것이 가장 자연스럽기 때문이다.

갈라디아 사람들이 어리석은 이유는 1절 후반절에 나타난다. 그들은 예수 그리스도의 십자가에 못 박힌 의미를 올바로 파악하지 못했다. 예수 그리스도의 십자가에 못 박힌 것이 밝히 제시되었다는 말은 누구나 알 수 있게 밝히 드러났다는 말이다. 그럼에도 불구하고 갈라디아 교회의 현재 당면한 위기는 '다른복음'을 추구한 데서 발견된다. 2절에서 바울은 갈라디아 교인들에게 성령을 받은 것이 "율법의 행위"로냐 아니면 "듣고 믿음으로서냐?"라고 질문을 하고 있는데 이는 의심의 표시라기보다는 오히려 확신에 대한 보다 큰 표시이다. 왜냐하면 저들도 자기들의 경험을 살펴보면 바울이 말한 바가 진실임을 알 수 있기 때문이다. 바울에게서 성령은 그리스도인의 모든 삶에 결정적인 요소이다. 그러므로 바울의 주장은 그들이 새 삶을 시작할 때 성령에 의해서 일어났던 자신들의 회심체험을 상기시키는 데 초점을 맞춘다.21) 바울은 갈라디아서 3장 1-5절에서 갈라디아교인들이 잊을 수도 없고 부인할 수도 없는 갈라디아에서의 성령의 역동적인 경험을 상기시킴으로써 율법주의자들의 속임수에 빠진 그들의 어리석음을 책망하고 있다.22)

바울은 갈라디아 교회의 위기에 대한 답변을 스스로 제시하기보다는 그들 자신의 경험에 의해 깨닫기를 호소한다. 바울은 성령을 받는 것이 할례를 받은 개종의식이라는 율법의 행위와 연결되는 것이 아니라 처음부터 끝까지 '그리스도로 말미암아 난 믿음'과 연결되어 있음을 전제한다. 갈라디아 교인들이 성령을 받은 것은 사도 바울이 전한 '그리스도의 복음'에 담겨진 '예수 그리스도 안에 있는 믿음'만이 성령을 받은 필요충분조건이라는 것이다.23) 여기서 믿음의 본질은 순종적 들음에 있다 할 수 있다. 성령을 받는 일은 바울에 있어서 믿음에 따라오는(Consequent) 결과이다.24)

3절에서는 바울은 갈라디아 교인들이 성령으로 시작했다면 마지막도 성령으로 마쳐야 한다는 것을 강조한 것이다. 갈라디아서 2장 16절에서 "믿음으로 의롭다 함을 받았다"는 말과 "성령으로 시작했다"는 말은 동일한 말로 성령으로 거듭남을 의미한다. 전통주의 견해는 '칭의'는 법적선언만 있는 죄사함으로 보지만 갈라디아서에서 사도 바울은 '의롭게 됨'을 성부 하나님과 성자 하나님의 관계 안으로 들어감을 말하고 있다. 즉 성령으로 거듭날 때 하나님 안에 낳아지고 그 관계 안에 있을 때를 의롭다고 하신 것이다. '칭의'는 율법의 법정에서 인정되는 것이 아니라 하나님 안에 거듭나는 것으로 종말론적 존재이기 때문이다. 그리고 그가 십자가로 죽어버렸던 세상으로 다시 보내심을 받는 새로운 존재이기 때문이다(갈 6:14). 이는 하나님의 작정을 따름이요 하나님의 하나님 되심을 세상 가운데 증거하기 위함이다. 그래서 그들은 자신들의 의인 피조물의 의가 아닌 하나님의 의를 취하는 '칭의'의 사람이 되는 것이다. 이와 같은 종말론적 존재의 유일한 특징은 성령이시다. 세상을 향한 하나님의 선포가 종말론적 성격을 갖는 것은 그들을 통한 성령의 역사이기 때문이다. 바울의 제자로 여겨지는 히브리서 기자는 "세상 끝 날에 하나님의 아들로 말씀하셨다"고 히브리서 1장 1절에 선포함으로 복음이 종말론적임을 증거하였다. 곧 복음에 의하여 믿는 자는 종말론적 존재가 되며 성령으로 세상을 향하여 말하는 것이다. 곧 성령의 역사하심이 없는 그리스도인은 없다. 세상에서의 그리스도인의 정체성은 성령의 역사 가운데 자신을 나타내는 삶이다.

그리스도인의 시작부터 마지막까지 그리스도인의 신분과 행위를 지배하는 유일한 원천은 성령이기 때문이다. 그래서 갈라디아서 5장 5절에서는 "성령으로 산다면 성령으로 행하라"고 말한다. 즉 갈라디아 교회의 성도들이 믿음으로 의롭다 하심을 얻어 하나님의 아들들이 되었기 때문에 그들은 '예수 그리스도의 신실성'으로 계속 살아야 된다는 것이다(갈 2:20). 그리스도인의 신분과 행위를 지배하는 원리는 '믿음'과 '성령'이다. '믿음'과 '성령의 역사'는 분리할 수 없다. "믿음으로 의롭게 됨"을 "성령으로 거듭남"이라고 할 수 있다. 그래서 바울은 "성령으로 시작했다"고 한 것이다. '칭의'에 있어 성령의 역사가 함께 수반되기에 '칭의'는 단순히 법적선언만이 아니라 내면이 그리스도 안에서 새롭게 태어나는 본질적 내면의 변화를 가져온다고 보아야 한다.

이는 하나님의 일에 사로잡힌 자들이다.

바울서신에서 성령 안에서의 삶은 믿음 안에서의 삶과 거의 같은 맥락에서 묘사되고 있다. 갈라디아서에서 바울이 말하려고 하는 구원론은 우리 구원의 시작과 완성을 오직 성령을 통해서만이 가능하다는 것이다. 바울은 갈라디아의 문제를 성령으로 시작하여 계속 성령으로 산다면 극복할 수 있었을 것이라 보았다. 그러나 갈라디아 교인들이 성령 체험을 하였음에도 불구하고 미혹을 받아 성령으로 진리에 순종하는 삶에서 이탈된 것이다.

이와 같은 '시작'과 '끝냄'의 바울의 언어를 종말론적 관점에서 이해할 수 있다. 3절의 두 동사 "시작하였다가(ἐναρξάμενοι)와 마치겠느냐?"(ἐπιτελεῖσθε)는 빌립보서 1장 6절에서 발견할 수 있으며, 이는 3절의 해석에 결정적인 증거라고 한다.25) 즉 빌립보서 1장 6절이 "너희 안에 착한 일을 <u>시작하신</u> 이가 그리스도 예수의 날까지 <u>이루실 줄을 확신하노라</u>"(πεποιθὼς αὐτὸ τοῦτο, ὅτι ὁ ἐναρξάμενος ἐν ὑμῖν ἔργον ἀγαθόν ἐπιτελέσει ἄχρι ἡμέρας Χριστοῦ Ἰησοῦ·)에서 "시작하신"(ἐναρξάμενος)과 "이루실"(ἐπιτελέσει) 것을 말하고 있듯이 여기서 시작은 성도들의 회심을 가리키고 끝내는 예수 그리스도의 날과 연결되어 종말론적 끝냄 혹은 완성을 의미한다고 한다. 여기서 사용된 두 개의 분사와 동일하게 갈라디아서 3장 3절의 두 동사는 그리스도인의 삶의 시작과 종말론적인 완성을 언급하는 동사이다. 즉, 성령으로 회심하여 '시작한' 갈라디아인들 역시 성령으로 '끝내야' 하며 곧 의의 소망에 이르게 될 재림의 날까지 계속하여 성령을 통해 달려가야 한다는 것이다.26)

5절에서는 바울은 성령을 주신 분은 하나님이시라고 고백하면서 "능력을 행함"과 밀접하게 연관시킨 것은 갈라디아인들의 성령에 대한 경험이 단지 지적인 것이 아니고 성령의 능력에 대한 실제적 체험들에 근거하고 있음을 분명히 해준다.27) 그리고 5절에서 사용한 두 개의 현재분사(ἐπιχορηγῶν와 ἐνεργῶνπι)는 하나의 관사(ὁ)에 연결되어 있으므로 동일한 분 하나님(혹은 승천하신 그리스도)을 가리키며 이 5절의 내용이 회심 때 받은 성령의 지속적인 활동을 의미한다.

이와 같이 갈라디아서 3장 1-5절에서 바울의 본격적인 논증이 성령에서부터 시작한다. 여기에서 바울은 너희가 어떻게 성령을 받았느냐?고 질문한다. 이 질문은 바울이 전해준 그리스도의 복음을 듣고 믿음을 소유할 때를 말하고 있는 것이다. 그리스도인의 신앙의 출발점은 성령체험이며 그리스도인의 거듭남에 대한 정체성의 표시이다. 바울의 2-5절의 논의는 회심 할 때에 갈라디아 그리스도인들의 성령 받음과 그 이후 그들의 삶 가운데서의 성령의 계속적인 체험과 관계된다. 회심 할 때와 회심한 이후 모두에서 그들의 삶 가운데서의 성령의 체험은 그가 의지하는 실재이다.28)

갈라디아서에서 성령은 칭의 단계에서 결정적인 역할을 한다. 즉 갈라디아서의 성령도 다른 신약의 증언과 동일하게 불신자들이 복음을 듣고 거듭나게 하고(갈 3:2-3; 요 3:5; 딛 3:5) 믿는 자들에게 부어지며(갈 3:5; 행 2:38), 하나님을 아버지로 부르고 자신이 하나님의 자녀임을 확신하게 해 주시는 분이시다(갈 4:6; 롬 8:15).29)

2) 성령과 아들됨의 섭리(갈 4:6, 29)

갈라디아서 3장 14절에서 아브라함의 복은 믿음으로 성령의 약속을 받는 것인데 이는 성령으로 우리가 하나님의 아들들이 되어 하나님의 나라를 상속받는 것이다. 바울은 성령받고 하나님의 자녀로 거듭나는 것을 아브라함의 축복이라 생각했다.30) 여기서 바울은 성령을 "그 약속의 성령"으로 부름으로써 그 성령을 하나님께서 아브라함과 그의 후손에게 약속한 종말론적인 축복(갈 3:6, 28)과 동일시하고 있다.31) 바울은 이 구절에서 예수 그리스도의 십자가에 못 박히신 목적이 율법의 저주에서 속량하여 아브라함의 복이 이방인에게도 미치게 하는 것이며, 이 복이 성령의 약속임을 말하고 있다.

갈라디아서 3장 2-5절에서는 성령의 오심이 "예수 그리스도 안에서 믿음"으로 말미암는 것으로 밝히고, 고린도전서 12장 8절과 13장 2절에서는 역사하시는 성령의 증거의 하나로 믿음을 제시한다. 즉 성령의 사역인 믿음 그 자체가 우리로 하여금 그 동일한 믿음을 통해서 오는 성령을 받게 하며, 경험하게 한다.32) 즉 성령은 믿음의 원인이자 동시에 결과이다. 성령으로 믿음이 주어지고 그 믿음 안에서 성령을 받고 하나님의 아들들이 된다는 것이다.

갈라디아서 4장 5절에서 바울은 십자가에서 이룬 아들, 그리스도의 구속사역이 십자가가 '아들들'로 입양되도록 보장한다고 밝히고 있다. 6절에서 바울은 그 아들의 특별한 용어로 아빠('$\dot{\alpha}\beta\beta\hat{\alpha}$)라고 부르짖는다는 용어로 이 사역을 개인화한다. 바울은 하나님께서는 그들이 '아들들'이기 때문에 그의 아들의 영을 그들의 마음속에 보내셨다고 한다. 그것은 마치 한 가지(객관적인 아들됨)가 다른 것(성령의 오심)을 앞서 가는 뉘앙스를 주지만 바울은 여기서 개인 구원의 연대기적 순서를 말하려는 것이 아니라 그리스도의 사역을 객관적이고 일회적인 역사적 실체로 제시하려고 한다.33) 즉 성령님만이 그들의 회심과 양자됨에 핵심적 역할을 한다는데 강조점을 두려는 것이다. 이와 동일한 의미로 디도서 3장 5절에서 성령도 '중생'과 '새롭게 함'의 의미로 함 사용되고 있다. 이것은 성령으로 우리가 거듭나서 새롭게 됨을 말해준다. 갈라디아 성도들이 성령으로 시작했다는 것은 성령을 받고 거듭나서 새로운 삶, 즉 그리스도인의 삶을 시작했다는 것을 보여준다.

바울은 근본적인 변화가 회심의 시초에 일어난 것으로 이해한다. 이것은 우리 전체의 삶이 새롭게 방향 설정을 했다는 말이다. 이러한 새로운 방향설정은 직접적으로 성령의 사역과 연결되어 있다. 이를 중생(거듭남)이라 부를 수 있다. 바울의 주된 초점은 항상 그리스도의 죽음과 부활이다. 그리고 이것은 생명을 주시는 성령을 경험하는 회심의 시작점이다.34)

바울은 갈라디아서 3장 14절에서 다시 성령에 대하여 언급한다. "이는 그리스도 예수 안에서 아브라함의 복이 이방인에게 미치게 하고 또 우리로 하여금 믿음으로 말미암아 성령의 약속을 받게 하려 함이다"(ἵνα εἰς τὰ ἔθνη ἡ εὐλογία τοῦ Ἀβραὰμ γένηται ἐν Χριστῷ Ἰησοῦ ἵνα τὴν ἐπαγγελίαν τοῦ πνεύματος λάβωμεν διὰ τῆς πίστεως).

"그리스도 예수 안에서 이방인에게 미치게 된 아브라함의 복"이 언급된 전반 절은 앞에서(6-13절) 이루어진 논의의 요약인 동시에 후반 절은 그보다 더 앞에서(1-5절) 이루어진 성령에 관한 논의의 재확인이다. 바울은 변함없이 율법의 행위가 아닌 "믿음으로"(διὰ τῆς πίστεως) "그리스도 예수 안에서"(ἐν Χριστῷ Ἰησοῦ) 믿음의 조상 아브라함과 이방인이 하나로 연결된다는 사실을 강조하고 있다.35) 그래서 던(Dunn)은 갈라디아서 3장의 성령 구절에서 성령에 대한 바울의 강조점 두 가지는 종말론적인 성령주심과 받음, 그리고 이방인들에게도 성령을 거저주심이라고 주장한다.36) 즉, 성령의 수여는 부활하신 주 예수에 대한 그들의 신앙과의 실존적 연관성을 부여해 주었고, 그들의 실현된 종말론에 대한 강조를 확증해 주었다.

이런 면에서 바울의 신학은 십자가, 성령, 믿음 그리고 그리스도 안에 있음의 신학이다. 이 모든 요소들이 바울의 증명부 전체에 반향된다. 그러나 바울은 3장 1절에서 십자가와 더불어 시작하며 13절에서 그것을 다시 한 번 강조한다. 즉, 바울의 성경에 근거한 논의들의 결론은 그리스도께서 "아브라함에게 주어진 복이 그리스도 예수를 통하여 이방인들에게 미치도록" 우리를 속량하셨다고 말함으로써 이 부분을 끝내지만, 그것은 또한 "우리가 믿음으로 성령의 약속을 받도록"(14절)이라는 말로 바울이 지금까지 증명부에서 제시한 모든 것을 끝낸다는 점에서 보다 광범위하게 확대된다.37)

　갈라디아서 4장에서도 성령은 두 번(6절과 29절)이나 언급된다. 첫 번째는 갈라디아서 4장 6절에서 언급된다. "너희가 아들이므로 하나님이 그 아들의 영을 우리 마음 가운데 보내사 아빠 아버지라 부르게 하셨느니라"(Ὅτι δέ ἐστε υἱοί, ἐξαπέστειλεν ὁ θεὸς τὸ πνεῦμα τοῦ υἱοῦ αὐτοῦ εἰς τὰς καρδίας ἡμῶν, κρᾶζον·'ἀββᾶ ὁ πατήρ)는 로마서 8장 15절 "너희는 다시 무서워하는 종의 영을 받지 아니하고 양자의 영을 받았으므로 우리가 아빠 아버지라고 부르짖느니라"(οὐ γὰρ ἐλάβετε πνεῦμα δουλείας πάλιν εἰς φόβον, ἀλλὰ ἐλάβετε πνεῦμα υἱοθεσίας, ἐν ᾧ κράζομεν·'Αββᾶ ὁ πατήρ)와 비교할 점이 많다. 성령(πνεῦμα)에 대한 언급, 아빠 아버지(Αββᾶ ὁ πατήρ)를 향하여 아들됨에 대한 탄성(κράζω 동사) 등이 대표적인 유사점이다. 다른 점은 우선 갈라디아서 4장 6절에서는 신자 안에 내주하는 성령께서 (아빠 아버지라고) 부른다(중성단수 분사 κρᾶζον·)고 하였고, 로마서 8장 15절에서는 성령을 받은 신자들이 (아빠 아버지라고) 부르짖는다(직설법 2인칭 복수 현재형동사 κράζομεν·)고 하였다. 또 갈라디아서에서는 하나님께서 신자들에게 성령을 보내셨다고 하였고, 로마서에서는 신자들이 성령을 받았다고 한 점이다. 마지막으로 갈라디아서에서는 그의 아들의 영(τὸ πνεῦμα τοῦ υἱοῦ αὐτοῦ)이라고 하였고, 로마서에서는 양자의 영(πνεῦμα υἱοθεσίας)이라고 한 점 등이다. 그러나 이러한 점은 상이점이라기보다는 동일한 실체에 대한 강조점의 차이라고 볼 수 있다.38)

갈라디아서 4장 6절에서 아들됨(로마서에서는 양자됨)이 먼저냐 혹은 성령을 보내심 받음이 먼저냐 하는 뜨거운 논쟁이 있다. 즉, 바울이 자신의 회심자들의 "성령 받음"(3:2-5)에서 "하나님의 아들됨"(3:26)으로 논의를 전개했는데, 이것은 그의 로마서 8장 15-17절의 진술의 순서이다. 그런데 4장 6절에서는 아들이기 때문에 아들의 영을 보내셨다고 함으로 순서가 역전된다. 그러면 적절한 순서가 아들의 신분이고 성령의 은사인지 아니면 성령 받음이 먼저이고 다음이 아들의 신분인지에 대한 것이다.

바울에게 아들의 신분과 성령의 수취는 너무 밀접하게 관련되어 그것들에 대해 둘 중 어느 순서로도 말할 수 있으며 단지 그 문제에 직면하는 특정 독자의 상황 또는 선행 논의가 어떤 주어진 시간이나 장소에 사용될 순서를 결정짓는 것으로 본다.39) 여기 사용된 접속사(Ὅτι)가 암시하는 것은, 아들됨의 후속적 조치로 오는 것이 성령을 보내주심이다. 하지만 이 두 가지 현상, 즉 양자를 삼으시는 하나님의 주권적인 역사와 마음속에서 우리를 거듭나게 하시는 성령의 사역은 우리가 경험하는 동일한 실제 사건에 대한 두 가지 측면이다.40)

갈라디아서의 구원론을 삼위일체이신 하나님의 입장에서 보면 거듭남의 역사는 삼위 하나님의 공동 역사이다. 성령으로 말미암아 그리스도를 통하여 하나님께서 하나님 안에 낳으신 것이다. 그래서 요한복음 1장 12절에는 하나님께로 난 자들이라 한다. 곧 아들됨과 아들의 영을 보내주심은 동시적인 사건이다. 우리가 성령으로 거듭날 때 아버지와 아들 안에 낳아지게 된 것이다.

갈라디아서의 4장에서 성령의 두 번째 언급은 4장 29절에 나타난다. "그러나 그 때에 육체를 따라 난 자가 성령을 따라 난 자를 핍박한 것 같이 이제도 그러하도다"(ἀλλ' ὥσπερ τότε ὁ κατὰ σάρκα γεννηθεὶς ἐδίωκεν τὸν κατὰ πνεῦμα, οὕτως καὶ νῦν). 이 구절은 23절에 나왔던 두 아들 간의 대비를 다시 "육체를 따라 난 자(κατὰ σάρκα 카타 사르카)"와 "성령을 따라 난 자"(κατὰ πνεῦμα 카타 프뉴마)간의 대비로 묘사하고 있다. 이 '카타'(κατὰ)는 23절에서와 같이 '원인' 또는 '수단'과 밀접하게 연결된 단어다. 이 단어는 두 가지 점을 제시한다. 하나는 두 아들로 대표되는 두 가지 유형의 인간을 보여준다. 첫 번째는 율법의 규정을 따라 사는 사람이고, 두 번째는 성령의 인도를 따라 사는 사람이다. 다른 하나는 바울의 역사적인 병행사건을 제시한다. 이것은 이삭으로 대표되는 성령을 따라 난 갈라디아교인들이 이스마엘로 대표되는 육체를 따라 난 유대주의자들에 의하여 핍박을 받고 있다는 것이다. 하지만 이 구절에서도 기본적으로 성령의 역할에 대하여 전제되어 있는 점은, 수동태형 동사 '태어나다'(γεννηθεὶς)가 암시하는 것처럼, 갈라디아서 3장 2-3절과 5절에서와 마찬가지로 성령의 거듭나게 하는 사역이다. 그러므로 갈라디아서 4장에 나오는 두 곳의 성령 구절에서 공통적으로 발견할 수 있는 핵심적인 성령의 사역은, 흔히 강조되는 것처럼 신자들을 은사적인 사람으로 만들어가는 것이라기보다는, 신자들의 하나님과의 관계(아버지와 자녀)를 발생하게 하거나 그에 대한 증언(하나님과 신자를 향하여 동시에)을 하는 일임을 알 수 있다.41)

여기서 바울은 "성령을 따라"(κατὰ πνεῦμα)를 23절의 "약속의 결과"와 28절의 "약속의 자녀들"과 대략 동시적으로 사용하며 이후로는 성령에 대한 언급들이 지배적이다(5:5, 16-18, 22, 25). 그런데

V. 갈라디아서에 나타난 성령론적 측면의 구원　271

사실 바울의 이전의 복음, 성령, 약속, 복 그리고 상속에 대한 언급 전부가 여기서와 그 서신 나머지 부분 전체에 걸쳐 신자의 삶에서의 성령의 임재와 인도라는 관점에서 초점이 모아진다.42)

이와 같이 갈라디아서 3장 2-3, 5, 14절과 4장 6, 29절의 성령에 관한 내용은 주로 회심의 순간(칭의 과정)에 역사하는 성령의 활동과 그리스도인의 신분을 증거하시는 성령의 활동이었다. 물론 갈라디아서 3장 3, 5절과 4장 6, 29절에서는 종말론적인 틀 속에서 칭의 이후에 역사하시는 성령의 활동에 대한 암시도 있었다.

바울은 갈라디아서 2장 16절의 "믿음으로 의롭게 됨"을 갈라디아서 2장 20절에서는 "그리스도와 함께 십자가에 죽고 내 안에 그리스도가 사신다"고 고백한다. 이는 전통주의 입장에서 주장처럼, 내적인 아무런 변화가 없는 법적인 선언과 죄사함만을 의미하지는 않는다. 오히려 '칭의'는 성령으로 거듭나서 하나님 아버지와 아들의 관계 속으로 들어가는 것이다. 여기에는 새로운 피조물이 되는 내적인 변화가 있는 것이다. 주님은 나와 같은 일을 할 것이라 하셨다. 우리의 '칭의'에 있어서도 삼위일체이신 하나님의 동일한 역사가 있는 것이다. 지금까지 '칭의'를 기독론적인 입장에서만 보고 구원론을 좁은 의미로 해석 하였으나 이제 신론과 성령론의 입장에서 통합적으로 이해할 때 사도 바울이 갈라디아서에서 말하려고 하는 구원론을 정확히 알 수 있다고 본다.

2. 성화(sanctification) 과정의 성령

성화는 칭의와 달리 그리스도인의 삶이다. 만일에 하나님의 은혜에 의해 믿음으로 의롭다 함을 받은 칭의가 그리스도인의 삶의 시작이라면, 성화는 기독교 사랑 안에서 그리스도인이 성숙하고 성장해가는 일종의 과정이다. "거룩하게 만든다"라는 뜻인 성화는 우리의 삶 가운데 성령의 역사를 통하여 그리스도의 형상이 성도 안에 세워진다는 것을 뜻한다. 갈라디아서에서는 이 성령의 역사를 "의의 소망"이라고 부른다. 의의 소망은 의롭게 살아가는 삶, 즉 거룩하게 살아가는 삶이다. 그런데 이 의의 소망은 크게 두 가지를 의미한다. 하나는 개인적인 거룩함을 의미하고, 둘째로는 종말론적 희망을 의미한다. 이 단락에서는 두 번째의 의미를 논의할 것이다.

1) 성령으로 의의 소망을 기다림(갈 5:5-6)

ἡμεῖς γὰρ πνεύματι ἐκ πίστεως ἐλπίδα δικαιοσύνης ἀπεκδεχόμεθα. (5)

ἐν γὰρ Χριστῷ Ἰησοῦ οὔτε περιτομή τι ἰσχύει οὔτε ἀκροβυστία, ἀλλὰ πίστις δι' ἀγάπης ἐνεργουμένη (6)

성화의 과정은 갈라디아서 5장 5-6절에서 분명히 보여준다. 갈라디아서 5장 5-6절은 시작부터 로마서 5-8장과 대조를 이룬다. 이 대조는 너무나 닮은 구조를 이룬다. 특히 이 대조는 육체와 대척점에 있는 성령의 활동(σὰρξ/πνεῦμα)이 논의되고 있는 로마서 6장(육체의 문제), 7장(율법과 육체의 문제), 그리고 8장(육체와 성령의 대립)과의 연관성이 깊다는 것을 암시한다. 갈라디아서 5장의 성령에 관한 논의는 5절, 16-18절, 그리고 22-25절에 다시 등장한다. 바울을 포함하여 갈라디아 성도들이 대망하고 기다리는 것은 '의의 소망'이다. 아페크테케스다이(ἀπεκδέχομαι) 동사는 '간절히 기다리다'라는 의미를 갖는다. '의의 소망'은 미래의 것이고 아직 일어나지 않은 상태를

말한다. 그래서 '의의 소망'은 기독교인의 구원이 지니는 종말론적인 성격을 부각시켜 준다.43)

이 구절에서 루터와 칼빈도 해석을 덧붙임으로서 서로 상반된 의미를 부여하는데, 루터가 오직 믿음으로만 의롭다고 선언한다고 하는 반면에, 칼빈은 이 구절을 의는 믿음으로 말미암아 성립된다는 의미로 설명하고, 따라서 그 의는 의식에 의하지 않고 성령 안에서 얻어지는 것이라고 해석한다.44) 상반된 의미로 받아들일 수 있지만, 사실은 이 의가 믿음으로 얻어지며 성령을 통해 얻어진다. 따라서 '의의 소망'은 칭의 과정에 성령이 역사하시는 것을 인정한다고 보인다. 간단히 요약하자면, 그리스도인은 믿음에서 나오는 성령(πνεύματι ἐκ πίστεως)을 통해 의의 소망을 간절히 기다린다는 것이다.

'믿음에서 나는 성령'이라는 표현으로 믿음과 성령의 관계를 강조하며 성령의 원천으로서 믿음을 설명하고 있다. 이는 갈라디아서 3장 2, 14절에서 믿음을 통하여 성령의 약속을 받게 된다고 한 바울의 의도에 보다 가까운 해석이라 할 수 있다.45) 즉, 바울이 믿음을 유일한 칭의의 근거로 제시하는 이유는 성령 때문이다. 바울은 믿음을 성령체험의 유일한 근거로 제시함으로 믿음으로 의롭게 된다는 이면에는 성령이 오로지 믿음을 통해서만 주어진다는 생각이 자리하고 있다. 이 구절 또한 바울의 관심이 믿음과 그 믿음에서 나오는 성령이라는 사실을 분명히 보여주고 믿음과 성령, 그리고 의의 밀접한 관계를 설명하고 있다.

보다 구체적으로 보면 갈라디아서 5장 5절, "우리가 성령으로 믿음을 따라 의의 소망을 기다리노니"(ἡμεῖς γὰρ πνεύματι ἐκ πίστεως ἐλπίδα δικαιοσύνης ἀπεκδεχόμεθα)은 미래의 구체적인 일을 암시한다. 만일 우리가 이 구절을 번안하면 다음과 같다. "우리(바울과 유대 그리스도인들)는 성령을 통하여(도구적 여격) 믿음으로 의의 소망(의가 가져올 소망하는 실체, 심판의 날에 하나님만이 주실 수 있는 모든 것)을 간절히 기다리고 있다." 이 구절의 동사 "기다린다"(ἀπεκδεχόμεθα)의 단어는 바울이 항상 종말론적인 기대, 즉 하나님의 최종적인 구속 사역(redemption)을 표현할 때 항상 사용한 동사이다.46) '의의 소망'(ἐλπίδα δικαιοσύνης)은 '신자들의 칭의가 그들에게 미래를 향하여 가리켜주는 희망이기'에 티모시 조지(Timothy George)는 "믿음에 의한 칭의와 교회에 성령을 부어주시는 일은 모두 종말론적인 사건이다"라고 언급한 것과 같다.47) 여기서 믿음과 의의 소망은 별개의 방식이 아니다. 의의 소망을 성령으로 기다리는 것이다. 즉, 믿음에서 나는 성령으로 의의 소망을 기다리는 것이다.48) 지금 갈라디아 교회는 의의 소망에 이르는 유일한 길인 성령을 떠남으로써 이 소망에 이르지 못할 위기에 놓였다. 갈라디아서 전체에서 드러나는 바울의 논증은 이런 종말론적 위기의 산물이라 할 수 있다.49)

바울 서신에서 표현되는 종말론적인 사건인 칭의와 구원은 자주 현재성(혹은 이미 일어난 역사성)과 미래성을 동시에 함유하고 있다(롬 5:1; 9-10; 8:23-25, 28-30). 이것이야말로 바로 앞장의 하갈-사라 유비(갈 4:25-26)에서 대조된 하늘의 예루살렘과 지금 여기 아래에 있는 예루살렘과 같이 갈라디아서 5장 5절은, 고린도후서 1장 21-22절과 에베소서 1장 13-14절에서처럼, "종말론적인 성령(eschatological Spirit)은 최종적인 종말론적 구원의 보증(guarantee of final eschatological salvation)"이라는 점을 말해주고 있다.50)

바울이 믿음을 칭의에 이르는 유일한 길로 정의하고 이 믿음을 다시 성령의 원천으로 제시하는 것은 성령이 이미 이루어진 칭의의 증거이기 때문이 아니라 성령이 종말론적 칭의에 이르는 유일한 방식 혹은 원천이기 때문이라고 한다.51) 즉, 바울의 주장은 성령이 종말론적 구원에 이르는 유일하고도 효과적인 방식이 될 것이라는 것이다. 이것이 의의 소망, 약속된 유업, 하나님의 나라, 영생으로 표현되건 성령의 결정적 역할이 우리를 종말론적 구원에 이르게 한다는 것이다.

6절의 동사 '이스퀴오'(ἰσχύειω)는 '무엇을 할 수 있는 능력이 있다'는 의미를 갖는다. 따라서 효력이 없다는 말은 '의의 소망에 이르게 할 능력이 없다'는 의미를 갖는다. 즉 할례나 무할례가 '아무 상관이 없다'는 것이 아니라 '의의 소망'에 이르게 할 능력이 없다는 것이다. '칭의'를 가져다 줄 수 있는 능력을 가진 것은 오직 '사랑으로 역사하는 믿음'뿐이다. 이것이 성령의 역할이다.52)

바울의 성령 이해는 구원론적이며 종말론적이다. 바울은 갈라디아서에서 '성령의 은사'는 거의 거론하고 있지 않다. 오직 그의 관심사는 성령이 우리에게 주는 구원과 하나님의 자녀로서의 삶을 살게 한다는 것에 있다. 지금까지 오순절 성령 운동은 은사중심의 성령론이었다. 그리고 구원과는 아무 상관없는 것처럼 거론되지 않고 있다. 이것이 오히려 사도의 역설적인 이해일 것이다. 그러나 갈라디아서에서 바울이 말하고 있는 구원론은 성령으로 말미암는 구원론이다. 성령은 우리 구원의 처음 시작과 마지막 완성을 이루어내시는 분이시다. 이제는 삼위일체이신 하나님의 관점에서 갈라디아서의 구원론을 논의해야 함이 옳다고 생각한다. 이처럼 삼위일체 하나님의 관점에서 보는 구원론이 성령의 역사를 의와 관련하여 설명하고 있기에, 우리는 "하나님의 의가 무엇이냐?"라는 질문에 대답해야 한다. '의'는 한 개인으로부터 국가라는 광범위한 범위까지 이야기될 수 있을 것이다. 갈라디아서는 구원론을 말함에 있어서 '의'를 중심 주제로 말한다. 그런데 이러한 '의'를 개인에게 적용되는 협의의 '의'가 아니라 하나님 나라라는 종말론적 개념의 넓은 의미의 배경에서 설명하고 있다.

갈라디아서 6장 14절에 "십자가로 인하여 세상이 내게 대하여 죽었다" 하였다. 바울은 자신이 속하였던 세상에 대하여 이제는 관계없는 세상이라 한다. 그러므로 "의" 하늘에 속한 새로운 속성의 하나님의 나라를 세우시는 하나님의 의를 말하는 것이다. 전에 사도가 속하였던 세상은 개인주의로 설명할 수 있는 사망의 세상이다. 창세기 3장 12절의 아담은 자신의 갈비뼈인 여자를 향하여 '하나님이 주신 화근'이라고 말한다. 이는 이미 창세로부터 인류의 모습이 서로를 짐으로 여기는 개인들의 세상이라고 말하고 있는 것이다. 그리고 사도는 자신이 갈라디아서 2장 19절에 "율법에 대하여 죽었으니 하나님을 향하여 살려고 한다" 함으로 확실한 바울 자신의 정체성과 "누구에게 속하였는가?"를 말한다. 이처럼 사도는 '의의 소망'을 기다리는 이유가 단순히 개인의 의를 말하는 것이 아니고 하나님의 나라를 기다리는 자로서 하나님의 나라와 관련된 실제로서 '의'를 말하고 있다. 하나님께서는 이러한 의를 입은 자들 안에서 그리고 그들과 함께 자신의 나라를 완성시키시는 것이다. 여기에 다음에 설명되어야 할 "성령을 따라 행하여야 한다"는 '행함'의 이유가 있다. 개인주의의 행함이 아니라 임재하신 하나님을 따라 행하는 '순종'의 이유가 된다.

2) 성령을 따라 행함(갈 5:16-21; 25-26)

Λέγω δέ, πνεύματι περιπατεῖτε καὶ ἐπιθυμίαν σαρκὸς οὐ μὴ τελέσητε

위의 16절은 두 부분으로 나뉜다. 하나는 "성령을 따라 행하라"는 명령이다. 이 명령은 그리스도인의 생활에 대한 바울의 이해를 정의해준다. 바울의 윤리의 특징은 성령에 주어지는 역할이다.53) 성령의 기능은 신비적 체험을 말하는 것이 아니라 구체적으로 그리스도인이 행해야 하는 윤리적이고 도덕적인 명령이다. 분명한 것은 "성령으로"(πνεύματι) 또는 "성령을 따라"라는 말은 삶의 방식이 아니라 삶의 구체적인 행위 즉, 삶의 질을 보여준다. 다시 말해, 그리스도인이 성령을 쫓아 산다는 것이 윤리적이고 도덕적인 행위를 통해서 그가 성령을 받아 하나님에 의에 의해 의롭다고 받은 사람의 행위가 무엇인지를 보여준다는 것이다.54)

"성령으로 시작하였다가 이제는 육체로 마치려는가"(갈 3:3)라고 바울이 앞서 언급한 말은 갈라디아인 들의 어리석음을 책망한 것이다. 이것은 그들이 처음에 성령 받음으로 하나님의 자녀가 되었다면 끝까지 성령으로 살아가야 마땅하다는 것이다. 바울의 갈라디아 신자들에 대한 권고는 율법과 방종적 자유와 관계된 '육체'의 옛 존재로가 아니라, 회심 시에 그리고 유대주의자들의 말을 듣기 전에 그 실재를 체험했던 것과 같이 '성령'의 새로운 실재로 계속 삶을 살라는 것이다. 그러나 육이 여전히 성령의 소욕을 따르려는 신자의 소원을 좌절시키는 것을 보여준다.

17절은 성령과 육체는 서로 대적하여 대립된다. 갈라디아 교회들은 처음 바울을 통해 그리스도의 복음을 듣고 회심할 때 "성령으로 시작하였는데" 이제 그들은 개종의식이라는 육체의 할례를 받아들이려고 함으로써 육체로 끝마치려고 하는 어리석음을 범하고 있다(갈 3:3).

육체와 성령은 서로 정반대되며 그 결과 인간은 '육체 가운데' 있을 때에, 즉 자기 자신의 인도와 순전히 인간적일 뿐인 모든 것의 지도에 따라 단지 인간적으로 살 때에는 자신의 옳은 것으로 아는 것을 행하지 못한다. 단지 "성령 가운데" 있을 때, 즉 "그리스도 안에" 거하는 새로운 실재 가운데서 하나님의 성령의 지도를 받으며 살 때에만 그렇게 할 수 있다.55) 성령은 우리의 삶이 육체의 소욕을 이루도록 방치하지 않으신다. 우리가 성령의 인도를 받게 되면 율법아래 있지 않게 되고 육체의 소욕을 이길 수 있다.

18절에서는 성령은 하나님의 자녀된 자의 삶을 인도하신다. 바울은 로마서에서 성령의 인도함을 받은 자마다 하나님의 아들이라고 하였다(롬 8:13-14). 하나님의 자녀된 특징은 성령의 인도함을 받는 것이다.56) 갈라디아서는 이러한 하나님의 자녀들을 하나님의 나라를 세우는 하나님의 동역자라고 한다. 성령은 하나님의 나라의 나타나심의 표지이다(마 12:28). 육체를 따라 삶으로 다시 세워지는 세상은 이미 무너뜨린 율법의 세상을 또 다시 세우는 죄악이 되는 것이다(갈 2:18). 성령을 따르는 이유는 성령으로 인하여 "하나님의 의"를 입을 수 있기 때문이다. 이러한 자들이 하나님의 나라를 세우는 하나님의 동역자이다. 우리는 성령과 함께 믿음을 말하는 이유는 '새 하늘과 새 땅'이 '의' 위에 세워진다는 것을 알기 때문이다(벧후 3:13). 그러므로 처음 창조에 속한 것들은 다 진동될 것이라 하셨다. 이는 의로서 세워지는 것이요, 하나님께서 그리스도와 그의 연합된 성도들과 함께 세워지는 나라이다. 예수께서 사도들에게 누가복음 17장 6절에서 겨자씨 한 알만한 믿음을 설명하시는 이유가 여기에 있다. 그리고 성도는 성령의 감동을 받아야만 하나님의 뜻을 알 수 있다. 바울이 성령을 따라 살도록 명령하는 이유는 오직 성령만이 성도로 하여금 예수 그리스도의 죽음과 부활에 연합할 수 있을 뿐만 아니라 예수 그리스도의 신실성을 따라 하나님을 사랑하고 이웃을 사랑함으로 율법의 진정한 목적을 성취하고 완성하게 하기 때문이다. 그리스도인에게 있어 하나님의 뜻을 판단하는 능력은 율법이나 외적인 계율들에 기초한 것이 아니고 성령의 인도하심에 있다. 행위의 안내자로서의 율법의 이전 기능들은 이제 성령으로 대체되었다.

"율법 아래 있지 않다"는 표현은 본 절의 문맥에서 판단할 때 신자들은 종말론적 새 시대의 성령의 구체적인 지시와 안내를 받기 때문에 옛 세대를 지배하던 율법의 지시와 지도아래 있지 않다는 뜻을 갖는다. 성령은 갈라디아 신자들의 신분을 규정하는 원리일 뿐 아니라 그들의 윤리적 행위와 삶도 규정하는 규범적 원리이다.57) 사도가 너희 안에 '그리스도의 형상을 세우리라' 하였다. 이는 율법을 따르는 정체성을 십자가에 못 박고 성령으로 세워지는 그리고 성령으로 삶의 호흡을 삼는 새로운 정체성을 뜻한다.

갈라디아서 5장 16-18절, "내가 이르노니 너희는 성령을 따라 행하라 그리하면 육체의 욕심을 이루지 아니하리라 육체의 소욕은 성령을 거스르고 성령은 육체를 거스르나니 이 둘이 서로 대적함으로 너희가 원하는 것을 하지 못하게 하려 함이니라 너희가 만일 성령의 인도하시는 바가 되면 율법 아래에 있지 아니하리라." 기록된 갈라디아서에서 유일하게 사용된 16절의 "너희는 성령을 따라 행하라"(πνεύματι περιπατεῖτε)라는 표현은 바울도 자주 사용한 삶의 방식을 묘사하는 유대교적인 표현인데, 바울이 의도적으로 "율법의 율례를 따라 행하라"(출 16:4; 레 18:4; 렘 44:23; 겔 5:6-7)라는 구약의 표현이 메아리치게 한 것으로 보인다. 특히 17절을 보면, 로마서 7장 후반부의 갈등과 고뇌의 상황이 연상되지만, 오히려 긍정적으로 빌립보서 2장 12절하-13절 "…두렵고 떨림으로 구원을 이루라 너희 안에서 행하시는 이는 하나님이시니 자기의 기쁘신 뜻을 위하여 너희에게 소원을 두고 행하게 하시나니"라는 말씀과 연관하여, 성령을 통하여 하나님께서 신자들 가운데 역사하여 구원을 이루어 가시는 과정으로 볼 수도 있다.

갈라디아서의 성령은 그리스도인의 삶 속에서 영과 육체의 치열한 대립 속에서 이루어지는 성화단계에서도 지속적으로 활동하신다는 점을 분명하게 표현하고 있다. 구원(칭의)을 시작하신 성령님이 이를 완성할 것을 암시한 갈라디아서 3장 2절부터 시작하여 5장 5절의 완성을 갈망하는 모습 속에서 지속적으로 활동하는 점이 강조되었다. 육체와 영이 가장 극렬하게 대비되는 구절인 갈라디아서 5장 16-25절에서 성령의 활동은 성화단계의 그리스도인들의 유일한 해결책으로 제시되었다.[58] 성령은 하나님께서 약속하신 영이시다. 성령께서 강림하심으로 하나님의 나라가 임하게 되었고 개인에게는 구원의 시작이 되었다. 성령이 성도에게 임하는 것은 성도가 하나님의 나라의 종말적 이중구조 안에 들어가는 사건이다. 이와 같이 예수 그리스도의 복음은 그리스도의 죽음과 부활과 성령의 강림에 초점이 맞추어진 복음이었다. 예수 그리스도의 부활의 사건은 죄 아래 있던 옛 삶을 마감하고 부활로써 시작된 새 생명의 삶을 시작하게 하는 것이었다. 이러한 새 삶은 하나님의 나라가 완성되어짐에 있어서 성도로 하여금 하나님의 교회가 되어 동역자가 되게 하는 것이다.

3) 성령의 열매

사실 그리스도인의 삶은 하나의 목표를 향하여 나아가는 운동이다. 이 과정에서 하나님은 성령의 능력 안에서 우리를 의롭다 하시고 성화시켜주실 뿐만 아니라 우리의 삶에 풍성한 열매를 맺게 하신다. 바울은 이 사실을 갈라디아서 3장 3절에서 설명한다. 그는 그리스도인으로서의 삶이 개인적으로 성령을 받은 것에서 시작하지만, 그 열매라는 목표를 지향해야 한다고 주장한다. 그가 칭의 및 성령을 받는 것을 아브라함의 축복이라고 생각한다. 이것은 갈라디아서 3장 14절에 잘 나타나 있다. 성령이 이 하나님의 약속대로 성도들에게 주어짐으로 종말론적 새 시대가 임했다는 것이다. 성령의 수여는 부활하신 주 예수에 대한 그들의 신앙과의 실존적 연관성을 부여해 주었고, 그들의 실현된 종말론에 대한 강조를 확증해 주었다.59)

톰 라이트(N. T Wright)는 바울이 '육체'와 '성령'을 대조하는 것도 유명하지만, 그 두 단어와 함께 사용하는 핵심 용어가 있는데 '육체'에 대해서는 일이라 말하지만, '성령'에 대해서는 열매라고 말한다고 한다.60) 예수님의 복음이 선포되면 성령이 일하기 시작하고 사람들은 새롭게 갱신되는데 그 갱신의 첫 번째 징표, 그들의 소속을 나타내는 참된 배지는 부활하신 주 예수님에 대한 믿음이라한다. 메시야의 백성에 속하는 자격은 죽음을 거쳐 새로운 생명으로 가는 여정에 참여시키는데 그때 메시야와 함께 십자가에 못 박히는 죽음을 거칠 때 '육체'가 한사람의 인격과 행동을 결정하는 삶이 끝나는 대신에 성령의 열매를 맺기 시작한다고 한다.61)

성령의 열매는 부활하신 예수님을 마음에 주님으로 모실 때 성령을 받고 거듭나서 새로운 생명으로 살 때 저절로 맺어지는 열매이다. 인간의 윤리적인 노력이나 고행을 통해 맺는 열매가 아니라 성령께서 일하실 때 맺히기 시작하는 열매인 것이다. 성령이 이끄시는 대로 순종할 때 율법 아래 있지 않고 육체의 욕심이 이루어지지 않고 성령의 열매가 맺히게 되는 것이다. 성령의 열매는 인간의 행위를 통해 작용되는 것과 대조되게 그분의 성령을 통한 하나님의 은사로 주어지는 것이다. 바울의 '행위들'의 사용은 인간이 하는 행위들을 암시하지만, 성령의 열매는 인간의 산물이 아니라 인간에게 내주하시는 하나님의 성령에 기인하는 결과인 것이다. 그리스도인은 그것을 선물로 받는 것이다.[62]

루이스 마틴(J. Louis Martyn)은 바울이 육체의 일과 성령의 열매라는 두 항목을 전적으로 대립되는 것으로 지적하고 있어 중간지대는 배제되어 있다고 한다. 성령과 육체가 둘 다 초인력이라는 점에서 서로 비슷하다고 하지만 육체가 어떤 효과를 만들어내기 위해 줄을 잡아당기는 꼭두각시의 조종자 같은 것인 반면에 성령은 끊임없이 열매를 생산하는 건강한 나무나 포도나무와 같은 것이라 한다. 이러한 열매는 여러 가지 형태이지만 통일된 것으로 하나를 이룬다. 육체의 열매목록이 다소 체계적이지 않고, 혼란을 반영하는 것이라면, 성령의 열매의 표들은 비록 하나도 빠짐없는 것은 아니지만 세심하게 체계적이라 말한다.[63]

성령의 열매에서 첫 번째가 사랑인데 이는 아버지와 아들의 진리의 사랑에서 나오는 완전한 사랑이다. 마틴은 '사랑'은 히브리인의 전통으로부터 성령의 열매로 첫 번째 세 개의 단어와 함께 언급한다고 한다. 즉, 쿰란(Qumran)에 나타난 공동체의 특징으로서 진리의 자녀들을 향한 사랑을 언급하는데 바울은 두 사람 사이에서 낭만적인 감정을 말하기보다는 자신의 생명을 내어 준 그리스도에 의해 옹호된 사랑에 대해 이야기했다고 한다.[64] 그러므로 공동체로서 교회 안에서 일상 삶의 공동의 특징이 된 사랑은 하나님 안에서 궁극적인 원천과 패턴을 가지는 그런 진리의 사랑이다.

갈라디아서에서는 바울의 주된 논증이 교인들이 성령을 받았다는 잘 알려진(양편 모두) 사실로부터 시작된다는 점이다(갈 3:1-5). 갈라디아 교인들은 '율법의 행위'가 아니라 믿음을 듣고서 성령을 받은 분명한 체험이 있었다. 그러므로 그들은 이방인들이었지만 아브라함의 자손으로 아브라함의 복을 받는 자들이 되었다. 그들은 이삭과 같이 약속의 자녀요 성령을 따라 태어난 것이다. 그래서 성령으로 시작해서 성령으로 행하며 성령으로 열매 맺기를 기대하고 있는 것이다.

바울은 성령이 자신을 자유케 하는 능력으로 체험되었음을 분명히 고백하고 있다(롬 8:2; 고후 3:17). 갈라디아서에서도 바울에게 성령체험은 율법의 종 됨에서 벗어나 해방이요 자유였음을 고백한다. 이 부분이 바울이 갈라디아 교회에서 일어나고 있었던 일을 거의 믿을 수 없었던 이유였다(갈 1:6; 3:3). 성령을 따라 난 자들은 자유하였다(갈 4:28-31). 성도는 성령으로 인도를 받는 것과 같이(갈 5:18), 성령 안에서 행하게 되면(16절) 성령의 도움을 받아 성령의 열매를 맺게 된다. 그 성령의 열매란 성도가 "하나님의 아들의 형상을 본받게 하기 위하여 미리 정해졌다"(롬 8:29)는 것을 달리 말하는 방식이다.[65] 바울은 갈라디아서 4장 19절에서 "너희 속에 그리스도의 형상을 이루기까지 다시 너희를 위하여 해산하는 수고를 한다"라고 말한다. 성령의 열매는 우리 안에 하나님의 신성의 모든 충만으로 충만함을 받아 그리스도의 형상이 이루어지는 것을 말한다. 하나님께서 성령으로 말미암아 우리를 새롭게 창조하시는 하나님의 역사이다. 이를 이루시기 위하여 하나님께서 그 아들을 보내셨으며 또 그 아들의 영을 우리 마음 가운데 보내신 것이다(갈 4:4-6).

3. 영화(glorification) 과정의 성령

성화의 과정은 그리스도인의 내적인 열매의 형태이다. 이 내적 열매가 성령에 의해 그리스도의 몸으로 변화된다. 이 단락에서는 갈라디아서에 나타난 영화의 과정, 즉 성령이 그리스도인을 거룩하게 하시는 사역에 대하여 살펴보고자 한다.

1) 성장의 단계들(갈 6:1-10)

Αδελφοί, ἐὰν καὶ προλημφθῇ ἄνθρωπος ἔν τινι παραπτώματι, ὑμεῖς οἱ πνευματικοὶ καταρτίζετε τὸν τοιοῦτον ἐν πνεύματι πραΰτητος, σκοπῶν σεαυτόν, μὴ καὶ σὺ πειρασθῇς. (1절)

'영화'는 종말론적 의미를 내포하고 있는 단어로 최종적으로 종말론적인 구원은 성령께서 하나님의 뜻을 따라 완성하신다는 것이다. 이 말은 종말론적인 구원의 완성자로서의 성령을 가리킨다. 갈라디아서의 성령은 종말론적인 구원의 완성을 이루어 주시는 분으로 묘사되었다. 이러한 성령의 활동은 갈라디아서 3장에서부터 지속적으로 암시되었고(갈 3:3; 4:6; 5:5, 16-18, 22, 25), 결정적으로 갈라디아서 6장 6절에서 분명하게 나타나고 있다. 로마서 8장 28절의 말씀처럼 최종인 단수의 선(ἀγαθόν) 즉, '종말론적인 구원의 완성'을 이루어 주시는 분이 바로 성령님이시다(롬 8:26-30).[66]

갈라디아서 6장에 나오는 성령 구절은 첫 절(1절)과 마지막 절(18절), 그리고 8절이다. 흡사한 점이 있는 첫째 구절과 세 번째 구절을 함께 먼저 다루고, 8절을 마지막으로 살펴보기로 한다.

갈라디아서는 "형제들아 사람이 만일 무슨 범죄 한 일이 드러나거든 신령한 너희는 온유한 심령으로 그러한 자를 바로 잡고 너 자신을 살펴보아 너도 시험을 받을까 두려워하라"(1절)로 시작하여 "형제들아 우리 주 예수 그리스도의 은혜가 너희 심령에 있을지어다 아멘"(18절)로 끝이 난다. 갈라디아서 6장 1절의 "신령한 너희"(ὑμεῖς οἱ πνευματικοὶ) 혹은 "온유한 심령"(ἐν πνεύματι πραΰτητος) 그리고 갈라디아서 6장 18절의 "너희의 심령"(τοῦ πνεύματος ὑμῶν) 등은 성령의 지배를 받고 있는 갈라디아 교인들 혹은 그들의 마음이나 내적인 자아를 표현하는 용어들이다. 즉, 갈라디아서 6장 1절에 나오는 "신령한 너희"(ὑμεῖς οἱ πνευματικοι)는 갈라디아서 5장 16절, 18절, 25절 등에서 나왔던 성령으로 행하고 성령에 의하여 인도함을 받고 성령을 좇아 행하는 사람들을 의미하며(비교 2:15-3:4), 이들은 또한 갈라디아서 6장 16절에서 사용된 또 다른 표현인 "하나님의 이스라엘"(Ἰσραὴλ τοῦ θεοῦ)이다.

2) 성령으로부터 영생을 거둠(갈 6:8)

ὅτι ὁ σπείρων εἰς τὴν σάρκα ἑαυτοῦ ἐκ τῆς σαρκὸς θερίσει φθοράν, ὁ δὲ σπείρων εἰς τὸ πνεῦμα ἐκ τοῦ πνεύματος θερίσει ζωὴν αἰώνιον.

8절에서 바울은 다시 '육체'와 '성령'의 대조를 통하여 육체로부터는 멸망(썩어질 것)을 거두고 성령으로부터는 영생을 거둔다고 한다. '성령'을 '영생'과 관련짓는 것은 5장 16절, 18절, 22-25절에서 성령으로 사는 일에 대한 바울의 언급들과 일치한다.[67]

여기서 '영생'이나 '멸망(썩어질 것)'은 모두 구원론적인 술어들이다. 갈라디아 성도들이 어떻게 살아가느냐에 따라서 영원한 생명과 영원한 멸망의 갈림길이 결정된다고 바울은 말하고 있다. 그들이 육체를 따라 살게 되면 영원한 멸망이 처해질 것이고, 성령을 따라 살아가면 영원한 생명을 체험하게 될 것이다. 갈라디아서는 생명으로 살아 그 결과 생명의 결정인 영생을 거두라고 한다. 이는 오직 생명의 성령으로 사는 현재성을 갖는 종말론적 존재일 때만 가능하다. 그러므로 "구원받았다(생명을 가졌다) - 구원을 받고 있다(생명을 따라 산다) - 구원받을 것이다(영생을 거두라)"는 구원론의 등식이 성립된다. 이러한 성경적 표현이 성경적 당위성을 가지려면, 그 기준이 인간이 아니라 사람이 되신 그리스도 예수이어야 한다. 아담과 아담의 후손된 인간은 그리스도 예수께서 이루신 존귀함에 성령으로 참여하게 되는 것이 구원이기 때문이다. 고린도후서 5장 4-5절에 "죽을 것이 생명에게 삼키게 되리니 하나님께서 성령을 보증으로 세우셔서 이루신다" 하였다. 그러므로 인생은 그리스도 예수를 통하여 완성시키시는 하나님의 나라를 위하여 하나님의 동역자로서 성령의 교회가 되는 것이다. 왜 현재의 생명을 살아야 하는가? 이는 그 이유가 하나님의 나라에 있다. 그래서 갈라디아서는 하나님의 이스라엘이라 하는 것이다. 우리는 그리스도의 법을 성취해야 한다. 이러한 명령의 근거는 하나님의 나라에 있다. 단순히 이 세상에서 오순도순하게 살라는 것이 아니라 그러한 사랑을 통하여 성령은 역사하시기 때문이다. 이것이 "사랑으로서 역사하는 믿음"이다.

"그리스도의 법을 성취하라"(갈 6:2)는 신자의 삶에 있어 사랑으로 율법을 성취하라는 것, 즉 그리스도의 본을 따라 성령으로 율법의 요구를 성취하는 것이다.[68] 이 "그리스도의 법"은 5장 13절-6장 10절까지의 문맥에서 해석될 수 있다. 여기서 바울은 성령 안에서의 삶을 강조하여 또한 성도들에게 "성령을 좇아 행하며," "성령의 인도함을 받으며"(갈 5:18), "성령의 열매"(갈 5:22-23)를 나타내며 "성령으로 살며"(갈 5:25), "성령으로 행하며"(갈 5:25) 그리고 "성령을 위하여 심은 것"(갈 6:8)을 요청한다. 이것은 성도들이 오직 성령의 능력으로 그리스도의 법을 성취할 수 있음을 보여준다.69) 실제로 바울의 이 권면은 성령의 능력 안에서 살아가는 "신령한 자들"에게 말해진 것이다(갈 6:1).

갈라디아서 6장의 핵심적인 성경구절인 6장 8절은 다음과 같이 주어-동사-목적어-수식어구들이 분명한 대조(육체/성령, 썩어질 것/영생)를 이루는 두 문장이 함께 있는 구조이다. 바울은 7절 후반부에서 모든 사람에게 적용되는 "사람이 무엇으로 심든지 그대로(바로 그것을) 거두리라"라는 격언적 진술을 하고 나서, 이 원리를 8절에서 자신이 지금까지 핵심적으로 사용해왔던 육체/성령(σὰρξ/πνεῦμα)이라는 반대명제에 적용하고 있다. "자기 육체를 위하여"(εἰς τὴν σάρκα ἑαυτοῦ)라는 어구가 의미하는 바가 이기적이고 자기중심적인 행위라고 볼 수도 있겠지만, 서신 전체에서 이루어지고 있는 논의에 비추어 볼 때 유대주의자들의 할례라고 볼 수 있다. "썩어질 것"(φθοράν)은 단순한 사망이라기보다는 "영생" 혹은 부활과 반대되는 개념인 영원한 사망을 의미하는 것으로 보인다(비교 고전 15:42, 50). 바울은 이미 앞에서(갈 5:2-4) 이러한 자들은 "그리스도에게서 끊어지고 은혜에서 떨어진 자"라고 선포하고 있다. 여기서 사용된 동사 "거두리라"(θερίσει)가 미래형인 것에 주목할 필요가 있는데, 이는 종말론적인 성취와 완성을 암시하여 하나님의 완전한 통치에 들어가는 미래적인 영원한 생명을 의미하기 때문이다. 미래형 동사, "거두리라"(θερίσει)를 볼 때, 그 목적어인 "영생"(ζωὴν αἰώνιον)은 현재적인 구원이라기보다는 미래적이며 종말론적인 구원을 의미한다고 볼 수 있다. 이와 같은 소위 '이미'(already)와 '아직'(not yet), 혹은 '시작'(inception)과 '완성'(fulfillment 혹은 consummation)이라는 종말론적인 구도가 배여 있는 이 구절은 갈라디아서 3장 3절(빌 1:6)과 5장 5절

(롬 5:1-11) 등에서 이미 언급되었는데, 이 구절도 갈라디아서 5장 22절의 성령의 열매 개념과 더불어 구원의 종말론적인 완성의 개념이 두드러지는 구절이다.[70]

지금까지 갈라디아서의 성령론적 구원론을 크게 세 가지, 즉 칭의 과정의 성령, 성화과정의 성령, 영화과정의 성령의 역할로 나누어 살펴보았다. 갈라디아서에서 바울은 "믿음으로 말미암아 의롭게 됨"과 관련하여 성령의 기원을 믿음으로 보고 있다. 즉 믿음으로 성령을 받고 믿음으로 "아브라함의 복"인 성령의 약속을 받는다. 또한 성령은 우리를 계속해서 그리스도와 연합하도록 붙잡아주시고 육신의 소욕을 이기게 하여 성령의 열매를 맺게 하신다.

바울이 갈라디아서에서 말하고 있는 믿음, 칭의, 사랑, 약속, 유업, 영생은 모두 성령을 통해서 연결되고 있다. 바울은 '믿음'을 성령체험의 유일한 근거로 제시하고 있는 것이다. 지금까지 전통주의 견해는 갈라디아서 2장 16절의 이신칭의 본문을 안디옥 사건의 핵심적인 메시지는 물론 갈라디아서의 핵심적 메시지를 가리키는 본문으로 삼았었다. 그러나 갈라디아서는 '이신칭의'만 주제가 아니라 '이신칭의'와 더불어 여러 다양한 주제들 가운데 특별히 성령에 의한 삶이 갈라디아서 3장~6장까지 강조되고 있다. 최근 들어서 갈라디아서 후반부를 강조하는 목소리가 높고 이와 연관된 논의들이 많이 나오고 있는 점은 고무적인 현상이라고 볼 수 있다.[71]

바울의 견해에서 성령님의 주요한 역할은, 그분이 처음부터 마지막까지 그리스도인들의 삶에 본질적 요소로 자리하고 있다는 데 있다. 그리스도 안에 있는 신자들은 성령에 의해 살아가는데 이 사실은 다양하게 표현된다. 즉 그들은 성령 안에서 행하고 성령에 의해서 인도받으며 성령의 열매를 맺고 성령을 위하여 심는다.[72]

갈라디아서의 이해에 있어 우리가 종교개혁가들의 훌륭한 공헌들을 잘 이어받아야 하지만 '이신칭의'라는 그들의 렌즈로만 갈라디아서의 구원관을 볼 필요가 없다. 오히려 칭의의 문제도 일순간의 사건 만으로가 아니라 과정으로 보는 종말론적 틀이 더 설득력이 있다. 즉 구원의 초기부터 완성에 이르기까지 지속적으로 강력하게 역사하시는 성령의 관점에서 갈라디아서의 이해가 이루어질 필요가 있다는 점이다.[73]

이제는 갈라디아서의 전반부보다는 갈라디아서의 후반부를 그리고 이신칭의 보다는 성령론을 더 강조하여야 하겠다. 갈라디아서를 해석함에 있어 바울이 갈라디아서에서 제시하는 논증들은 시종일관 깊은 도덕적 혹은 실천적 관심을 품고 있다.[74] 즉 바울의 일관된 신념은 우리가 성령을 따라 행하면서 성령의 열매를 맺을 때 비로소 우리가 의의 소망에 도달할 수 있다는 것이다. 갈라디아 교회의 문제는 복음의 진리를 따라 살지 않는 삶의 문제이기에 '이신칭의'에 대한 교리적, 신학적 관심이 '그리스도인의 삶'이라는 목회적 실천적 부분으로 돌려져야 한다고 생각한다. 즉 기독론적 중심에서만 구원론을 볼 것이 아니라 신론과 성령론 중심에서도 보아야 한다. 삼위일체이신 하나님의 관점에서 구원론을 볼 때 '교리적인 면'과 '실천적인'면이 조화를 이룰 수 있다고 본다. '칭의'와 성령은 떨어질 수 없는 관계이기 때문이다.

Ⅵ. 결 론

결 론

　지금까지 루터의 신학 사상을 기초로 한 전통주의적인 갈라디아서의 구원론과 새 관점주의자들이 주장하는 갈라디아서의 구원론을 비교하여 살펴보고 그 장점과 문제점을 설명하였다. 그리고 그 대안으로 삼위일체적인 관점에서의 갈라디아서 구원론을 제시하였다. 오랫동안 목회를 하면서 성도가 어떠한 구원론을 가지고 있느냐에 따라 그의 삶과 열매가 완전히 다르게 나타나고 있음을 보고 성경에서 제시하고 있는 구원론에 관심을 갖게 되었다. 특히 전통주의 적인 구원론과 새 관점주의자들의 구원론이 같은 갈라디아서의 본문을 가지고서도 서로 상이한 구원론을 전개하는 것을 보면서 처음에 갈라디아서를 썼던 사도 바울의 구원론에 대하여 관심을 갖게 되었다. 그리고 갈라디아서를 연구하면서 삼위일체 하나님께로부터 시작된 올바른 구원관의 중요성을 뼈저리게 느꼈다. 갈라디아서를 연구하면서 사도 바울이 갈라디아서에서 말하고자 했던 구원론은 삼위일체적인 하나님의 사역의 관점에서 볼 때 정확히 이해할 수 있음을 알게 되었다.

　역사적으로 갈라디아서는 다양한 형태의 기독교 구원론의 기본 토대가 되어왔다. 오늘날에도 여전히 갈라디아서를 어떻게 이해하느냐에 따라 '어떤 신학이 지지되며, 어떤 설교가 선포되고 어떤 삶의 방식이 실행되는지'를 크게 결정하고 있다. 갈라디아서는 종교개혁기간 동안에 중요성이 높아져서 개혁주의 구원론에 기본 토대가 되어 왔고 새 관점 주의자들도 갈라디아서를 중심으로 하여 구원론을 전개하였다. 전통적인 입장에서의 구원론과 새 관점주의자들의 입장에서의 갈라디아서의 구원론을 비교 연구하면서 성경이 말하는 구원론은 어느 교파의 교리나 어느 신학자의 한 가지 관점으로는 제대로 설명될 수 없고 삼위일체이신 하나님의 역사하심 가운데 종합적이고 통전적인 입장에서 고찰할 때 갈라디아서가 말하고 있는 구원관을 잘 설명할 수 있었다. 그래서 갈라디아서의 구원론을 신론, 기독론, 성령론의 관점에서 통합적으로 살펴보았다. 이러한 삼위일체 하나님의 역사적인 관점에서 구원을 설명할 때 성도들이 성경적인 올바른 구원관과 신앙과 삶이 균형을 이루는 것을 보았다. 그 결과 교회 안에 구원의 기쁨과 생명력이 충만하게 되었다. 이러한 삼위일체이신 하나님의 구원사역에 교회가 바로 서게 될 때 교회는 하나님이 원하시는 열매를 맺을 수 있게 되는 것이다.

갈라디아서는 이신칭의를 강조하는 1-2장과는 달리 3-6장은 '성령'의 역할이 상대적으로 강조되고 있다. 뿐만 아니라 갈라디아서 1장 1절에서 바울은 자신의 사도됨이 예수 그리스도를 죽은 자 가운데서 살리신 하나님에 의하였다고 말함으로 신론적 고백을 하고 예수 그리스도의 부활로 인하여 그리스도의 복음이 시작되었음을 증거한다. 갈라디아서에서는 신론적인 하나님의 뜻과 약속, 그리고 기독론적인 예수 그리스도를 믿는 믿음, 또 성령론적인 입장에서 '성령을 따라 행하라'와 '성령을 위하여 심는 자'라는 부분이 모두 설명되고 있다. 이런 입장에서 보면 갈라디아서의 전체의 구성이 인간을 구원하시는 삼위일체이신 하나님의 구원의 과정(process)을 설명하고 있다고 볼 수 있다. 뿐만 아니라 갈라디아서 안에서 보여준 '하나님의 구원'은 협의적인 의미에서 '십자가 사건에서 강조되는 용서'에 대한 강조보다는 오히려 통전적인 의미에서 '그리스도의 부활로 인한 하나님의 약속의 성취와 그 믿음으로 인한 성령의 임재로 인한 그리스도의 몸을 세우는 부분이 강조되고 있다. 그러므로 갈라디아서에서 성도의 윤리와 권면의 부분에 해당된다며 가볍게 여겼던 5장과 6장은 갈라디아서의 핵심이요 결론부에 해당한다고 본다. 이는 믿음으로 의롭게 된 성도들이 살아야 할 구원의 삶은 성령으로 진리에 순종함으로 성령의 열매를 맺는 것이다. 즉, 믿음에 의하여 성령을 따라 사는 자가 진정한 아브라함의 자손이요 아브라함과 함께 하나님의 나라의 상속자가 되는 복을 받기 때문이다.

본 논문의 목적은 I장에 제시된 대로 갈라디아서의 구원론을 삼위일체론적 입장에서 살펴보는 것이다. 이를 위하여 역사적으로 전개된 이신칭의의 논쟁이 가장 중요한 문제로 대두되었기 때문에 Ⅱ장에서는 가톨릭에서부터 전통주의와 새 관점학파들과 같은 여러 견해들 중에 대표적으로 루터와 헤이스의 갈라디아서 구원론을 평가하고 그 대안으로서 삼위일체적인 시각으로 갈라디아서의 구원론을 제시하려고 했다.

좀 더 구체적으로 설명하자면, 루터가 인간의 선행으로 구원받는다는 가톨릭의 잘못된 구원론에 맞서서 오직 믿음으로 구원받는다고 주장한 것은 옳지만, 그것이 구원의 전부라고 본다면 바울의 갈라디아서가 밝히는 구원론을 설명하는 것은 무리라고 본다. 즉, 루터는 "법적 칭의" 중심으로만 구원론을 보고 있기에 너무 편협하고 인간 중심의 구원론을 드러낸다고 주장하는 것이다. 그러므로 성령으로 진리에 순종하는 삶에 관한 부분은 그의 구원론에서 결과적으로 배제될 수밖에 없었다. "믿음"과 "행위"가 상치되는 되는 개념으로 이해하여 야고보서의 "믿음의 행함"과 갈라디아서 후반에 강조되는 "성령으로 인한 행위"를 구원에서 배제시켰던 것이다. 하지만 바울은 갈라디아서에서 성령으로 인한 순종의 삶이 없이는 하나님의 나라를 유업으로 받을 수 없고, 영생은 성령을 따라 사는 삶의 결과로 얻는다고 가르쳤다.

이러한 문제점들을 지적하며 태동된 새 관점주의자들은 1세기 유대교에 대한 우리의 이해의 지평을 열어 주었고, 바울의 '칭의론'이 유대인과 이방인의 관계라는 구체적인 정황 속에서 논의되고 있다고 함으로 수직적이고 개인적인 관점에서 수평적이고 공동체적인 시야로 넓혀주었다. 그럼에도 불구하고 새 관점주의자들은 1세기 유대교의 일부 현상만을 설명함으로 1세기 유대교의 다양한 형태를 간과하였고 구원의 문제를 너무 사회학적인 관점으로 몰고 감으로, 갈라디아서가 목적하는 십자가에서의 새로운 생명으로 말미암은 새로운 창조를 놓쳐버리게 하는 혼란스러움을 야기시켰다.

특히 헤이스는 하나님 아버지의 뜻을 이루시기 위하여 죽기까지 순종하신 예수 그리스도의 신실성을 잘 표현하여 예수 그리스도의 신실성으로 사는 신자의 삶을 잘 설명해 주었으나, 기독론만을 너무 강조하여 πίστις Χριστοῦ를 주어적 속격으로만 해석함으로 믿음의 대상으로서의 그리스도 예수와 신자들의 믿는 믿음을 약화시키는 결과를 초래했다.

이러한 전통주의와 새 관점의 견해를 평가하면서 현대 개신교회의 근본 문제점이 존재론적 변화가 없는 속죄중심의 "칭의론"과 그리고 기독론만 강조하여 하나님 아버지의 뜻과 성령으로 사는 삶을 배제시킨 구원론에 그 문제가 있음을 지적하면서 새로운 대안으로써 삼위일체의 측면에서 신론, 기독론, 성령론, 그리고 교회론, 종말론을 겸하는 통전적 입장에서 구원론을 세워야함을 제시하였다.

Ⅲ장에서는 신론적인 관점에서 갈라디아서의 구원론을 '하나님의 뜻'(하나님의 작정과 경륜), '아브라함의 약속,' '종말론적인 하나님의 나라의 완성'이라는 관점에서 살펴보았다. 바울신학에서 하나님 중심성이 중요한 주제가 됨에도 불구하고 오늘날 구원에 있어 기독론은 강조되지만 신론은 등한시되는 경향이 있다. 구원론은 인간의 문제 해결로부터 시작되어서는 안 되고 철저히 하나님이 하시는 일로부터 출발되어야 한다. 종교개혁자들과 웨슬리는 "인간이 죄로부터 어떻게 구원을 받을까?"로부터 구원론이 출발되었다. 그러나 바울은 항상 하나님의 뜻으로부터 시작하여 서신서를 기록하고 있다. 하나님이 하시는 일에 동참하는 것이 구원이다. 그래서 창세전에 작정된 하나님의 뜻(작정)과 그리스도 안에 세워진 경륜에 대하여 설명하였다.

우리의 구원이 창세전에 하나님 아버지와 아들의 정죄하지 않는 진리의 사랑 안에서 시작할 때 하나님의 약속의 중요성을 알 수 있다. 예수 그리스도의 십자가의 죽음과 부활, 그리고 성령의 임재는 하나님 아버지의 약속의 성취이다. 신론적인 입장에서 우리의 구원은 종말론적인 구조 안에서 하나님의 나라의 완성으로 이루어진다. 그러므로 우리의 구원은 한 번 믿을 때 완료되는 것이 아니고 세 가지의 시제(과거, 현재, 미래) 안에서 구원이 완성을 향하여 진행되는 것이다. 우리의 구원은 성령으로 시작해서 성령으로 진행되고 성령에 의해 완성되는 것이다. 다시 말해 구원의 완성은 종말론적으로 성령에 의해 달성되는 기나긴 과정을 가르친다는 것이다. 그러므로 우리는 성령으로 믿음을 따라 의의 소망을 기다리는 것이다.

Ⅳ장에서는 갈라디아서를 기독론적인 구원론 입장에서 살펴보았다. 그리스도의 십자가의 죽음으로 옛 세대가 끝나고 새로운 세대가 이미

시작된 것으로 보고 실현된 종말론의 입장에 서서 갈라디아서의 십자가에 관한 구절들을 해석하였다. 그러면서도 아직은 현 세대가 존재하고 있기에 미래적인 종말론의 입장도 취하는 절충적인 견해를 제시하였다. 아직 실현된 종말론이 아니라고 한다면 우리의 체험과는 모순된다. 성령으로 우리가 새로운 피조물로 이미 거듭났고 우리 안에 부활이 시작되었기에 우리가 하나님의 새로운 창조를 성령으로 누리고 있는 것이다. 지금까지의 구원론은 예수 그리스도의 죽음에 초점이 맞추어졌으나 이제는 부활에도 초점이 맞추어져야 된다고 생각한다. 예수 그리스도의 부활은 하나님의 새 창조의 시작이기 때문이다. 부활은 죽은 다음에 오는 먼 훗날의 사건이 아니라 지금 우리 안에서 생명의 능력으로 역사하는 미래의 세계를 사는 몸의 기능으로 체험되는 것이다.

갈라디아서에서의 πίστις Χριστοῦ 구문에 대해서는 "신자의 믿는 믿음"과 "예수 그리스도의 신실성" 모두를 포함한 것으로 보아야 한다고 결론을 지었다. πίστις Χριστοῦ 구문은 목적어적 속격이든 아니면 주어적 속격이든 어느 한가지만으로는 논쟁을 종결하기가 어렵다. 구원은 삼위일체이신 하나님의 역사라는 관점에서, 신론적인 관점으로는 하나님과 그의 보내신 자를 신뢰하고 하나님의 약속과 예수 그리스도의 죽음과 부활하심을 믿어야 한다. 그리고 기독론적인 관점에서는 예수 그리스도의 신실성을 소유함으로 순종의 삶이 나와야 한다. 우리는 예수 그리스도를 믿는 믿음 안에서 예수 그리스도의 믿음을 소유하게 된다. 먼저 예수 그리스도를 믿지 않고는 그 분이 어떤 일을 이루셨는지 모르기 때문에 그를 믿는 일 곧 우리의 믿음이 선행되어야 한다. 성령께서도 우리에게 예수 그리스도를 믿는 믿음과 예수 그리스도의 신실함을 공급해 주심으로 예수 그리스도를 의지하고 예수 그리스도의 믿음으로 살게 하신다. 이것이 사도 바울이 갈라디아서에서 말하려고 하는 구원론이다.

여기에서 사도 바울은 갈라디아서의 구원론을 언급하면서 교회의 중요성을 강조한다. 바울이 언급한 교회는 하나님의 구원의 최종 완성의 공동체다. 갈라디아서의 결론도 결국에는 교회에로 집약된다. 바울은 교회가 아브라함의 복을 받을 하나님의 아들들이요 하나님의 이스라엘이요 새 창조라고 한다. 하나님은 예수의 죽음으로 옛 시대(옛 창조)가 마감되고 부활로 시작되는 새로운 시대(새 창조)의 관점에서 '성도들이 그리스도의 몸으로 세워지고 영광스러운 교회가 되어 만물을 충만케 하고 만물을 복종시킨다. 신자들에게 교회관이 구원론과 연계되어 있지 않다면, 성령으로 시작되어진 예수 그리스도의 신실함 안에서 사는 종말론적인 존재로서의 구원이 육체로 마치는 멸망이 되는 것이다.

Ⅴ장에서는 성령론적인 구원론을 갈라디아서의 본문을 중심으로 칭의, 성화, 영화과정에서 '성령의 구원사역'을 갈라디아서 3장부터 6장까지 본문을 석의하여 갈라디아서에서 말하고자 하는 바울의 구원론을 설명하였다.

갈라디아서에서 바울은 "믿음으로 말미암아 의롭게 됨"과 관련하여 성령의 기원을 믿음으로 보고 있다. 즉 믿음으로 성령을 받고 믿음으로 "아브라함의 복"인 성령의 약속을 받는다. 또한 성령은 우리를 계속해서 그리스도와 연합하도록 붙잡아주시고 육신의 소욕을 이기게 하여 성령의 열매를 맺게 하신다. 그러므로 갈라디아서의 구원론의 이해는 칭의, 성화, 영화과정에서도 주도적 역할을 하시는 성령의 사역을 논하는 성령론과 매우 밀접한 관계를 가지고 접근해야만 한다.

성령은 칭의 때부터 성화를 거쳐 영화에 이르기까지 계속 역사하신다. 우리는 믿음으로 성령을 모시고 새롭게 거듭나서 시작되고 성령으로 행하는 삶을 살다가 성령으로 영생을 거두며 마침내 몸의 구속이 완성된다. 그러므로 구원론에 있어 성령의 역사하심은 절대적이다. 이제 성령론적인 측면에서 갈라디아서의 구원론에 대한 연구가 더욱 활발히 확대되어야 할 필요성을 느꼈다.

갈라디아교회는 성령으로 시작하여 육체로 마치려는 위기에 처해 있었다. 믿음으로 성령은 체험했지만 복음의 진리를 따라 순종하는 삶을 살지 못하고 있었다. 개종의식이라는 육체의 할례를 자랑하며 할례 받지 않은 이방 그리스도인들을 차별하며 특권의식에 사로잡혀 있었다. 그러면서도 그들은 율법을 지키지도 않았고 육체의 방종주의에 빠져 있었다. 그러므로 그들은 성령의 열매를 맺지 못하고 육체의 일이 현저히 드러나 하나님의 나라를 유업으로 받을 수 없는 상황에 처해질 위기에 있었다. 바울은 그들에 대하여 "다른 복음"이라 했고 교회 안에 가만히 들어온 "거짓 형제"라고 하면서 강력히 비판하였다. 그들은 갈라디아 교인들을 미혹하여 진리에 순종하지 못하도록 꾀었다. 그들은 육체의 할례와 같은 "율법의 행위"를 강조함으로 "그리스도의 십자가와 믿음과 성령으로 진리에 순종하는 삶"을 파괴시켰다. 그래서 바울은 그에 대한 해결책으로 갈라디아서를 썼다. 즉 하나님의 뜻과 약속, 그리고 예수 그리스도 안에 있는 믿음, 성령으로 진리에 순종하는 삶을 제시하였다. 곧 삼위일체이신 하나님의 역사를 구원의 길로 제시한 것이다. 갈라디아서에는 신론, 기독론, 성령론적인 구원론이 잘 나타나 있다. 갈라디아서에서 말하는 바울의 구원론은 하나님의 약속과 예수 그리스도의 성취, 그리고 성령으로 말미암아 하나님의 나라와 교회의 완성으로 결론되고 있다.

아무런 내적 변화도 없는 법적 칭의 하나를 붙들고 속죄 받은 것이 영원한 구원이라고 하면서 하나님의 영원한 작정에 따른 그리스도 안에 있는 경륜과 성령으로 진리에 순종하는 삶을 배제시키고 육신의 소욕을 따라 불법의 삶을 살고 있는 현대 교회와 갈라디아 교회의 위기가 하나도 다를 바가 없다고 생각한다. 교회 안에서, 사회 안에서, 각 사람의 삶 안에서, 그리고 정치의 영역에서 성령에 의해 시작한 그리스도인이 성화와 영화를 거치면서 내적인 변화를 모색하여 하나님의 은혜 가운데 성장하여야 한다.

이런 면에서 갈라디아 교회와 동일한 위기와 혼란 속에 휩싸여 있는 한국교회를 향하여 전통주의적인 편협하고 왜곡된 칭의 중심의 구원의 렌즈를 벗어 버리고 사도 바울이 갈라디아서에서 제시하고 있는 삼위일체이신 하나님의 입장에서 균형 잡힌 구원론을 종말론적인 존재인 교회와 함께 재구성되어야 한다고 제안한다. 기독교 역사에서 논의된 "오직 믿음으로"라는 이 "솔라 피데"(*sola fide*)에서 '솔라'(*sola*)는 여전히 문제의 중심에 놓여 있다. 다시 말해, 우리 모두는 하나님의 은혜의 필요성을 강조하지만, 항상 문제가 된 부분은 '솔라'였다. 솔라는 기녹본이었다. 기독론적인 것만이 진정한 구원론의 완성으로 이해되어 왔다. 따라서 인간의 구속의 시작은 오로지 예수 그리스도의 단독 사역이었다. 하지만 인간의 구속은 삼위일체에 의해서 시작되었고 완성되었다는 사실을 기억할 필요가 있어 보인다. 또한 삼위일체적 관점에서 이해된 이러한 구원론으로 무장된 교회는, 교회 안에 자신을 나타내시는 삼위일체 하나님의 역사에 동역자로 쓰임받게 된다. 그러므로 교회의 순종은 그리스도 예수를 통하여 성취하시고자 하시는 삼위일체 하나님의 창세전 뜻에 절대적으로 필요한 것이다. 갈라디아서는 하나님의 뜻을 이루라 말하고 있다. 그러므로 한국교회는 "믿음과 순종"이 있는 정확한 성경적 구원론으로 재구성하면서 재교육의 필요성을 필자는 상기시키며 제안하고자 한다.

참 고 자 료

1. 단행본

권연경. 『행위 없는 구원』. 서울: SFC, 2006.
_____. 『갈라디아서 어떻게 읽을 것인가?』. 서울: 한국성서유니온선교회, 2013.
김기련. 『종교개혁사』. 대전: 목원대학교 출판부, 2004.
김세윤. 『바울 복음의 기원』. 홍성희 역. 서울: 엠마오, 1994.
_____. 『바울 신학과 새 관점』. 정옥배 역. 서울: 두란노, 2002.
_____. 『구원이란 무엇인가?』. 서울: 두란노, 2005.
_____. 『예수와 바울』. 서울: 도서출판 제자, 1995.
김주한. 『마르틴 루터의 삶과 신학이야기』. 서울: 대한기독교서회, 2002.
박익수. 『바울 서신들과 신학 Ⅲ』. 서울: 대한기독교서회, 2001.
서철원. 『하나님의 구속 경륜』. 서울: 성문당, 1991.
송광근. 『바울 서신의 "πίστις Χριστοῦ" 연구』. 서울: 한들출판사, 2005.
송흥국. 『웨슬리신학과 구원론』. 서울: 대한기독교서회, 1975.
이한수. 『로마서(1)』. 서울: 이레서원, 2006.
_____. 『갈라디아서』. 서울: 선교횃불, 1997.
이형원. 『구약성서 해석의 원리와 실제』. 서울: 대한기독교서회, 1999.
장동수. 『바울 서신과 히브리서』. 대전: 침례신학대학교 출판부, 2016.
정승태. 『엇갈린 신학들의 풍경』. 대전: 하기서원, 2010.
최갑종. 『바울 연구 Ⅱ』. 서울: 기독교문서선교회, 1999.
홍인규. 『바울의 율법과 복음』. 서울: 생명의말씀사, 2000.
Althaus, Paul. 『루터신학』. 이형기 역. 서울: 크리스챤다이제스트, 1994.
Banks, Robert. 『바울 공동체 사상』. 장동수 역. 서울: IVP, 2007.
Barrett, C. K. *The Holy Spirit and Gospel Tradition*. London: SPCK, 1947.
Betz, H. D. *Galatians*. Hermenia. Philadelphia: Fotress Press, 1979.

Bruce, F. F. 『바울 신학』. 전원태 역. 서울: 기독교문서선교회, 2004.
Caird, G. B. *New Testament Theology*. Edited by L. D. Hurst. Oxford: Clarendon Press, 1994.
Cavin, John. 『기독교강요: 상, 중, 하』. 원광원 역. 서울: 크리스챤다이제스트, 2003.
Childs, Brevard S. *Biblical Theology of the Old and New Testament*. Philadelphia: Fortress, 1922.
Cosgrove, Charles H. *The Cross and Spirit: A Study in the Argument and Theology of Galatians*. Macon: Peeters, 1988.
Dahl, Nils Alstrup. *Jesus The Christ: The Historical Origins of Christological Doctrine*. Minneapolis: Fortress Press, 1991.
Daivis, W. D. *Paul and Rabbinic Judaism: Some Rabbinic Elements in Pauline Theology*. London: SPCK, 1948.
Dumbrell, William. 『새 언약과 새 창조』. 장세훈 역. 서울: CLC, 2003.
Dunn, J. D. G. "The New Perspective on Paul." in *Jesus, Paul, and the Law: Studies in Mark and Galatians*. Louisville: Westminster/John Knox. Press: Louisville, 1990.
_____. *The Epistle to the Galatians*. Peabody: Hendrickson Publishers, 2006.
_____. *The New Perspective on Paul*. Tubingen: Mohr Siebeck, 2007.
_____. *The Theology of Paul the Apostle*. Grand Rapids: Eerdmans, 1998.
_____. *New Testament Theology: An Introduction*. Library of Biblical Theology. Nashville: Abingdon Press, 2009.
_____. and Alan M. Suggate. *The Justice of God*. Grand Rapids: Eerdmans, 1993.
_____. 『로마서(상): 1-8』. WBC. 김철, 채천석 역. 서울: 솔로몬출판사,

>　2003.

_____. 『로마서(하): 9-16』. WBC. 김철, 채천석 역. 서울: 솔로몬출판사, 2005.

_____. 『신약성서의 통일성과 다양성』. 김득중, 이광훈 역. 서울: 솔로몬출판사, 1911.

_____. 『바울에 관한 새 관점』. 최현만 역. 서울: 에클레시아북스, 2013.

_____. 『바울 신학』. 반문재 역. 고양: 크리스챤다이제스트, 2003.

Gundry, Robert H. "The Nonimputation of Chirst's Righteousness," in *Justification: What's at Stake in the Current Debates*, eds. M. Husbands and D. Treier. Downers Grove: IVP, 2004.

Fee, Gordon D. *God's Empowering Presence: The Holy Spirit in the Letters of Paul*. Hendrickson Publishers, Inc., 2009.

Fee, Gordon D. 『성령: 하나님의 능력 주시는 임재: 바울서신의 성령론(상권)』. 박규태 역. 서울: 새물결 플러스, 2013.

_____. 『성령: 하나님의 능력 주시는 임재: 바울서신의 성령론(하권)』. 박규태 역. 서울: 새물결 플러스, 2013.

_____. 『바울, 그리고 하나님의 백성』. 길성남 역. 서울: 좋은 씨앗, 2007.

Fung, Ronald Y. K. *The Epistle to The Galatians*. NICNT. Grand rapids: Erdmans, 1988.

Freed, Edwin D. *The Apostle Paul, Christian Jew: Faithfulss and Law*. New York: University Press of America, 1994.

George, Timothy, *Galatinans*. The New American Commentary. Nashville: B&H, 1994.

Guthrie, Donald. 『신약신학』. 정원태, 김근수 공역. 서울: 기독교문서선교회, 1988.

Goppelt, Leonhard. 『신약신학(1)』. 박문재 역. 서울: 크리스챤다이제스트, 2003.

_____. 『신약신학(2)』. 박문재 역. 서울: 크리스챤다이제스트, 2005.

_____. 『사도시대』. 박문재 역. 고양: 크리스챤다이제스트, 1998.
_____. 『예수, 바울 그리고 유대교』. 박문재 역. 서울: 크리스챤다이제스트, 2000.
Hays, Richard B. 『예수 그리스도의 믿음』. 최현만 역. 서울: 에클레시아북스, 2013.
Hoekema, Anthoy. N. T. 『개혁주의 구원론』. 류호준 역. 서울: 기독교문서선교회, 2003.
Jeremias, J. *New Testament Theology.* London: SCM, 1971.
Käsemann, E. *New Testament Questions of Today.* Philadelphia: Fortress, 1969.
_____. 『국제 성서주해: 로마서』. 한국신학연구소 번역실. 서울: 한국신학연구소, 2006.
Ladd, G. E. 『신약신학』. 신성종, 이한수 역. 서울: 기독교서회, 2001.
Lincoln, Andrew T. 『WBC 성경주석 에베소서』. 배용덕 역. 서울: 솔로몬출판사, 2006.
Lightfoot, J. B. *Saint Paul's Epistle to the Galatians.* London: Macmillan, 1986.
Longenecker, Richard N. *Galatians.* Word Biblical Commentary. Dallas: Word Books, 1990.
_____. 『갈라디아서』. 이덕신 역. 서울: 솔로몬출판사, 2009.
Lull, David John. *The Spirit in Galatia: Paul's Interpretation of Pneuma as Divine Power.* Eugene: Wipg & Stock, Publisher, 1980.
Luther, Martin. *Vorlesung über den Römerbrif 1515/1516.* Darmschtadt: Wissenschaftliche Buchgesellschaft, 1960.
Luther, Martin. 『갈라디아서 강해(상)』. 김선회 역. 용인: 루터신학대학교 출판부, 2003.
_____. 『루터선집(5권)』. 지원용 편집. 서울: 컨콜디아사, 1981.
_____. 『갈라디아서 강해(하)』. 김선회 역. 용인: 루터신학대학교 출판부, 2003.

_____. 『루터 저작선』. 존 딜렌버거 편집. 이형기 역. 서울: 크리스챤 다이제스트, 2013.

McGrath, Alister E. 『하나님의 칭의론』. 한성진 역. 서울: 기독교문서선교회, 2008.

McCormack, Bruce L. "What's at Stake in Current Debates over Justification?: The Crisis of Protestantism in the West," in Justification: What's at Stake in the Current Debates, eds. Husbands and Daniel J. Treier. Downers Grove: IVP, 2004.

Martyn, J. Louis. *Theological Issues in the Letters of Paul*. Grand Rapids: Abingdon Press, 1997.

_____. *Galatians*. AB. New Heaven: Yale University Press, 1997.

Piper, John. 『칭의논쟁』. 신호섭 역. 서울: 부흥과개혁사, 2009.

Rad, G. von. *Old Testament Theology*. The Theology of Israel's Prophetic Traditions, II. E. T. London: SCM, 1975.

Rand, Thomas Alden. "The Rhetoric of Ritual: Galatians as *mystagogy*." Ph.D. Dissertation: Northwestern University, 2000.

Russell, Walter Bo. "*The Flesh/Spirit Conflict in Galatians*." Lanham: University Press of Amerca, 1977.

Sanders, E. P. *Paul and Palestine Judaism*. Minneapolis: Fortress Press, 1977.

_____. 『바울, 율법, 유대인』. 김진영 역. 고양: 크리스챤다이제스트, 1998.

Schreiner, Thomas R. *The King of His Beauty: A Biblical Theology of the Old and New Testament*. Grand Rapids: Baker Academic, 2013.

_____. 『바울』. 이영립 역. 서울: 시공사, 2001.

_____. 『예수와 유대교』. 황종구 역. 고양: 크리스챤다이제스트, 1992.

Schreiner, Thomas R. 『신약성서신학』. 임범진 역. 서울: 부흥과 개혁사, 2011.
_____. 『바울과 율법』. 배용덕 역. 서울: 기독교문서선교회, 1997.
Thompson, M. M. *The Promise of the Father: Jesus and God in the New Testament*. Louisville: Westerminster/John Knox Press, 2002.
_____. *The God of the Gospel of John*. Grand Rapids: Eerdmans, 2001.
Tolmie, D. *Francois Persuading the Galatians: A Text-Centred Rhetorical Analysis of a Pauline Letter*. Tubingen: Mohr Siebeck, 2005.
Vos, Geerhardus. J. *The Pauline Eschatology*. Grand Rapids: Eerdmans, 1952.
_____. 『성경 신학』. 원광연 역. 고양: 크리스챤다이제스트, 2005.
_____. 『바울의 종말론』. 박규태 역. 서울: 좋은 씨앗, 2016.
Waters, Guy Prentiss. 『바울에 관한 새 관점, 기원, 역사, 비판』. 배종렬 역. 서울: 개혁주의 신학사, 2012.
Witheringto Ⅲ, Ben. *Grace in Galatia: A Commentary on Paul's Letter to the Galatians*. Grand Rapids: Eerdmans, 1998.
Wright, N. T. *Curse and Covenant: Galatians 3.10-14, The Climax of the Covenant: Christ and the Law in Pauline Thought*. Edinburgh: T & T Clark, 1991.
_____. *What Saint Paul Really Said*. Grand Rapids: Eerdmans, 1997.
_____. *The Climax of the Covenant*. Minneapolis: Fotress, 1991.
_____. "New Perspective on Paul," in Justification in Perspective. ed. Bruce McCormacked. Grand Rapids: Baker, 2006.
_____. *Justification: The Biblical Basis and Its Relevance for Contemporary Evangelicalism*. in *The Great Acquittal: Justification By Faith and Current Christian Thought*. ed. Gavin Reid. London: Collins, 1980.

_____. *The Climax of the Covenant. Christ And the Law in Pauline Theology*. London: T&T Clark, 2003.
_____. "*The shape of Justification.*" http://www.ntwrightpage.com.
_____. "*Justification, God's Paln and Paul's vision.*" Downers Grove: IVP, 2009.
_____. 『모든 사람을 위한 갈라디아서, 데살로니가 전후서』. 이철민 역. 서울: IVP, 2012.
_____. 『신약성서와 하나님의 말씀』. 박문재 역. 고양: 크리스챤다이제스트, 2003.
_____. 『하나님의 아들의 부활』. 박문재 역. 고양: 크리스챤다이제스트, 2005.
_____. 『톰 라이트 칭의를 말하다』. 최현만 역. 서울: 에클레시아북스, 2011.
_____. 『예수, 바울, 하나님의 백성』. 최현만 역. 서울: 에클레시아북스, 2013.
_____. 『톰 라이트의 바울』. 순돈호 역. 서울: 죠이선교회, 2012.

2. 정기간행물

강혜란. "갈라디아서에 나타난 바울의 교회 일치론." 『신약 논단』, 7권 (2000): 196-246.
김경식. "최후 행위심판 사상으로 본 바울신학의 새 관점." 『신약연구』, 9권 3 (2010): 409-38.
김기련. "칼빈과 웨슬리의 구원론 비교." 『신학과 현장』, 17집 (2007): 95-122.
김병훈. "율법주의, 언약적 율법주의, 은혜언약." 『한국개혁신학』, 제28호 (2010): 147-91.
김병훈. "삼위일체-삼위하나님의 위격이해." 『신학정론』, 22집 (2004): 183-220.
김선영. "루터의 믿음과 사랑 개념 이해를 위한 해석의 틀: 1535년 갈라디아서 강해를 중심으로." 『한국기독교 신학논총』, 68집 (2010): 27-55.

김영도. "기독교적 인간론-어거스틴의 펠라기우스주의 논쟁을 중심으로." 『신학과 목회』, 20집 (2003): 107-45.
김영선. "삼위일체 하나님의 본질과 속성." 『한국기독교 신학논총』, 47집 (2006): 161-84.
김영환. "바울신학에 대한 새 관점에 대한 비판적 성찰." 『한국개혁신학』, 29호 (2011): 212-44.
김용복. "E.Y. Mullins의 '강권적 은혜': 견인의 확실성과 배교의 가능성을 포괄하는 이론적 근거." 『복음과 실천』, 25집 (2000): 271-311.
_____. "James Arminius의 선행은혜에 대한 성서적-신학적 반성." 『복음과 실천』, 39집 (2007): 249-76.
_____. "Dale Moody의 신학과 패러다임 분석: 칼빈주의 5대 교리를 중심으로." 『복음과 실천』, 37집 (2006): 161-90.
김창선. "신약성서가 증거하는 믿음." 『장신 논단』, 44집 (2012): 95-110.
김홍기. "존웨슬리에 의해 완성된 종교개혁 구원론." 『신학과 세계』, 28호 (1994): 90-131.
김홍만. "바울의 새 관점의 루터에 대한 비판." 『성경과 신학』, 55호 (2010): 195-221.
_____. "존 웨슬리가 본 칼빈주의." 『한국개혁신학』, 32호 (2011): 15-46.
근광현. "N. T. Wright의 칭의관." 『복음과 실천』, 51집 (2013년 봄): 52-75.
_____. "Augustine의 은혜관." 『복음과 실천』, 53집 (2014년 봄): 69-96.
_____. "구속사의 구조 연구." 『복음과 실천』, 55집 (2015년 봄): 77-104.
권진호. "펠라기우스와 어거스틴의 은총론 연구." 『한국교회사학회지』, 25집 (2009): 39-59.
_____. "믿음의 시작에 관한 어거스틴의 은총론." 『한국기독교신학논총』, 73집(2011): 97-118.
권연경. "믿음과 율법." 『신약연구』, 6권 1호 (2007): 51-82.
_____. "옛 관점과 새 관점의 충돌." 『한국개혁신학』, 28권 (2010): 104-46.
_____. "율법의 행위들은 왜 가짜 해답일까?." 『기독교 사상사』, 52권 12

호 (2008): 108-19.
_____. "*DIKAIWMA* – '의롭다 하심'인가 '의로운 행위'인가?." 『신약논단』, 18권 3호 (2011): 783-817.
_____. "바울의 그리스도 사건 해석은 '종말론적'인가?: 갈라디아서에 나타난 바울의 십자가 해석." 『헤르메네이아 투데이』, 35집 (2006): 21-36.
남병두. "16세기 종교개혁의 사상적 원천에 대한 연구." 『복음과 실천』, 52집 (2013년 가을): 217-42.
민경식. "디도서 3:5하반절에 대한 고찰과 우리말 번역 제언." 『성경원문연구』, 30집 (2012): 103-20.
민준홍. "갈라디아 공동체의 구성그룹과 율법 이해." 『신약 논단』, 18권 3호 (2011): 819-51.
박익수. "πίστις του Χριστου는 그리스도의 믿음인가? 혹은 그리스도에 대한 믿음인가?." 『신학과 세계』, 41집 (2000): 87-127.
배재욱. "디도서 3:4-7에서 중생(παλιγγενεσία)과 그의 전 역사." 『신약논단』, 12집 (2005): 921-51.
서동수. "그리스도의 믿음인가 아니면 그리스도에 대한 믿음인가?." 『신약논단』, 9집 (2002): 671-96.
손기웅. "바울의 새 관점과 이신칭의 교리: 칭의의 기독론, 인간론, 종말론적 측면에 관하여." 『성경과 신학』, 55호 (2010): 41-89.
송성진. "존 웨슬리의 구원론: 김홍기 교수의 해석에 대한 비판적 재고." 『신학과 세계』, 48집 (2003): 184-210.
송인설. "한국교회에서 통전적 구원론의 가능성." 『한국 교회사 학회지』, 21권 (2007): 179-206.
신옥수. "몰트만의 통전적 구원론." 『한국기독교 신학논총』, 95권 1호 (2015): 127-54.
양 정. "John Wesley의 구원론에 있어서 삼위 일체적 접근." 『조직신학논총』, 10집 (2004): 137-56.
윤원준. "마르틴 루터와 하나님의 의: 루터의 칭의론에 대한 비판적 고찰." 『복음과 실천』, 48집 (2011 봄): 159-84.

엄진섭. "율법과 복음: 루터의 『갈라디아서 강해』를 중심으로." 『신학과 신앙』, 16집 (2005): 7-72.
오성종. "칼빈과 루터의 갈라디아서 주석의 율법관 비교." 『신약논단』, 7권 3호 (2010): 657-709.
이기성. "루터의 『대(大) 갈라디아서 주석』(1531/1535)에 나타난 하나님에 대한 인간의 사랑 이해." 『조직신학연구』, 5호 (2004): 252-78.
이승구. "제임스던의 칭의와 구원이해에 대한 비판적 고찰." 『신학정론』, 33권 1호 (2015): 70-108.
이승문. "갈라디아 공동체의 '그 영'〔성령〕의 경험과 '그 영'〔성령〕의 약속의 『신학 논단』, 19권 2호 (2012): 1173-207.
_____. "바울 신학의 최근 동향: 바울에 대한 새 관점과 갈라디아서를 중심으로." 『신학 논단』, 53집 (2008): 71-96.
_____. "갈라디아 공동체에는 '하나님 경외자' 출신의 이방인 크리스천들이 있었는가?." 『신약 논단』, 15집 (2008): 743-67.
이은선. "바울에 대한 새 관점의 이신칭의에 관한 비판." 『한국개혁신학』, 28권 (2010): 192-224.
이한수. "새 관점의 칭의 해석, 어떻게 볼 것인가?." 『신약 연구』, 9권 2호 (2010): 251-89.
_____. "갈라디아서에 나타난 율법의 행위: 바울의 계시적 전망에서 본 새로운 해석시도." 『신약 연구』, 5권 1호 (2006): 89-135.
_____. "갈라디아서에 나타난 칭의 구원론과 율법의 행위." 『신학 지남』, 285호 (2005): 76-114.
이형원. "구약성서의 예언들과 이스라엘의 미래." 『복음과 실천』, 51집 (2013년 봄): 7-33.
장기영. "자유의지와 노예의지, 그 분기점으로서 웨슬리의 선행 은총론." 『선교』, 45집 (2014): 137-80.
장동수. "목회서신의 기독론." 『복음과 실천』, 45집 (2010년 봄): 61-84.
_____. "목회서신의 성령론." 『복음과 실천』, 41집 (2007년 봄): 361-80.
_____. "갈라디아서의 성령론." 『복음과 실천』, 47집 (2011년 봄): 35-54.
_____. "에베소서의 교회론." 『복음과 실천』, 27집 (2000년 봄): 104-44.

_____. "디도서 3장 4-7절 연구."『복음과 실천』, 53집 (2014년 봄): 46-68.

장 상. "바울의 종말론."『연세대학교 신과대학 신학논단』, 15집 (1983): 113-37.

정연락. "바울에 있어서의 ΠΙΣΤΙΣ ΧΡΙΣΤΟΥ 문제."『신약 논단』, 2집(1996): 103-32.

정승원. "위르겐 몰트만의 삼위 일체적 종말론 비판과 성경신학적 의의."『신학 정론』, 19권 1호 (2001): 211-39.

조경철. "칭의론, 바울신학의 핵심인가? 주변 요소에 불과한가?"『신학과 세계』, 70집 (2011): 96-119.

최갑종. "바울에 대한 '새 관점,' 무엇이 문제인가?"『한국개혁신학』, 28권 (2010): 38-103.

_____. "한국교회와 구원론: '새 관점'에 대한 복음주의의 대응."『성경과 신학』, 55권 (2010): 1-40.

_____. "갈라디아서 3:10-12에 나타난 율법과 믿음의 반위관계."『신약 논단』, 18권 4호 (2011): 1145-81.

_____. "πίστις Χριστοῦ 구문을 어떻게 이해할 것인가?"『신약 논단』, 17권 2호 (2010): 357-94.

최흥식. "의롭게 됨과 πίστις Χριστοῦ/-갈라디아서를 중심으로."『한국기독교신학논총』, 79집 (2012): 31-55.

한영태. "칼빈과 웨슬리의 신학적 대화."『성경과 신학』, 53권 (2010): 45-77.

한영훈. "바울신학의 새 관점에 대한 소통(1)."『고려신학』, 28집 (2013): 119-50.

한천설. "로마서 3:21-4:25에 나타난 바울의 칭의론과 그 적용: 새 관점학파의 사회론적 해석에 대한 비판을 중심으로."『성경과 신학』, 64집 (2012): 285-315.

허호익. "구원론의 통전적 이해."『신학 논단』, 21권 (1993): 401-36.

홍인규. "갈라디아서에 나타난 바울의 신학적 관점."『개신 논집』, 1집 (1994): 49-71.

3. 미간행물

Campbell, Douglas A. "Romans1 17-A Crux Interpretum for the πίστις Χριστοῦ Debate." JBL 113 (1994).

Hooker, M. D. "ΠΙΣΤΙΣ ΧΡΙΣΤΟΥ" NTS 35, 1989.

Hultgren, A. J. "The PISTIS CHRISTOU Formulation in Paul." NovT 36, 1980.

Howard, Georg. "Notes And Observations On The Faith Of Christ." HTR 60, 1967.

Jeremias, J. *New testament Theology*. SCM 1971.

Johnson, Luke Timothy. "Rom 3:21-26 and the Faith of Jesus." CBQ 44, 1982.

Tooley, W. "Stewards of God: An Examination of the Terms *OIKONOΣ* and *OIKONOMIA* in the Newtestament." *SJT* 19, 1996.

Torrance, "One Aspect of the Biblical Conception of Faith." *Expt*, 68, 1957.

Williams, Sam K. "Again PISTIS CHRISTOU." *CBQ* 49, 1987.

4. 기타 자료

장동수. "신약성서와 하나님." 한국신약학회 proceeding (2016. 4. 16): 1-15.

Nanos, Mark D. *Rethinking the Paul and Judaism Paradigm: Why not Paul's Judaism?* 〔온라인자료〕 http://www.marknanos.com/Paul%27sJudaism-5-28-08.pdf. 2016년 7월 15일 접속.

I. 서 론

1) R. C. Sproul, 『자유의지 논쟁』 (서울: 생명의 말씀사, 2015), 16.
2) 손기웅, "바울의 새 관점과 이신칭의 교리: 칭의의 기독론, 인간론, 종말론적 측면에 관하여," 『성경과 신학』, 55권 (2010): 43-45을 참조.
3) Bruce L. McCormack, "What's at Stake in Current Debates over Justification?: The Crisis of Protestantism in the West," Mark Husbands and Daniel J. Treier (eds), *Justification: What's at Stake in the Current Debates* (Downers Grove: IVP 2004), 81-117, 특히 83을 보라.
4) Robert H. Gundry, "The Nonimputation of Chirst's Righteousness," Mark Husbands and Daniel Treier, *Justification: What's at Stake in the Current Debates*, 17-45.
5) Jürgen Moltmann, 『삼위일체와 하나님의 나라』, 김균진 역 (서울: 대한기독교서회, 1982), 152.
6) Ibid.
7) 개신교로부터 타종교로의 개종율: 1997년도 58.4%(『기독신문』, 2005.6.8) 1997년 한국인의 종교와 종교의식, 한국갤럽조사연구소(1998), 개신교에서 비종교로 이탈 73%(불교 23.6%, 천주교 12%).
8) 한국인의 종교(1984-2014), 한국갤럽조사연구소(2015), 30-1.
9) 2005년 통계청 인구주택총조사 자료(기독교인구가 8,616,438명, 2005. 11.1.기준).
10) 장동수, "갈라디아서의 성령론," 『복음과 실천』, 47집 (2011, 봄): 35-54.
11) Gordon D. Fee, *God's Empowering Presence: The Holy Spirit in the Letters of Paul* (Hendrickson Publishers, Inc., 2009).
12) David J. Lull, *The Spirit in Galatia: Paul's Interpretation of Pneuma as Divine Power* (Eugene: Wipg & Stock, Publisher, 1980).
13) Charles H. Cosgrove, *The Cross and Spirit: A Study in the Argument and Theology of Galatians* (Macon: Peeters, 1988).
14) Walter Bo Russell, The Flesh/Spirit Conflict in Galatians (Lanham: University Press, 1977).
15) Thomas Alden Rand, "The Rhetoric of Ritual: Galatians as Mystagogy" (Ph.D. diss., Northwestern University, 2000).
16) Gordon D. Fee, 『성령: 하나님의 능력 주시는 임재: 바울서신의 성령론(상)』, 박규태 역 (서울: 새물결플러스, 2013), 854-5.

17) Richard N. Longenecker, 『갈라디아서』, 이덕신 역 (서울: 솔로몬출판사, 2009), 58.
18) Richard B. Hays, 『예수 그리스도의 믿음』, 최현만 역 (서울: 에클레시아북스, 2013), 313.
19) E. P. Sanders, *Paul and Palestine Judaism* (Minneapolis: Fortress Press, 1977), 75.
20) James D. G. Dunn, *The Theology of Paul the Apostle* (Grand Rapids: Eerdmans, 1998), 338.
21) N. T. Wright, *What Saint Paul Really Said* (Grand Rapids: Eerdmans, 2014), 338.
22) 장동수, "신약성서와 하나님," 한국신약학회 proceeding (2016년 4월 16일): 1-15.
23) Nils Alstrup Dahl, "The Neglected Factor in New Testament Theology," Nils Alstrup Dahl, *Jesus The Christ: The Historical Origins of Christological Doctrine* (Minneapolis: Fortress Press, 1991), 153-63.
24) Donald Guthrie, 『신약신학』, 정원태, 김근수 공역 (서울: 기독교문서선교회, 1998), 70-120.
25) G. B. Caird, *New Testament Theology*, ed. L. D. Hurst (Oxford: Clarendon Press. 1996), 31.
26) Marianne Meye Thompson, *The Promise of the Father: Jesus and God in the New Testament* (Louisville: Westminster John Knox Press, 2000), 1-20.
27) J. D. G. Dunn, *New Testament Theology: An Introduction, Library of Biblical Theology* (Nashville: Abingdon Press, 2009), 38-69.
28) Thomas R. Schreiner, 『신약성서신학』, 임범진 역 (서울: 부흥과 개혁사, 2011), 109-55.
29) Brevard S. Childs, *Biblical Theology of the Old and New Testament* (Philadelphia: Fortress, 1992), 31.
30) 정승원, "위르겐 몰트만의 삼위일체적 종말론 비판과 성경신학적 의의," 『신학정론』, 19 (2012), 212.
31) "믿음," 『신약성서 신학사전: 키텔단권 원어사전』.
32) Hays, 『예수 그리스도의 믿음』, 313.

Ⅱ. 전통주의와 새 관점학파의 갈라디아서 구원론

1) 구원의 관점에는 "신인협력설"과 더불어 "단독설"이 있다. 그러나 필자는 여기에서 "신인협력설"만을 언급했다. 문자적으로 "단독설"은 "일방적 작용"(one-working)을 뜻한다. 여기에서는 "단독설"에 대한 논의를 제외했음을 밝힌다.
2) 김영도, "기독교적 인간론: 어거스틴의 펠라기우스주의 논쟁을 중심으로," 『신학과 목회』, 20집 (2003): 112.
3) A. McGrath, 『하나님의 칭의론』, 한성진 역 (서울: 기독교문서선교회, 2008), 72-7. 어거스틴과 펠라기우스의 신학적 논쟁을 더 보려면, 정승태, 『엇갈린 신학들의 풍경』 (대전: 하기서원, 2009), 1장을 참조하라.
4) 정승태, 『엇갈린 신학들의 풍경』, 26-30.
5) 권진호, "펠라기우스와 어거스틴의 은총론 연구," 『한국교회사학회지』, 25집 (2009): 29.
6) McGrath, 『하나님의 칭의론: 기독교 교리 칭의론의 역사』, 159.
7) Alister E. McGrath, *Luter's Theology of the Cross* (Basil Blackwell, 1990), 60.
8) Dave Hunt, 『짐승 위에 탄 여자』, 정태윤 역 (서울: 도서출판 누가, 2007), 266-74.
9) 근광현, "Augustin의 은총론 연구," 『복음과 실천』, 53집 (대전: 침례신학대학교 출판부, 2014): 93-94.
10) 권진호, "펠라기우스와 어거스틴의 은총론 연구," 53.
11) 바울은 "예수 그리스도를 믿음으로 의롭게 되고(갈 2:16) 또 성령으로 말미암아 의의 소망을 기다린다(갈 5:5)"라고 고백한다.
12) 권연경, 『행위없는 구원』 (서울: SFC, 2013), 176.
13) 김영도, "기독교적 인간론: 어거스틴의 펠라기우스주의 논쟁을 중심으로," 144.
14) 권진호, "믿음의 시작에 관한 어거스틴의 은총론," 『한국기독교신학논총』, 73집 (2011): 113.
15) 김주한, 『마르틴 루터의 삶과 신학이야기』 (서울: 대한기독교서회, 2002), 45.
16) 김기련, "칼빈과 웨슬리의 구원론 비교," 『신학과 현장』, 17집 (2007): 96.
17) 장기영, "자유의지와 노예의지, 그 분기점으로서 웨슬리의 선행 은총론," 『신학과 선교』, 45집 (2014): 142.
18) 루터는 그의 『노예의지론』에서 타락한 인간의 의지를 두고 에라스무스와 논쟁하면서 성경적 선택교리를 제시하려고 시도했다. 루터는 선택교리를 가리켜 "교회의 심장"이라고 불렀다. 이것은 루터에게 있어서 인간의 타락이 사소한 문제가 아니라 그리스도인의 삶의 핵심을 뒤흔드는 문제로 믿었기 때문이다. 이 논쟁을

위해서 Stroul, 『자유의지 논쟁』, 4장, 107-34를 보라.
19) 남병두, "16세기 종교개혁의 사상적 원천에 관한 연구," 『복음과 실천』, 52집 (대전: 침례신학대학교 출판부, 2013): 225.
20) 정승태, "중세후기의 철학사상: 실재론과 유명론의 보편논쟁과 그 영향," 『종교개혁 그 이전: 종교개혁의 중세후기배경』, 침례교신학연구소 편 (대전: 침례신학대학교출판부, 2016): 35-64를 참조.
21) Martin Luther, 『갈라디아서 강해(상)』, 김선회 역 (용인: 루터신학대학교 출판부, 2003), 26.
22) McGrath, 『바울의 칭의론』, 301.
23) Paul Althaus, 『루터신학』, 이형기 역 (서울: 크리스챤다이제스트, 1994), 225.
24) Ibid., 272.
25) Luther, 『갈라디아서 강해(상)』, 209-11.
26) Ibid., 19-26.
27) Martin Luther, 『루터선집』, 지원용 편집, 5권 (서울: 컨콜디아사, 1981), 265-7.
28) 정병식, "아우구스부르크 신앙고백서의 기초 마부륵 조항 연구," 『신학사상』, 156호 (2012, 봄): 123-51.
29) H. Kleinknect, "Vorwort," in idem(ed), in *Martin Luther, Luthers Galaterbrief-Vorlesung von 1531* (GÖttingen: Vandenhoek & Ruprecht, 1987), 7에서 재인용. Keth Von Bor: 루터의 아내 '캐서린을 보라'를 가르킨다.
30) W. Metzer, "Zur geschichtlichen Orientierung," in *Martin Luter, Kommentar zum Galaterbrief 1519*, Calwer Luter-Ausgabe, Band 10 (GÜtersloh: Gerd Mohn, 1984), 7.
31) H. Kleinknecht, "Vorwort," in idem(ed), in *Martin Luters alaterbrief-Vorlesung von 1531* (GÖttingen: Vandenhoek & Ruprecht, 1987), 9.
32) 이기성, "루터의 『대(大) 갈라디아서 주석』(1531/1535)에 나타난 하나님에 대한 인간의 사랑 이해," 『조직신학연구』, 5호 (2004): 254.
33) Martin Luther, 『갈라디아서 강해(하)』, 김선회 역 (용인: 루터신학대학교 출판부, 2003), 262.
34) Luther, 『갈라디아서 강해(상)』, 19-30.
35) Ibid., 19-20.
36) 오성종, "칼빈과 루터의 갈라디아서 주석의 율법관 비교," 『신약논단』, 17집 (2010): 665-6.

37) Luther,『갈라디아서 강해(상)』, 209-12.
38) 오성종, "칼빈과 루터의 갈라디아서 주석의 율법관 비교," 671.
39) Luther,『갈라디아서 강해(상)』, 237-9.
40) 오성종, "칼빈과 루터의 갈라디아서 주석의 율법관 비교," 165-84.
41) Luther,『갈라디아서 강해(상)』, 189-10.
42) Ibid., 409-30.
43) Ibid., 369-71.
44) 오성종, "칼빈과 루터의 갈라디아서 주석의 율법관 비교," 670.
45) Luther,『갈라디아서 강해(상)』, 442.
46) 오성종, "칼빈과 루터의 갈라디아서 주석의 율법관 비교," 686.
47) Ibid., 238.
48) Luther,『갈라디아서 강해(하) 1519』, 113.
49) Ibid., 118-9.
50) Ibid., 122-3.
51) 오성종, "칼빈과 루터의 갈라디아서 주석의 율법관 비교," 701.
52) 엄진섭, "율법과 복음: 루터의『갈라디아서 강해』를 중심으로,"『신학과 신앙』, 16집 (2005): 14.
53) 김선영, "루터의 믿음과 사랑 개념 이해를 위한 해석의 틀: 1535년 갈라디아서 강해를 중심으로,"『한국기독교 신학논총』, 68집 (2010), 28.
54) 이기싱, "대(人) 갈라디이 주석(1531/1535)에 나타난 하나님에 대한 인간의 사랑 이해," 253.
55) 김선영, "루터의 믿음과 사랑 개념 이해를 위한 해석의 틀: 1535년 갈라디아서 강해를 중심으로," 36.
56) Ibid., 50.
57) 이기성, "대(大) 갈라디아 주석(1531/1535)에 나타난 하나님에 대한 인간의 사랑 이해," 269.
58) Ibid., 278.
59) 윤원준, "마르틴 루터와 하나님의 의: 루터의 칭의론에 대한 비판적 고찰,"『복음과 실천』, 48집 (2011 봄), 175.
60) Ibid., 176-8.
61) 한영태, "칼빈과 웨슬리의 신학적 대화," 68.
62) Mark D. Nanos, Rethinking the Paul and Judaism Paradigm: Why not Paul's Judaism? 〔온라인자료〕 http://www.marknanos.com/Paul%27sJudaism-5-28-08.pdf, 2016년 7월 15일 접속.
63) 조경철, "칭의론, 바울신학의 핵심인가? 주변 요소에 불과한가?,"『신학과 세계』,

70 (2011): 202.
64) W. D. Daivis, *Paul and Rabbinic Judaism: Some Rabbinic Elements in Pauline Theology* (London: SPCK, 1948), 147-76.
65) N. T. Wright, "Curse and Covenant: Galatians 3.10-14," *The Climax of the Covenant: Christ and the Law in Pauline Thought* (Edinburgh: T & T Clark, 1991), 137-56.
66) Daivis, *Paul and Rabbinic Judaism*, 221-2.
67) 이승문, "바울 신학의 최근 동향: 바울에 대한 새 관점과 갈라디아서를 중심으로,"『신학 논단』, 53집 (2008): 83.
68) Guy Prentiss Waters,『바울에 관한 새 관점: 기원·역사·비판』, 배종렬 역 (서울: 개혁주의 신학사, 2012), 55-70.
69) 이은선, "바울에 대한 새 관점의 이신칭의에 대한 비판: 톰 라이트와 존 칼빈의 비교를 중심으로,"『한국개혁신학』, 28호 (2010): 196.
70) Waters,『바울에 관한 새 관점: 기원·역사·비판』, 69-70.
71) E. P. Sanders, *Paul and Palestine Judaism* (Minneapolis: Fortress Press, 1977), 180.
72) E. P. Sanders,『바울』, 이영립 역 (서울: 시공사, 1999), 92.
73) E. P. Sanders,『바울, 율법, 유대인』, 김진영 역 (서울: 크리스챤 다이제스트, 2015), 35, 41-43.
74) 김영한, "바울 신학에 대한 새 관점에 대한 비판적 성찰: 종교개혁신학의 관점에서,"『한국개혁신학』, 29권 (2011): 225-6.
75) James D. G. Dunn and Alan M. Suggate, *The justice of God* (Grand Rapids: Eerdmans, 1993), 15-6.
76) James D. G. Dunn, *The Theology of Paul the Apostle* (Grand Rapids: Eerdmans, 1998), 342.
77) 최갑종, "바울에 대한 '새 관점,' 무엇이 문제인가?,"『한국 개혁신학』, 28권 (2010): 60-1.
78) N. T. Wright, *What Saint Paul Really Said* (Grand Rapids: Eerdmans, 1997), 96.
79) 이은선, "바울에 대한 새 관점의 이신칭의에 대한 비판," 201.
80) Wright, *What Saint Paul Really Said*, 120.
81) Ibid., 124.
82) Ibid., 6.
83) Ibid., 40-1.
84) 이은선, "바울에 대한 새 관점의 이신칭의에 대한 비판," 205.
85) N. T. Wright,『모든 사람을 위한 갈라디아서, 데살로니가 전후서』, 이철민

옮김 (서울: IVP, 2012), 51.
86) Richard B. Hays, 『신약의 윤리적 비젼』, 유승원 역 (서울: IVP, 2002).
87) Richard B. Hays, 『예수 그리스도의 믿음』, 최현만 역 (서울: 에클레시아북스, 2013), 31.
88) Ibid., 40.
89) Ibid., 43.
90) Ibid., 15.
91) Martin Luther, *Vorlesung über den Römerbrif 1515/1516* (Darmschtadt: Wissenschaftliche Buchgesellschaft, 1960), 227.
92) Georg Howard, "Notes And Observations On The Faith Of Christ," *HTR* 60 (1967), 461.
93) Luke Timothy Johnson, "Rom 3:21-26 and the Faith of Jesus," *CBQ* 44 (1982), 77-90.
94) Sam K. Williams, "Again PISTIS CHRISTOU," *CBQ* 49 (1987), 431-47.
95) N. T. Wright, *Justification* (Downers Grove: IVP Academic, 2009), 181, 203.
96) 권연경, "옛 관점과 새 관점의 충돌: 주석적 평가와 제안," 『한국개혁신단』, 28권 (2010): 106.
97) Waters, 『바울에 관한 새 관점, 기원, 역사, 비판』, 107.
98) Ibid., 249.
99) Ibid., 301.
100) Ibid., 18.
101) 최갑종, "한국교회와 구원론: '새 관점'에 대한 복음주의의 대응," 『성경과 신학』, 55권 (2010): 11.
102) Käsemann, *New Testament Questions of Today* (Philadelphia: Fortress, 1969), 183-7.
103) 최갑종, "한국교회와 구원론: '새 관점'에 대한 복음주의의 대응," 34-5.
104) 김병훈, "율법주의, 언약적 율법주의, 은혜언약," 『한국개혁신학』, 28호 (2010): 184.
105) 김홍만, "바울의 새 관점의 루터에 대한 비판," 『성경과 신학』, 55 (2010): 216.
106) 조경철, "칭의론, 바울신학의 핵심인가? 주변 요소에 불과한가?," 118.
107) 권연경, "옛 관점과 새 관점의 충돌: 주석적 평가와 제안," 111.
108) 최갑종, "바울에 대한 '새 관점,' 무엇이 문제인가?," 95.

109) 김영한, "바울 신학에 대한 새 관점에 대한 비판적 성찰," 240.
110) 이은선, "바울에 대한 새 관점의 이신칭의에 대한 비판," 218.
111) Leonhard Goppelt, 『예수, 바울 그리고 유대교』, 박문재 역 (서울: 크리스챤다이제스트, 2000), 61.
112) 김세윤, 『바울 신학과 새 관점』, 정옥배 역 (서울: 두란노, 2002), 141.
113) 이한수, "새 관점의 칭의 해석, 어떻게 볼 것인가?," 『신약연구』, 9권 2호 (2010): 284.
114) 한천설, "로마서 3:21-4:25에 나타난 바울의 칭의론과 그 적용: 새 관점학파의 사회론적 해석에 대한 비판을 중심으로," 『성경과 신학』, 64집 (2012): 311.
115) 손기웅, "바울의 새 관점과 이신칭의 교리: 칭의의 기독론, 인간론, 종말론적 측면에 관하여," 『성경과 신학』, 55집 (2010): 84.
116) 이한수, "갈라디아서에 나타난 "율법의 행위"-바울의 계시적 전망에서 본 새로운 해석시도," 『신약연구』, 5권 1호 (2006): 132.
117) 최갑종, "πίστις Χριστοῦ 구문을 어떻게 이해할 것인가?," 『신약논단』, 17집 (2010): 359.
118) James Dunn, 『바울신학』, 반문재 역 (고양: 크리스챤다이제스트, 2003), 531.
119) Hays, 『예수 그리스도의 믿음』, 468-9.
120) Ibid., 488-9.
121) Ibid., 289.
122) 최갑종, "πίστις Χριστοῦ 구문을 어떻게 이해할 것인가?," 363.
123) 송광근, 『바울 서신의 πίστις Χριστοῦ 연구』 (서울: 한들출판사, 2005), 118.
124) Ibid., 121.
125) 박익수, 『바울 서신들과 신학 Ⅲ』 (서울: 대한기독교서회, 2001), 159-60.
126) 송광근, 『바울 서신의 πίστις Χριστοῦ 연구』, 127.
127) 최흥식, "의롭게 됨과 πίστις Χριστοῦ: 갈라디아서를 중심으로," 『한국기독교신학논총』, 79집 (2012): 50.
128) 최갑종, "πίστις Χριστοῦ 구문을 어떻게 이해할 것인가?," 387.
129) Bruce L. McCormack, "What's at Stake in Current Debates over Justification?: The Crisis of Protestantism in the West," in Mark Husbands and Daniel J. Treier (eds), *Justification: What's at Stake in the Current Debates* (Downers Grove: IVP 2004), 83.
130) Ibid., 84.

131) Ibid., 113.
132) 오성종, "칼빈과 루터의 갈라디아서 주석의 율법관 비교," 665.
133) 김용복, "James Arminius의 선행은혜에 대한 성서적 - 신학적 반성,"『복음과 실천』, 39집 (2006 봄), 273.
134) 김용복, "E.Y. Mullins의 '강권적 은혜': 견인의 확실성과 배교의 가능성을 포괄하는 이론적 근거,"『복음과 실천』, 25집 (2000 봄), 307.
135) 서중석,『바울의 서신해석』, 128.
136) 김홍기, "존 웨슬리에 의한 완성된 종교개혁 구원론,"『신학과 세계』, 28집 (1994): 130.
137) 서중석,『바울의 서신해석』, 129.
138) 삼위일체의 논의는 신약성경의 갈라디아서를 중심으로 연구하는 것이기 때문에 조직신학적 관점의 의미가 충분하게 논의되지는 않을 것이다. 따라서 종속론, 양태론, 그리고 삼신론과 같은 삼위일체의 견해들은 선택적으로 논의하지 않았음을 밝힌다.
139) Jürgen Moltmann,『삼위일체와 하나님의 나라』, 김균진 역 (서울: 대한기독교출판사, 1982), 22.
140) Roger E. Olson, Christopher A. Hall,『삼위일체』, 이세형 옮김 (서울: 대한기독교서회, 2004), 10.
141) 김병훈, "삼위일체: 삼위하나님의 위격이해,"『신학정론』, 22집 (2004): 218.
142) 김영서, "삼위일체 하나님의 본질과 속성,"『한국기독교 신학논총』, 47집 (2006), 162.
143) Daniel L. Magliore,『기독교 조직신학개론』, 장경철 옮김 (서울: 한국장로교출판사, 1998), 103.
144) Cavin,『기독교 강요(중)』, 203.
145) 장동수, "신약성서와 하나님," 한국신약학회 proceeding (2016년 4월 16일): 1-15.
146) Ibid., 12.
147) Ibid., 7.
148) Ibid., 11.
149) Nils Alstrup Dahl, "The Neglected Factor in *New Testament Theology*," in Nils Alstrup Dahl, *Jesus The Christ: The Historical Origins of Christological Doctrine* (Minneapolis: Fortress Press, 1991), 153-63.
150) G. B. Caird, *New Testament Theology*, ed. L. D. Hurst (Oxford: Clarendon Press. 1994), 31.

151) Marianne Meye Thompson, *The Promise of the Father: Jesus and God in the New Testament* (LoPruisville: Westerminster Jhon Knox ess, 2000), 1.
152) Ibid., 56.
153) Ibid., 35-55.
154) Ibid., 57.
155) Ibid., 133-54.
156) James D. G. Dunn, *New Testament Theology: An Introduction Library of Biblical Theology* (Nashville: Abingdon Press, 2009), 38-69.
157) Thomas R. Schreiner, 『신약성서신학』, 임범진 역 (서울: 부흥과 개혁사, 2011), 109-55.
158) Ibid., 110.
159) Ibid., 19.
160) Brevard S. Childs, *Biblical Theology of the Old and New Testament* (Philadelphia: Fortress, 1992), 31.
161) 장동수, "갈라디아서의 성령론," 『복음과 실천』, 47집 (2011 봄): 35-53.
162) Ibid., 35.
163) J. B. Lightfoot, *Saint Paul's Epistle to the Galatians* (London: Macmillan, 1986), 214.
164) C. K. Barrett, *The Holy Spirit and Gospel Tradition* (London: SPCK, 1947), 2.
165) Hans Dieter Betz, *Galatians, Hermeneia* (Philadelphia: Fortress Press, 1979), 132.
166) Gordon D. Fee, *God's Empowering Presence: The Holy Spirit in the Letters of Paul* (Peabody: Hendrickson Publishers, Inc., 2009).
167) Lull, *The Spirit in Galatia: Paul's Interpretation of Pneuma as Divine Power* (Eugene: Wipg & Stock, Publisher, 1980).
168) Charles H. Cosgrove, *The Cross and Spirit: A Study in the Argument and Theology of Galatians* (Macon: Peeters, 1988).
169) Walter Bo Russell, *The Flesh/Spirit Conflict in Galatians* (Lanham: University Press, 1977).
170) Thomas Alden Rand, "The Rhetoric of Ritual: Galatians as Mystagogy" (Ph.D. diss., Northwestern University, 2000).
171) Gordon D. Fee, 『성령: 하나님의 능력 주시는 임재: 바울서신의 성령론

(상)』, 박규태 역 (서울: 새물결플러스, 2013), 854-5.
172) Lull, *The Spirit in Galatia*, 193.
173) 장동수, "갈라디아서의 성령론," 36.
174) 정승원, "위르겐 몰트만의 삼위일체적 종말론 비판과 성경신학적 의의," 『신학정론』, 19집, 212.
175) Ernst Käsemann, 『국제 성서주해: 로마서』, 한국신학연구소 역 (서울: 2006), 263.
176) 이한수, 『로마서』 (서울: 이레서원, 2006), 633.
177) J. D. G., Dunn, 『로마서(상): 1-8』. WBC. 김철, 채천석 역 (서울: 솔로몬출판사, 2003), 732.
178) 장동수, "갈라디아서의 성령론," 47.
179) Andrew T. Lincoln, 『WBC 성경주석 에베소서』, 배용덕 역 (서울: 솔로몬출판사, 2006), 206.
180) 장동수, "에베소서의 교회론," 『복음과 실천』, 27집 (2000 봄): 123.
181) Ibid., 134.
182) Ibid., 124.
183) 장동수, "목회서신의 기독론," 『복음과 실천』, 45집 (2010 봄): 63.
184) 장동수, "디도서 3장 4-7절 연구," 『복음과 실천』, 53집 (2014 봄): 60.
185) Ibid., 45.
186) 장동수, "목회서신의 성령론," 『복음과 실천』, 41집 (2007 봄): 364.
187) 민경식, "디도서 3:5 하반절에 대한 고찰과 우리말 번역 제언," 『성경원문연구』, 30집 (2012): 108.
188) Ibid., 116.
189) 배재욱, "디도서 3:4-7에서 중생(paliggenesiva)과 그의 전 역사," 『신약논단』, 12집 (2005): 945.

III. 갈라디아서에 나타난 신론적 측면의 구원

1) Schreiner, 『신약성서신학』, 132.
2) Thompson, *The Promise of the Father*, 71-86.
3) Ibid., 54.
4) Schreiner, 『신약성서신학』, 124.
5) James D. G. Dunn, *The Epistle to the Galatians* (Peabody:

Hendrickson Publishers, 2006), 28.
6) Thompson, *The Promise of the Father*, 21-34.
7) J. Jeremias, *New Testament Theology* (London: SCM, 1971), 65.
8) Dunn, 『로마서(상): 1-8』, 760.
9) Jeremias, *New Testament Theology*, 59.
10) Ibid., 61.
11) 이한수, 『로마서』, 652.
12) Wright, 『모든 사람을 위한 갈라디아서와 데살로니가서』, 21.
13) Dunn, *The Epistle to the Galatians*, 28.
14) J. Louis Martyn, *Galatians* (New Heaven: Yale University Press, 1997), 84.
15) Timothy George, *Galatians* (Nashville: B&H, 1994) 81.
16) Ronald Y. K. Fung, *The Epistle to The Galatians*, NICNT (Grand Rapids: Erdmans, 1988), 39.
17) Richard N. Longenecker, 『WBC 성경주석 갈라디아서』, 이덕신 역 (서울: 솔로몬출판사, 2003), 180.
18) George, *Galatians*, 82.
19) Lincoln, 『WBC 성경주석 에베소서』, 430.
20) Ibid., 188.
21) W. Tooley, "Stewards of God: An Examination of the Terms ΟΙΚΟΝΟΣ and ΟΙΚΟΝΟΜΙΑ in the Newtestament," *SJT* 19 (1996), 81.
22) Longenecker, 『WBC 성경주석 갈라디아서』, 186.
23) Fung, *The Epistle to The Galatians*, 40.
24) 서철원, 『하나님의 구속 경륜』 (서울: 성문당: 1991), 13.
25) George, *Galatians*, 88.
26) Dunn, *The Epistle to the Galatians*, 32.
27) Ibid., 36.
28) George, *Galatians*, 245.
29) Schreiner, 『신약성서신학』, 19.
30) "Διοτι εως τη ς σημερον το αυτο καλυμμα μενει εν τη αναγνωσει τες <u>παλαιας διαθηκης</u>(옛 언약), μη ανακαλυπτομενον"(고후 3:14).
31) G. E. Ladd, 『신약 신학』, 신성종, 이한수 역 (서울: 기독교서회, 2001), 627-8.
32) Longenecker, 『WBC 성경주석 갈라디아서』, 371.
33) Fung, *The Epistle to The Galatians*, 154.

34) 유은걸, "아브라함의 자손," 『구약 논단』, 14권 4호 (2008), 132.
35) Ladd, 『신약 신학』, 632.
36) H. D. Betz, *Galatians*, Hermenia (Philadelphia: Fortress Press, 1979), 142.
37) Longenecker, 『WBC 성경주석 갈라디아서』, 351.
38) Betz, *Galatians*, 142.
39) George, *Galatians*, 244.
40) Fung, *The Epistle to The Galatians*, 155.
41) Longenecker, 『WBC 성경주석 갈라디아서』, 509.
42) Walter Bo Russell, *The Flesh/Spirit Conflict in Galatians* (Lanham: University Press, 1977), 187.
43) Ladd, 『신약 신학』, 84.
44) Goppelt, 『신약 신학Ⅰ』, 103.
45) Geerhardus J. Vos, *The Pauline Eschatology* (New Jersey: P&R Publishing, 1952), 38.
46) Geerhardus J. Vos, 『바울의 종말론』, 박규태 역 (서울: 좋은 씨앗, 2015), 105.
47) Ibid., 116.
48) Ladd, 『신약 신학』, 90.
49) Dunn, 『바울 신학』, 626.
50) Fee, 『바울, 그리고 하나님의 백성』, 82.
51) Dunn, 『바울 신학』, 449.
52) Ibid., 448.
53) Ibid., 668.
54) Dunn, 『로마서(상): 1-8』, 470.
55) Fung, *The Epistle to The Galatians*, 41.
56) Wright, 『모든 사람을 위한 갈라디아서와 데살로니가서』, 99-100.
57) Longenecker, 『WBC 성경주석 갈라디아서』, 529.
58)249) Ibid., 608.
59) Wright, 『모든 사람을 위한 갈라디아서와 데살로니가서』, 89.
60) Longenecker, 『WBC 성경주석 갈라디아서』, 634.
61) Russell, *The Flesh/Spirit Conflict in Galatians*, 187.
62) Ibid., 187.
63) Ibid., 188.

64) Dunn, *The Epistle to the Galatians*, 344.
65) Ibid., 345.
66) Fung, *The Epistle to The Galatians*, 310-1.
67) J. Louis Martyn, *Galatians* (New Heaven: Yale University Press, 1997), 575.
68) Wright, 『모든 사람을 위한 갈라디아서와 데살로니가서』, 126.
69) Dunn, *Galatians*, 344-6.

Ⅳ. 갈라디아서에 나타난 기독론적 측면의 구원

1) Schreiner, 『신약성서신학』, 157.
2) 창세전 하나님의 작정과 경륜은 하나님의 이름의 영광, 하나님 나라, 그리스도와 교회를 말한다. 이것의 중심에 근본본체이신 예수가 있다. 이는 하나님이 만유의 주로서 만유 안에 계시고자 하심이 그 이유이며 목적이다(고전 15:28).
3) Ibid., 271.
4) 필자는 '실현된'이라는 의미를 다음과 같이 설명하고자 한다. 씨 안에 뿌리, 줄기, 꽃 그리고 열매 등 모든 것이 존재하듯이 종말은 이미 실현되었다는 것이다. 그러나 종말론 안에 있는 모든 요소는 하나님의 시간을 따라 실현될 것이기에 '아직' 완성된 것이 아니다.
5) Dunn, 『바울 신학』, 308.
6) Ibid., 309.
7) 김세윤, 『예수와 바울』(서울: 도서출판 제자, 1995), 314-7.
8) Martyn, *Galatians*, 99.
9) 권연경, "바울의 그리스도 사건 해석은 '종말론적'인가?: 갈라디아서에 나타난 바울의 십자가 해석," 『헤르메네이아 투데이』, 35집 (2006): 23.
10) Longenecker, 『WBC 성경주석 갈라디아서』, 185.
11) Betz, *Galatians*, 42.
12) 권연경, "바울의 그리스도 사건 해석은 '종말론적'인가?: 갈라디아서에 나타난 바울의 십자가 해석," 25.
13) Fung, *The Epistle to The Galatians*, 123.
14) Longenecker, 『WBC 성경주석 갈라디아서』, 315.
15) Ibid., 316.

16) Fung, *The Epistle to The Galatians*, 124.
17) 권연경, "바울의 그리스도 사건 해석은 '종말론적'인가?: 갈라디아서에 나타난 바울의 십자가 해석," 30.
18) Longenecker, 『WBC 성경주석 갈라디아서』, 326.
19) 홍인규, "갈라디아서에 나타난 바울의 신학적 관점," 57-8.
20) Martyn, *Galatians*, 321.
21) 권연경, "바울의 그리스도 사건 해석은 '종말론적'인가?: 갈라디아서에 나타난 바울의 십자가 해석," 28.
22) Fung, *The Epistle to The Galatians*, 275.
23) Ibid.
24) Dunn, *The Epistle to the Galatians*, 315.
25) 권연경, "바울의 그리스도 사건 해석은 '종말론적'인가?: 갈라디아서에 나타난 바울의 십자가 해석," 34.
26) Lull, *"The Spirit in Galatia" Paul's Interpretation of Pneuma as Divine Power*, 115.
27) Vos, 『바울의 종말론』, 101.
28) Ibid., 102.
29) Fung, *The Epistle to The Galatians*, 275.
30) Ibid., 101.
31) Longenecker, 『WBC 성경주석 갈라디아서』, 629.
32) Vos, 『바울의 종말론』, 99.
33) Ibid., 235.
34) Longenecker, 『WBC 성경주석 갈라디아서』, 628.
35) Fung, *The Epistle to The Galatians*, 306.
36) Martyn, *Galatians*, 563.
37) Dunn, *The Epistle to the Galatians*, 341.
38) Martyn, *Galatians*, 564.
39) Ibid., 564.
40) Ibid.
41) Fung, *The Epistle to The Galatians*, 308.
42) Martyn, *Galatians*, 564.
43) Fung, *The Epistle to The Galatians*, 308.
44) Schreiner, 『신약성서신학』, 359.
45) Vos, 『바울의 종말론』, 96.

46) N. T. Wright, 『하나님의 아들의 부활』, 박문재 역 (고양: 크리스챤다이제스트, 2005), 363.
47) Ibid., 365.
48) Ibid., 366.
49) Ibid., 368.
50) Ibid., 370.
51) Dunn, 『바울 신학』, 343.
52) Ibid., 345.
53) Ladd, 『신약 신학』, 423.
54) Ibid., 427.
55) Ibid., 433.
56) Torrance, "One Aspect of the Biblical Conception of Faith," *Expt*, 68 (1957): 111-4.
57) S. K. Williams, "Again πίστις Χριστοῦ," *CBQ* 49 (1987): 431-7.
58) D. A. Campbell, R. B. Hays, Tom Wright, 박익수, 서동수, 김연태 등.
59) James Dunn, 최갑종, 홍인규, 김세윤, 정연락 등.
60) Douglas A. Campbell, "Romans1 17-A Crux Interpretum for the πίστις Χριστου Debate," *JBL* 113 (1994): 284.
61) Dunn, 『바울 신학』, 531-2.
62) 최갑종, "πίστις Χριστοῦ" 구문을 어떻게 이해할 것인가?," 『신약 논단』, 17권 (2010): 386.
63) M. D. Hooker, "ΠΙΣΤΙΣ ΧΡΙΣΤΟΥ," NTS 35(1989): 321-42.
64) 정연락, "바울에 있어서의 ΠΙΣΤΙΣ ΧΡΙΣΤΟΥ 문제 서설," 『신약 논단』, 2집 (1996): 111.
65) A. J. Hultgren, "The PISTIS CHRISTOU Formulation in Paul," *NovT* 36 (1980): 257.
66) 정연락, "바울에 있어서의 ΠΙΣΤΙΣ ΧΡΙΣΤΟΥ 문제 서설," 114.
67) 박익수, "πίστις Χριστοῦ는 그리스도의 믿음인가? 혹은 그리스도에 대한 믿음인가?," 『신학과 세계』, 41집 (2000): 90.
68) 서동수, "그리스도의 믿음인가 아니면 그리스도에 대한 믿음인가?," 『신약 논단』, 9집 (2002): 676.
69) Ibid., 694.
70) 최흥식, "의롭게 됨과 πίστις Χριστοῦ," 『한국 기독교 신학 논총』, 79집 (2012): 50.
71) 박익수, "πίστις Χριστου는 그리스도의 믿음인가?," 125.

72) 정연락, "바울에 있어서의 ΠΙΣΤΙΣ ΧΡΙΣΤΟΥ 문제 서설"
73) 최흥식, "의롭게 됨과 πίστις Χριστοῦ," 38.
74) 서동수, "그리스도의 믿음인가 아니면 그리스도에 대한 믿음인가?," 687.
75) Ibid., 689.
76) 박익수, "πίστις Χριστοῦ는 그리스도의 믿음인가?," 102.
77) 정연락, "바울에 있어서의 ΠΙΣΤΙΣ ΧΡΙΣΤΟΥ 문제 서설," 121.
78) Betz, *Galatians*, 176.
79) 최흥식, "의롭게 됨과 πίστις Χριστοῦ," 42.
80) 정연락, "바울에 있어서의 ΠΙΣΤΙΣ ΧΡΙΣΤΟΥ 문제 서설," 117.
81) Betz, *Galatians*, 263.
82) 김창선, "신약성서가 증거하는 믿음,"『장신 논단』, 44집 (2012): 94.
83) Ibid., 96.
84) Betz, *Galatians*, 5.
85) 최갑종,『바울 연구Ⅱ: 갈라디아서 편』, 138-39.
86) 북부 갈라디아설 지지 학자: J. B. Lightfoot, J. Mofftt, H. D. Betz; 남부 갈라디아설 지지 학자: R. N. Longeneckr, J. D. G. Dunn, F. F. Bruce.
87) Longenecker,『WBC 성경주석 갈라디아서』, 97.
88) Ibid., 140.
89) 최갑종,『바울 연구Ⅱ: 갈라디아서 편』, 141-5.
90) 강혜란, "갈라디아서에 나타난 바울의 교회 일치론,"『신약논단』, 7집 (2000): 202.
91) 권연경,『갈라디아서 어떻게 읽을 것인가?』(서울: 한국성서유니온 선교회, 2013), 30.
92) Edwin D. Freed, *The Apostle Paul, Christian Jew: Faithfulness and Law* (New York: University Press of America, 1994), 58-92.
93) Dunn, *The Epistle to the Galatians*, 6.
94) 민준홍, "갈라디아 공동체의 구성 그룹과 율법 이해,"『신약 논단』, 18집 (2011): 824.
95) 이승문, "갈라디아 공동체에는 '하나님 경외자' 출신의 이방인 크리스천들이 있었는가?,"『신약 논단』, 15집 (2008): 759-61.
96) 민준홍, "갈라디아 공동체의 구성 그룹과 율법 이해," 846.
97) Ladd,『신약 신학』, 663.
98) Dunn,『바울 신학』, 725.
99) Ibid., 735.

100) Ibid., 736.
101) Ladd, 『신약 신학』, 669.
102) Ibid., 207.

V. 갈라디아서에 나타난 성령론적 측면의 구원

1) Moltmann, 『삼위일체와 하나님의 나라』, 155.
2) 장동수, "갈라디아서의 성령론," 36-7.
3) Ibid., 37.
4) 서중석, 『바울서신해석』, 161.
5) Ibid., 162에서 재인용. Dun, *Jesus, Paul, and the Law*, 190를 보라.
6) Ibid., 162-4를 보라.
7) Fee, 『바울, 성령 그리고 하나님의 백성』, 69.
8) Lull, *The Spirit in Galatia*, 25.
9) 장동수, "갈라디아서의 성령론," 38.
10) Dunn, 『바울 신학』, 629-33.
11) Lull, *The Spirit in Galatia*, 99-185.
12) Calvin, *Institutes of the Christian Religion*, 3. 1. 1.
13) 장동수, "갈라디아서의 성령론," 38-40.
14) 이한수, 『갈라디아서』 (서울: 선교횃불, 1997), 224.
15) Ibid., 225-6.
16) Longenecker, 『WBC 성경주석 갈라디아서』, 317.
17) 권연경, 『행위 없는 구원?』, 165.
18) Dunn, 『바울 신학』, 573.
19) Fee, 『성령: 하나님의 능력 주시는 임재-바울서신의 성령론(상)』, 706.
20) 장동수, "갈라디아서의 성령론," 39.
21) Fee, 『바울, 성령 그리고 하나님의 백성』, 129.
22) Ibid., 706.
23) 최갑종, 『성령: 바울 연구Ⅱ: 갈라디아서편』, 297.
24) 이한수, 『갈라디아서』, 243.
25) 권연경, 『행위 없는 구원?』, 166.

26) 장동수, "갈라디아서의 성령론," 37-42 참조
27) 이한수, 『갈라디아서』, 248
28) Longenecker, 『WBC 성경주석 갈라디아서』, 338.
29) 장동수, "갈라디아서의 성령론," 50-51.
30) Dunn, 『바울 신학』, 567.
31) 최갑종, 『성령: 바울 연구Ⅱ (갈라디아서 편)』, 315.
32) Fee, 『바울, 성령 그리고 하나님의 백성』, 127.
33) Ibid., 131.
34) Ibid., 134.
35) 장동수, "갈라디아서의 성령론," 41.
36) Dunn, 『바울 신학』, 570-3.
37) Longenecker, 『WBC 성경주석 갈라디아서』, 366.
38) 장동수, "갈라디아서의 성령론," 42.
39) Longenecker, 『WBC 성경주석 갈라디아서』, 442.
40) 장동수, "갈라디아서의 성령론," 42-3.
41) Ibid., 43.
42) Longenecker, 『WBC 성경주석 갈라디아서』, 509.
43) 이한수, 『갈라디아서』, 469.
44) Calvin, 『칼빈성경주석: 고린도전후서, 갈라디아서』, 624.
45) 권연경, 『행위 없는 구원?』, 165.
46) 장동수, "갈라디아서의 성령론," 44.
47) George, *Galatians*, 361.
48) Lull, *The Spirit in Galatia*, 126.
49) 권연경, "믿음과 율법,"『신약 연구』, 6권 (2007): 64.
50) 장동수, "갈라디아서의 성령론," 45.
51) Longenecker, 『WBC 성경주석 갈라디아서』, 317.
52) 권연경, 『행위 없는 구원?』, 171.
53) Longenecker, 『WBC 성경주석 갈라디아서』, 552.
54) Betz, *Galatians*, 559.
55) Longenecker, 『WBC 성경주석 갈라디아서』, 554.
56) 이한수, 『갈라디아서』, 517.
57) Ibid., 518-9.
58) 장동수, "갈라디아서의 성령론," 51.
59) Dunn, 『바울 신학』, 572.

60) Wright, 『모든 사람을 위한 갈라디아서와 데살로니가서』, 111.
61) Ibid., 112-3.
62) Longenecker, 『WBC 성경주석 갈라디아서』, 576.
63) Martyn, *Galatians*, 498.
64) Ibid., 498.
65) Fee, 『바울, 그리고 하나님의 백성』, 159.
66) 장동수, "갈라디아서의 성령론," 51.
67) Longenecker, 『WBC 성경주석 갈라디아서』, 608.
68) 이한수, 『갈라디아서』, 568.
69) Schneiner, 『바울과 율법』, 241-2.
70) 장동수, "갈라디아서의 성령론," 49.
71) Ibid., 36.
72) Fee, 『바울, 그리고 하나님의 백성』, 245-6.
73) 장동수, "갈라디아서의 성령론," 51.
74) 권연경, 『갈라디아서』, 175.

"너희가 내 안에 거하고 내 말이 너희 안에 거하면
무엇이든지 원하는 대로 구하라
그리하면 이루리라"(요한복음 15장 7절).

삼위일체적인 관점에서 본
갈라디아서의 구원론

2017년 3월 8일 인쇄
2017년 3월 10일 발행

저　자•김　종　이
발행자•성　정　화
발행처•도서출판 이화
　　　　대전광역시 중구 대종로505번길 54
　　　　(선화동 229-2번지)장현빌딩 2층
　　　　TEL. (042) 255-9708
　　　　FAX. (042) 255-9709

ISBN 978-89-6439-125-9　03230

〈값 15,000원〉

※무단복제나 복사는 금합니다.
※잘못 만들어진 책은 바꾸어 드립니다.